beck'sche reihe

WØ177593

$\mathbf{b}^{sr}$

Auf das «Superwahljahr» 2009 hat die NPD lange hingearbeitet. Dieses Buch zeigt auf, wie sie die einmalige Chance von 15 Wahlen nutzen will, um unter ihrem Motto «Sozial geht nur national» weiter in die Mitte der Gesellschaft vorzudringen. Es liefert die Nahaufnahme einer Partei, die als parlamentarischer Arm der neonazistischen Milieus dient. Wo diese gedeihen, waren die Autoren vor Ort: im Saarland, auf Europas größtem Rechtsrock-Festival, bei den Aufmärschen autonomer Nationalisten im Ruhrgebiet, entlang der polnischen Grenze. Und in den Landtagen von Dresden und Schwerin, wo das nötige Geld verdient wird, um den Kampf gegen die Demokratie voranzutreiben. Wie nahe darf man der NPD kommen? Nahe genug, um sie so zu zeigen, wie sie wirklich ist.

Christoph Ruf, geb. 1971, Redakteur bei Spiegel Online, studierte Politische Wissenschaften in Hamburg und Toulouse. Er publiziert seit seiner Studienzeit über die rechtsextreme Szene in Deutschland und Frankreich. Für sein journalistisches Werk wurde er mehrfach ausgezeichnet.
Olaf Sundermeyer, geb. 1973, studierte Journalistik und Jura im Ruhrgebiet und in Havanna. Er lebt in Berlin als Autor der Frankfurter Allgemeinen Zeitung sowie verschiedener Fernsehmagazine von WDR und RBB. Seit Jahren recherchiert er im rechtsextremen Milieu.

Christoph Ruf | Olaf Sundermeyer

In der NPD

Reisen in die National
Befreite Zone

Verlag C. H. Beck

Originalausgabe

© Verlag C. H. Beck oHG, München 2009
Gesamtherstellung: Druckerei C. H. Beck, Nördlingen
Umschlagentwurf: malsyteufel, willich
Umschlagabbildung: Ausschnitt eines Fotos von
Martin Meissner/AP
Printed in Germany
ISBN 978 3 406 58513 5

www.beck.de

INHALT

Klamm seit 1964   13

In den 45 Jahren ihres Bestehens hat sich die NPD häufig neu im rechtsextremen Spektrum positioniert. Die Partei, die sich in den Sechzigern als «konservativ» verortete, könnte man heute «national-sozialistisch» nennen. In ihrer wechselvollen Geschichte weist sie allerdings eine Kontinuitätslinie auf: die, dass sie finanziell daniederliegt.

Mit Gewalt in die Mitte   24

Über einen Neonazi, der im Thüringer Wald die ländliche Gemeinschaft unterwandern wollte. Eine Geschichte über eine Stadt, die Vorbild sein könnte für andere Orte in Deutschland.

Modenschau im Fackelschein   43

In Brandenburg ist der Boden fruchtbar für völkisches Gedankengut, aber die NPD kommt hier nur allmählich voran. Der Erfinder der Modemarke «Thor Steinar» profitiert mehr von der rechten Alltagskultur.

Hart an der Grenze   55

Die NPD sät Missgunst gegen Polen. In der Grenzregion erntet sie dafür den Zuspruch, der den Einfluss der Partei absichert. Im Osten Vorpommerns sieht sie wegen polnischer Siedler gar den Bestand des deutschen Volkes in Gefahr.

dem Ruhrgebiet, einer Hochburg der Neonazis mit Sonnenbrille.

«Dann gibt es zuerst wieder eine Kristallnacht»
Uwe Luthardt war erst drei Monate in der NPD, da saß er
schon im Vorstand des Jenaer Ortsverbandes. Nach wenigen
Monaten trat Luthardt wieder aus. Was er in der Partei erlebt
hat, konnte er nicht mehr mittragen.

Reifeprüfung der Demokratie
Die NPD kann in diesem Jahr deutlich vorankommen: DVU
und Republikaner werden bedeutungslos. Dafür baut sich die
Linkspartei vor ihr auf. In Ostdeutschland und bei den sozial
Enttäuschten kann sie der NPD ihre Kraft nehmen.

Anmerkungen

VORWORT

Zu Beginn unserer Recherchen waren wir davon ausgegangen, es bei der NPD mit einer rechtsextremen, verfassungsfeindlichen Bewegung zu tun zu haben, die wir für moderner und geschickter und natürlich auch für radikaler und extremistischer hielten als Parteien wie die «Republikaner» oder die DVU, die in den Achtzigern und Neunzigern kurzzeitig Erfolge feiern konnten. Wir hatten allerdings nicht damit gerechnet, auf eine aus unserer Sicht national-sozialistische Partei zu stoßen.

Das Superwahljahr 2009 könnte für die NPD das entscheidende in ihrer nunmehr 45-jährigen Geschichte werden. Wenn es ihr gelingt – und nicht nur die Parteistrategen halten das für sehr wahrscheinlich –, erneut in den Sächsischen Landtag einzuziehen, wäre das ein Novum in der bundesdeutschen Nachkriegsgeschichte. Die NPD hätte sich damit zu einer dauerhaften, nicht nur lokal stark verankerten Kraft gemausert und könnte weiter Millionen am Parlamentsbetrieb verdienen – Geld, das sie angesichts ihrer desaströsen Finanzlage dringend braucht Bereits heute sind die Landtagsfraktionen in Schwerin und Dresden die eigentlichen Machtzentren der Partei. Hier wird das Geld verdient, hier wird Führungspersonal geschult, hier werden Konzepte und Programme erarbeitet, mit denen die NPD mittelfristig die Geschicke Deutschlands bestimmen will.

Bei den Wahlen in Thüringen plant die Partei den Einzug in den dritten Landtag. Der Erfolg bei der gleichzeitig stattfindenden Wahl im Saarland ist ebenfalls fest eingeplant. Das kleine Land im Südwesten soll Brückenkopf nach Westdeutschland werden. Denn nur als gesamtdeutsche Partei wird der anvisierte Sprung in den Bundestag 2013 gelingen.

Dass darüber hinaus in acht Bundesländern Kommunalwahlen stattfinden (darunter zweimal Teilwahlen), kommt der NPD ebenfalls gelegen, schließlich ist es ihre Strategie, sich ausgehend von einer starken lokalen Verankerung langsam, aber stetig zum Machtfaktor im bundesrepublikanischen Parteiensystem emporzuarbeiten. Über 220 NPD-Mandate gibt es bereits heute in bundesdeutschen Kommunalparlamenten – Tendenz stark steigend.

Das vorliegende Buch zeigt das Innenleben einer Partei, die es meisterhaft versteht, sich in der Außendarstellung als moderne pragmatische Wahlalternative darzustellen, die sich aber in der Binnenkommunikation als Teil einer revolutionären, nationalsozialistischen Bewegung definiert, die das Jahr 1945 als fatale Zäsur begreift und den Wiederaufbau des Deutschen Reiches anstrebt.

Seit Parteichef Udo Voigt und sein langjähriger Weggefährte, der sächsische Fraktionsvorsitzende Holger Apfel, das Sagen in der Partei haben, wurde die NPD sukzessive zur einzigen rechtsextremen Gruppierung mit gesellschaftlichem Unterbau. In einigen Gegenden Ostdeutschlands – beispielsweise in Vorpommern und Teilen Ostsachsens – prägt sie das gesellschaftliche Klima und baut Stück für Stück parteinahe Parallelstrukturen auf. Im Westen hinkt die Partei hinterher, auch weil sie dort stärker stigmatisiert ist. Doch auch hier gedeihen zunehmend lokale Subzentren.

Mehr als zwei Jahre lang haben wir intensiv in der NPD und dem ihr nahestehenden Milieu recherchiert. Ohne Berührungsängste, aber auch ohne jede Form der Kumpanei. Die NPD-Vertreter wussten jederzeit, dass wir politisch nicht zu vereinnahmen sein würden. Sie konnten sich jedoch auch darauf verlassen, dass wir Grundregeln journalistischen Arbeitens nicht außer Kraft setzen würden. Interviews wurden von uns kritisch geführt, aber authentisch niedergeschrieben, Handynummern blieben geheim.

Wir haben autonome Nationalisten, freie Kameradschaftler und Funktionäre der besonders radikalen «Jungen National-demokraten» getroffen und interviewt. Wir haben Rechts-extreme getroffen, die bis dato noch nicht mit Journalisten gesprochen hatten, wir waren auf Europas größtem Rechts-rock-Festival und sind mit einem improvisierten Wahlkampfbus mitgefahren, mit dem der sächsische Landesverband für die Kommunalwahlen agitierte. Und wir haben mehrfach einen Parteiaussteiger interviewt, dessen Aussagen die um Respekta-bilität bedachte Parteiführung vor einige Schwierigkeiten stel-len dürften.

Wir haben eine Partei kennengelernt, die nicht weniger plant als die radikale Umwälzung der bestehenden Gesellschaftsord-nung und der Werteordnung, auf der die parlamentarische Demokratie fußt – eine Partei, deren Aktivisten bereit sind, alles diesen politischen Zielen unterzuordnen. Sie haben sich Geduld verordnet und einen strategischen Plan ausgearbeitet, an dessen Ende in vielen Jahren die Machtübernahme in Deutschland stehen soll. Auf die Verwirklichung dieses Ziels arbeiten die Strategen jeden Tag hin.

Moralische Empörung über die NPD ist ein ehrenwerter Reflex, denn die Ziele, die die Partei vertritt, sind empörend. Die Auseinandersetzung mit ihr darf sich aber nicht auf platte «Nazis-raus»-Parolen oder uninformierte Stereotypen beschränken. Auf beides ist die Partei, die ihre Kader aufwendig in Rhetorikseminaren schult, bestens vorbereitet. Deshalb tut man gut daran, sich mit der real existierenden NPD auseinander-zusetzen.

Die NPD totzuschweigen, gar zu tabuisieren hieße, ein ge-sellschaftliches Phänomen auszublenden, das sich ohne Kon-trolle durch eine informierte Öffentlichkeit weiter ausdehnen wird. Der Umgang mit der NPD ist eine Reifeprüfung der De-mokratie. Wer als Demokrat den Anspruch aufgibt, bessere Ar-gumente zu haben, hat schon verloren. Auch deshalb wäre ein

Verbot der NPD ein Offenbarungseid der Demokratie vor den Antidemokraten.

Nur dort, wo die Zivilgesellschaft wie in einer kleinen Stadt im Thüringer Wald aufsteht und sich gegen die NPD zur Wehr setzt, nur dort, wo Zivilcourage herrscht, hat die NPD keine Chance. Auch dieser Ort wird in diesem Buch eine Rolle spielen.

KLAMM SEIT 1964

In den 45 Jahren ihres Bestehens hat sich die NPD häufig neu im rechtsextremen Spektrum positioniert. Die Partei, die sich in den Sechzigern als «konservativ» verortete, könnte man heute «national-sozialistisch» nennen. In ihrer wechselvollen Geschichte weist sie allerdings eine Kontinuitätslinie auf: die, dass sie finanziell daniederliegt.

Schon am Tage ihrer Gründung sammelte die NPD erstmals Spenden. Als die Partei am 29. November 1964 gegründet wurde, machten am Ende der Veranstaltung Sektkübel die Runde – über 5000 Mark kamen zusammen.[1] Damals wie heute ist das eine Summe, die die klamme Partei bitter nötig hat.

Ursprüngliches Ziel bei der Parteigründung war es, die versprengte bundesrepublikanische Rechte zu einen. Mitglieder der 1952 verbotenen «Sozialistischen Reichspartei», einer mit ehemaligen NSDAP-Funktionären durchsetzten Gruppierung, fanden hier ebenso ihre Heimat wie vergleichsweise gemäßigte Rechtsradikale. Exponenten des moderateren Flügels gaben zunächst den Ton an. Auch die ersten Vorsitzenden Friedrich Thielen (1964–1967), Adolf von Thadden (1967–1971) und Martin Mussgnug (1971–1991) waren verglichen mit den heutigen Führungskräften eher bürgerliche Politiker.

Erste Erfolge ließen nicht lange auf sich warten. Die Jahre 1966 bis 1968 waren die bis heute erfolgreichste Periode in der Geschichte der Partei, gelangen ihr doch zahlreiche spektakuläre Erfolge auf Landesebene: 7,4 Prozent in Bayern, 7,9 Prozent in Hessen, 1967 dann 8,8 Prozent in Bremen, 5,8 Prozent in Schleswig-Holstein, 6,9 Prozent in Rheinland-Pfalz und 7,0 Prozent in Niedersachsen. In Baden-Württemberg erreichte die Partei 1968 gar 9,8 Prozent – das beste Ergebnis, das die NPD jemals in einem einzelnen Bundesland erzielte. Mit den Wahlerfolgen ging eine Verbürgerlichung der Partei einher, die ihre Parlamentarier nicht zuletzt aus dem Mittelstand rekrutierte. Das blieb auch inhaltlich nicht ohne Folgen: Im «Wertheimer Manifest» aus dem Jahr 1970 definierte sich die Partei als «konservativ».[2]

In den darauffolgenden Landtagswahlen verfehlte die Partei allerdings jeweils den Wiedereinzug in den Landtag. Die Wahlerfolge erwiesen sich eher als Strohfeuer denn als Zeichen für ein dauerhaftes Erstarken des Neonazismus.

In den Siebzigerjahren hielt die Erosion der NPD an. Sie wurde zu einer sektiererischen Splitterpartei, die 1980 bei der Bundestagswahl nur noch auf 0,2 Prozent der Stimmen kam. Personell, logistisch und programmatisch blutete die Partei ebenfalls aus. Für Wähler vom rechten Rand der Unionsparteien war sie wegen ihrer Rückwärtsgewandtheit und ihrer intellektuellen Dürftigkeit keine wählbare Alternative. Die Neonaziszene dagegen belächelte sie als biedere Altherrenpartei. Es ist nicht weiter verwunderlich, dass sich auch parteiintern Kritik am Kurs der Partei regte. Viele Funktionäre gingen sogar noch einen Schritt weiter: Sie hielten die NPD für historisch gescheitert. Die Wahlen gaben ihnen recht. Nach langen Jahren, in denen es keiner rechtsextremen Partei gelang, in irgendein Parlament einzuziehen, spürten die Rechten Ende der Achtzigerjahre wieder Rückenwind. Allerdings erzielten nun Republikaner und DVU einschlägige Erfolge – die NPD schaffte es hingegen häufig nicht einmal, die für eine Wahlteilnahme nötigen Unterstützerunterschriften zusammenzubekommen.[3]

Martin Mussgnug, immerhin der amtierende Bundesvorsitzende, und sein Stellvertreter Jürgen Schützinger waren die ersten Parteiprominenten, die der NPD den Rücken kehrten. Sie traten aus und gründeten daraufhin die «Deutsche Liga für Volk und Heimat». Die Gruppierung blieb vollkommen bedeutungslos, sieht man einmal von dem Umstand ab, dass zahlreiche Führungspersonen der heutigen NPD diese Partei mitprägten

(z. B. der Münchner Stadtrat Karl Richter und der thüringische Landesvorsitzende Frank Schwerdt). Der personelle Aderlass sollte die Partei zunächst noch weiter isolieren.

Als Nachfolger von Martin Mussgnug wurde 1991 Günter Deckert aus Weinheim in Baden-Württemberg zum NPD-Bundesvorsitzenden gewählt. Er leitete unverzüglich eine Radikalisierung ein und öffnete die Partei für neonazistische Skinheads. Geschichtsrevisionismus und unverhohlene Leugnung des Holocaust wurden nun zum Hauptkennzeichen der Partei, die sich endgültig zum Sammelbecken von Sektierern und wirren Verschwörungstheoretikern entwickelte. 1995 wurde Deckert, der sich auch innerparteilich zunehmend isolierte, wegen Leugnung des Holocaust zu zwei Jahren Haft verurteilt.

Im gleichen Jahr setzte ihn der Bundesvorstand als Vorsitzenden ab – angeblich wegen finanzieller Unregelmäßigkeiten. Eigentlicher Grund war jedoch der Umstand, dass Deckert die NPD zu einer monothematischen, ausschließlich rückwärtsgewandten Gruppierung gemacht hatte. Nachfolger Deckerts wurde Udo Voigt. Unter seiner Ägide rückte die Partei sozialpolitische Themen in den Vordergrund und orientierte sich strategisch um – statt einer reinen Wahlpartei will man auch «Nationale Außerparlamentarische Opposition» («NAPO») sein –, die Teilnahme an Wahlen wird dennoch als wichtig erachtet, weiß man doch, dass man nur so den anvisierten Marsch in die Mitte der Gesellschaft antreten kann.

Demgemäß propagierte Voigt anlässlich einer Tagung des Bundeshauptausschusses der NPD 1997 das «Drei-Säulen-Konzept», das den «Kampf um die Straße», den «Kampf um die Köpfe» (in dem Konzepte und Begrifflichkeiten der NPD sukzessive mehrheitsfähig werden sollen) und den «Kampf um die Parlamente» umfasst. Im Zuge des «Kampfes um die Straße» vollzog die Partei den Schulterschluss mit neonazistischen Kameradschaften, die ihr bis dato ablehnend gegenüberstanden («Volksfront»). Im Zuge dieser Öffnung traten Neonazis wie

Jürgen Rieger, Thorsten Heise oder Thomas Wulff in die NPD ein, wo sie häufig in Führungspositionen gewählt wurden. Insgesamt wurde die Partei unter Voigt zur «Bewegung des nationalen Widerstandes», wie er es selbst formuliert. Politischer Aktivismus trat endgültig an die Stelle eines Selbstverständnisses als Wahlpartei. In ausgewählten Gebieten hat sich die Partei vorgenommen, eine Parallelgesellschaft zu formen, in der nicht mehr die Gesetze der freiheitlich-demokratischen Grundordnung das Zusammenleben der Menschen bestimmen.

Das ursprünglich in der NPD-Studentenorganisation entworfene Konzept von der «National Befreiten Zone[4]» umfasst das Streben nach Hegemonie für die eigenen Themen, aber auch die Schaffung rechtsfreier Räume, in denen die rechtsextreme Szene ihre eigenen Gesetze schafft und durchsetzt. Um die Jahrtausendwende warnen Antifa-Aktivisten beispielsweise in der Sächsischen Schweiz davor, dass ihre Region zunehmend unter die Kontrolle der rechten Szene gerate. Noch heute bezeichnen Flüchtlings- und Antifa-Organisationen einige Gebiete in Ostdeutschland als «No-go-Areas».

Im Zusammenhang mit der eskalierenden Gewalt gegen Minderheiten und Angehörige anderer Ethnien steht auch das NPD-Verbotsverfahren, das Bundesregierung und Bundesrat 2001 beim Bundesverfassungsgericht beantragen. Sie sehen die Agitation der Partei als eine der Hauptursachen für die rechtsextremistischen Gewalttaten. Das Verfahren wurde schließlich niedergeschlagen, ohne dass sich die Verfassungsrichter inhaltlich dazu geäußert hätten, ob sie die NPD für verfassungsfeindlich halten. Das Verfahren scheiterte – nicht, weil es inhaltlich unbegründet wäre. Sondern weil ein Großteil der zur Beweisführung herangezogenen Aussagen von NPD-Kadern gemacht wurden, die dem Verfassungsschutz zuarbeiteten.

Ob das Verbotsverfahren politisch klug war, sei dahingestellt. Fakt ist, dass die NPD gestärkt aus dem Karlsruher Verfahren hervorging. Im September 2004 gelang ihr gar der bis dato spektakulärste Wahlerfolg der letzten Jahrzehnte. In Sachsen, dem Bundesland, in dem die NPD auch lokal verankert ist, zog sie mit 9,2 Prozent in den Landtag ein. Sachsen wird seither sukzessive zum NPD-Laboratorium ausgebaut. Der von Holger Apfel geführte Landesverband hat seither Modellcharakter für die Gesamtpartei. Ausschlaggebend für den Wahlerfolg war ein aufwendig und geschickt geführter Wahlkampf, der soziale Themen («Quittung für Hartz IV») in den Mittelpunkt rückte. Dass man im September 2005 bei der Bundestagswahl mit 1,6 Prozent klar an der Fünfprozenthürde scheiterte, lässt sich unter den gegebenen Umständen leicht als Erfolg interpretieren, schließlich ist das das beste Ergebnis einer Bundestagswahl seit 1969. Als im September 2006 mit 7,3 Prozent der Sprung in den Landtag von Mecklenburg-Vorpommern gelingt, fühlen sich die Parteiführer bestätigt – auch der «Deutschlandpakt» hat sich als strategisch richtige Entscheidung erwiesen.

Eineinhalb Jahre zuvor, im Januar 2005, hatte Udo Voigt diesen zusammen mit Dr. Gerhard Frey, dem Chef der finanzkräftigen DVU («Deutsche Volksunion») verkündet, der am 11. Januar 2009 von dem 37-jährigen Matthias Faust als Parteivorsitzender abgelöst wurde. Er soll ausschließen, dass sich die beiden Parteien durch konkurrierende Kandidaturen wechselseitig die Stimmen aus dem rechtsextremen Lager streitig machen. DVU und NPD treten ab diesem Moment nicht mehr wie in der Vergangenheit parallel zu einzelnen Wahlen an. Sosehr sich die beiden Parteien – hier die radikale Kaderpartei NPD, dort die behäbige Phantompartei DVU – unterscheiden, in ihrem laxen Umgang mit dem Parteiengesetz ähneln sie sich wie ein Ei dem anderen.

Der Februar war in den vergangenen Jahren kein guter Monat für die NPD. Im Februar 2007 forderte die Bundestagsverwaltung 870 000 Euro von der NPD zurück, die die Partei aus Mitteln der staatlichen Parteienfinanzierung erhalten hatte. Dass im thüringischen Landesverband massiv Spendenquittungen gefälscht worden waren, wurde ihr nun zum Verhängnis. 870 000 Euro sind viel Geld für eine Partei – jedes Mitglied müsste mehr als 100 Euro spenden, um die Summe zusammenzubekommen. Es sollte noch schlimmer kommen: Ein Jahr später, im Februar 2008, wird Bundesschatzmeister Erwin Kemna unter dem Verdacht festgenommen, 672 000 Euro aus Parteivermögen in die eigene Kasse gewirtschaftet zu haben. Die Summe wird später nach oben korrigiert.

Nach Auskunft der Staatsanwaltschaft Münster soll Kemna, ein Mittelständler aus dem münsterländischen Lengerich, «durch relativ komplexe Transaktionen Gelder von den Konten der NPD» auf eigene Konten umgeleitet haben. Dass die Veruntreuungen – von insgesamt 65 Überweisungen wird später die Rede sein –, die darüber hinaus noch über einen Zeitraum von fast dreieinhalb Jahren andauerten, parteiintern so lange unbemerkt bleiben konnten, wirft auch innerparteilich Fragen auf. Zumal Udo Voigt, anstatt erst einmal kleinlaut zu schweigen, reflexhaft eine Verschwörung seitens politischer Gegner und der Justiz ausmacht. Dass er sich mehrfach ausdrücklich vor seinen alten politischen Weggefährten Kemna stellt und immer wieder betont, er vertraue ihm vollauf, wird ihn schon bald selbst in Bedrängnis bringen. Anfang Januar leitet die Staatsanwaltschaft Münster ein Ermittlungsverfahren gegen Voigt ein – wegen Verstoßes gegen das Parteiengesetz. Innerparteilich ist er zu diesem Zeitpunkt schon lange isoliert. Spätestens seitdem Pastörs und Holger Apfel, die mächtigen Landesfürsten aus Mecklenburg-Vorpommern und Sachsen, die Kandidatur von Andreas Molau zum Bundesvorsitzenden unterstützen, gilt Voigt als Mann der Vergangenheit. Auslöser – wenngleich nicht alleinige Ursache – für den rapiden innerparteilichen Autoritätsverfall Voigts war dessen Rolle im Kemna-Skandal.

In der Tat förderten schon die ersten Untersuchungen abenteuerliche Zustände bei der Finanzbuchhaltung der Partei zutage. «Als die Ermittler des Landeskriminalamtes an jenem

Morgen die Tür zu Erwin Kemnas Arbeitszimmer in seinem zweistöckigen Einfamilienhaus im münsterländischen Ladbergen öffneten, konnten sie kaum einen Fuß auf den Boden setzen, bis zu einem halben Meter hoch stapelten sich überall im Raum lose Papiere: private Dokumente, Unterlagen der ‹Deutschen Stimme› und der NPD, Buchhaltungsunterlagen der letzten Jahre, haufenweise ungeöffnete Post – vor allem Mahnungen und Beschwerden wütender Gläubiger. Auf dem Schreibtisch blieb nur noch ein kleines Eckchen zum Arbeiten, auch in den Wandregalen von Ordnung keine Spur. Kaum besser sah es im Gästezimmer und auf dem Dachboden aus. Neuneinhalb Stunden brauchten die Fahnder, um sich halbwegs einen Überblick zu schaffen», heißt es im Durchsuchungsbericht.[5] Schon bald wird auch dem parteiintern eingesetzten Revisor, dem Neonazi-Anwalt und stellvertretenden Bundesvorsitzenden Jürgen Rieger, klar, dass Kemna nicht nur geschlampt, sondern im großen Stil Parteigelder in die eigene Tasche gewirtschaftet hat. Im September 2008 wird Kemna vom Landgericht wegen Untreue zu zwei Jahren und acht Monaten Haft verurteilt.

Die NPD steht nun unter Legitimationsdruck. Nicht nur, dass ausgerechnet die Partei, die nicht müde wird, die moralische Verderbtheit der «Systemparteien» anzuprangern, selbst ein Musterbeispiel an Dilettantismus und korruptem Verhalten geliefert hat. Nicht nur, dass ein Vorsitzender ein solch beredtes Zeugnis seiner eigenen Ahnungslosigkeit abliefert, dass er auch parteiintern zusehends in die Kritik gerät. Kemna, ein gelernter Finanzbuchhalter, versuchte die illegalen Entnahmen zu verschleiern und nahm seine Partei so erst in die Haftung. Um die Veruntreuungen zu kaschieren, schrieb er offenbar bereits im Jahr 2006 fiktive 385 000 Euro an Ausgaben in die Bilanz. Sollte sich das bewahrheiten, wäre der Rechenschaftsbericht der Partei falsch, und sie müsste eine Strafe in doppelter Höhe (770 000) Euro bezahlen. Wie die Partei das Geld aufbringen soll, weiß derzeit niemand.[6]

Kaum haben die Parteioberen begriffen, dass ein Funktionär aus ihrer Mitte ihnen mehr geschadet hat, als der politische Gegner es jemals gekonnt hätte, steigt man auf die Notbremse. Auch bereits bewilligte Mittel für die Parteigliederungen werden radikal zusammengestrichen: Die Landtagswahl in Bayern vom September 2008, von der man sich ursprünglich den Vorstoß ins bürgerliche CSU-Milieu versprochen hatte, wurde bereits im Vorfeld verloren gegeben und die Etats so weit zusammengestrichen, dass in ganzen Landkreisen kaum ein NPD-Plakat aufgehängt werden konnte.[7]

Es gibt viele Faktoren, die verhindern, dass die NPD flächendeckend spektakuläre Wahlerfolge einfährt. Einer davon, und nicht der unwichtigste, ist der Umstand, dass ihr schlicht und einfach die Mittel fehlen, um Büros zu unterhalten, Mitarbeiter zu finanzieren oder in größerem Stil Wahlkampfmaterialien zu verteilen. Die Partei als solche ist so gut wie bankrott, ihre beiden Landtagsfraktionen halten einen Organismus am Leben, der ohne die Geldströme aus Wahlkampfkostenerstattung, Fraktionsgeldern und Abgeordnetendiäten schon lange verschieden wäre, trotz einzelner potenter Geldgeber wie des Neonazi-Anwalts Jürgen Rieger, der wohl nicht zuletzt deshalb im Parteivorstand sitzt, weil er mit seinen Millionen wertvolle Dienste leistet – unter anderem durch den ständigen Versuch, für die Partei eine Immobilie zu erstehen, die sich als Tagungs- und Schulungszentrum ausbauen ließe.

Im Zuge der Kemna-Affäre wird vielen Aktivisten bewusst, dass sich an dieser misslichen Ausgangslage so bald nichts ändern wird. Sie forderten, dass die Verantwortlichen ihrer Verantwortung gerecht werden. Udo Pastörs sitzt im Landtag von Mecklenburg-Vorpommern einer sechsköpfigen Fraktion vor. In Schwerin ist der Juwelier aus dem Rheinland, der wie so viele West-Nazikader in den 90ern in den Osten zog, der Mann fürs Grobe. Pastörs ist ein Getriebener, ein Hetzer, der selbst gehetzt wirkt. Pastörs ist aber auch Überzeugungstäter: «Das System», in dem er lebt, will er abschaffen, er würde wohl sagen: hinweg-fegen. «Das System» ist in Pastörs Weltsicht korrupt, verderbt, von zynischen Technokraten verwaltet, die fremden Herren dienen und nur ihr eigenes Wohl im Sinne haben. Dieses System hat nur einen glaubwürdigen, nur einen integren Feind: die NPD. So sieht das Udo Pastörs.

Und nun das. Ausgerechnet der NPD-Kassenwart hat syste-matisch und über Jahre in die eigene Tasche gewirtschaftet, hat die Spendengelder und Mitgliedsbeiträge der «Kameraden» ver-untreut, die teils selbst nicht viel Geld zum Leben haben. Und das alles, um sein Küchenstudio vor dem Ruin zu bewahren. Und als ob das nicht schon schlimm genug wäre, hat der Partei-vorsitzende angeblich jahrelang nichts gemerkt, hat seinen un-fähigen Adlatus sogar noch gedeckt, als selbst in der Partei die Ersten gemerkt hatten, dass das keine Intrige der politischen Gegner war, sondern der augenfälligste Fall politischer Korrum-piertheit.

Udo Pastörs Weltbild ist ins Wanken geraten: «Das ist kein Skandal, das ist eine Gaunerei, das ist ein Verbrechen.» Kurzum: «Das hier sind Zustände wie bei den Systemparteien.» Wer in diese Partei eintrete, unterliege besonderen moralischen An-sprüchen, findet Pastörs: «Das muss Konsequenzen für die NPD haben, sonst verliert sie ihren Selbstanspruch. Wer in diese Par-tei eintritt und sich da etwas zuschulden kommen lässt, was das Normalmaß von Tolerierbarem überschreitet, dann muss da aufgeräumt werden. Ganz klar.»

Desillusioniert ist er seit dem Bamberger Parteitag vom Mai 2008, bei dem er seiner Überzeugung entsprechend gefordert hatte, dass nun die Schuldigen gesucht werden müssten, dass man nicht den Mantel des Schweigens über diese Angelegenheit breiten dürfe, die so fundamental das Selbstverständnis der Par-tei angreift. Pastörs hat in Bamberg gemerkt, dass seine Position nicht mehrheitsfähig war; die meisten Delegierten wollten gar nicht so genau wissen, wie es passieren konnte, dass ein Schatzmeister der Partei überall in seiner Wohnung ein derartiges Chaos an Quittungen und Belegen herumliegen hatte, dass die Mitarbeiter der Finanzbehörde die Hände über dem Kopf zusammenschlugen, als sie die Wohnung betraten. «Objektiv kann man wohl sagen, dass das, was da gelaufen ist, die Wähler nur wenig interessiert, es ist sehr, sehr traurig», sagt Pastörs. Moralische Fragen seien offenbar irrelevant, «nur Mehrheiten verändern etwas». Inhaltlich sieht Pastörs sich «bestätigt»: «Ich habe kein Verständnis für dieses lange Taktieren unseres Parteivorsitzenden. Ich war erschrocken, auf dem Parteitag, dem Bundesparteitag, weil ich relativ auf einsamer Flur stand.» Eines steht für Pastörs dennoch fest: Udo Voigt wird sich nicht mehr lange an der Spitze der Partei halten können: «Wenn Sie mit einem Generaldirektor in einer Firma arbeiten müssen, der nur deswegen seinen Posten behält, weil das sonst im nächsten Jahr die Bilanz verhagelt, dann gibt man ja jeden moralischen Anspruch auf.»

Auch NPD-Generalsekretär Peter Marx macht nicht den Eindruck, als wolle er sich für seinen Parteivorsitzenden in die Bresche werfen. Das überrascht zunächst, schließlich war Marx auf dem Bamberger Bundesparteitag der Erste, der Udo Voigt zu dessen Wiederwahl als Parteivorsitzender gratulierte. Die beiden Herren umarmten sich dabei herzlich. Nur wenige Monate später war Generalsekretär Marx einer der drei entscheidenden Drahtzieher bei der rasanten Entmachtung Voigts. Der bundesweit bestens vernetzte Multifunktionär warf zuerst in einem Hintergrundgespräch für dieses Buch die Frage auf, «ob wir mit Voigt personell richtig aufgestellt in das Wahljahr gehen». Ende Dezember beantwortete er sie selbst, indem er zusammen mit Holger Apfel und Udo Pastörs Andreas Molau zum Kandidaten ausrief.

Molau, der bis dato innerparteilich nicht als Schwergewicht gegolten hatte, dürfte es bei seinem Karrieresprung jedenfalls zupass gekommen sein, dass er aus Protest gegen das Krisenmanagement Voigts in der Kemna-Affäre Anfang Oktober aus dem

Bundesvorstand zurückgetreten war. Die «Führung des Bundes-vorstandes» könne er «nach den Ereignissen um die Veruntreu-ung von Geldern in der Partei nicht mehr voll unterstützen», schrieb er damals. Mit diesen Worten begann Molaus Sturm auf das höchste Parteiamt. Und einer wie Molau stürmt nicht, ohne sich vorher nach allen Seiten abgesichert zu haben.

MIT GEWALT IN DIE MITTE

Über einen Neonazi, der im Thüringer Wald die ländliche Gemeinschaft unterwandern wollte. Eine Geschichte über eine Stadt, die Vorbild sein könnte für andere Orte in Deutschland.

Juni 2007. Von oben auf der Hardt fällt der Blick auf die Stadt im Tal mit ihrem Schlösschen und den bewaldeten Hügeln im Hintergrund. Vögel singen zur Untermalung des Idylls. Einmal im Jahr trifft sich Wehrführer Jürgen Grobeis mit den anderen Feuerwehrleuten auf dieser friedlichen Anhöhe. Immer am 21. Juni, am längsten Tag des Jahres, wenn der südliche Abhang des Thüringer Waldes ein sattes grünes Kleid trägt. Von unten sieht es dann in der Dämmerung aus, als würde die Hardt in Flammen stehen. Von wegen. Wer Feuer löschen kann, weiß es auch zu kontrollieren. Zur Sommersonnenwende kümmert sich die Freiwillige Feuerwehr Schleusingen um den Scheiterhaufen. Dazu gibt's dann ein paar Dingslebener, so heißt das schmackhafte Bier im südlichen Thüringen, einer Gegend, wo die Menschen das R vor sich herrollen, weil sie Frrangn sind.

So wie der Grrobeis Jürrgen oder der Brrodführrerr Klaus, der Bürrgerrmeisterr, der in Schleusingen nur einen Hauch wichtiger ist als der Wehrführer. Oder wie der Frrenck, Tommy, der führende Neonazi in seiner Heimatstadt, der hier die Ordnung auf den Kopf stellen wollte, Schleusingen vor zwei Jahren zur Frrontstadt erklärte. Den meisten Bürgern der Stadt passte das aber nicht, sie haben sich dagegen gewehrt. Deshalb darf der Tommy nicht mehr am schönsten Fest des Sommers teilnehmen, auf das sich die übrige Jugend schon seit Wochen freut. Dabei wäre der Neonazi Frenck am liebsten als Feuerwehrmann dabei gewesen, hätte gerne am Sonnenwendfeuer gezündelt, auch mit seinen nationalsozialistischen Ideen.

Seit ein paar Jahren versucht die NPD, die Freiwilligen Feuerwehren auf dem Land zu unterwandern. Als Teil ihrer Strategie, in die Mitte der Gesellschaft vorzudringen. Die Partei weiß, dass die Feuerwehren Nachwuchssorgen haben, vor allem aber weiß sie, wie wichtig die Feuerwehren für das soziale Leben auf dem Lande sind. Wer bei ihnen mitmacht, ist gesellschaftlich voll integriert, wird im Ort respektiert. Das möchte die NPD auch gerne. Pressesprecher Klaus Beier nennt die Agitation bei den Feuerwehren im Interview Teil einer «Graswurzelstrategie», die seine Partei verfolgt. «In den kleinen Gemeinden gibt es ja nichts anderes als Feuerwehr oder Fußball», und weiter: «Als geselliger Mensch lerne ich jemanden beim Bier auf einem Feuerwehrfest kennen – und am nächsten Tag fahre ich dann bei ihm vorbei, um zu hören, ob seine nationale Gesinnung die Bierlaune überdauert hat.»

Der thüringische Landesvorsitzende Frank Schwerdt («Ich habe viele Ziehsöhne») hat Tommy Frenck in Schleusingen entdeckt, der die Strategie – in Richtung Mitte – umsetzen soll. Der Berliner Schwerdt selbst leitete die Gründungsversammlung des NPD-Kreisverbandes Hildburghausen-Suhl im Juni 2004, wo der erst 17-jährige Frenck – unter Zustimmung seiner erziehungsberechtigten Mutter – zum Vorsitzenden gewählt wurde. Wenig später will er in einen hiesigen Sportverein eintreten und in die Freiwillige Feuerwehr. Schwerdt gibt auf Nachfrage zu, dass diese Idee von der NPD kommt: «Wir schicken unsere Leute in die Freiwilligen Feuerwehren, um dort die Arbeit zu machen, die Feuerwehren machen. Aber möglicherweise sind das auch gesellschaftliche Zusammenschlüsse, bei denen man sich nicht nur über die Feuerwehr unterhält.» Sondern auch über Politik.

So sieht sie also aus, die Agitation der NPD im vorpolitischen Raum. Bundesweit versucht die Partei, ihre Leute bei den Feuerwehren zu installieren. Es gibt einen regelrechten Wettkampf zwischen Staat und Rechtsextremisten. «Wir gehen in die Fußballvereine und in die Freiwilligen Feuerwehren, um schneller zu sein als die Rechten», entgegnet Winfriede Schreiber, Verfassungsschutzpräsidentin in Brandenburg. Sie kennt die Feuerwehren aus eigener Anschauung; die Juristin war jahrelang Polizeipräsidentin in Frankfurt/Oder, zuständig für einen riesigen Landstrich. Schreiber weiß, dass die völkische Idee der NPD bei den Wehren dort auf fruchtbaren Boden fällt. Spätestens seitdem eine Feuerwehr aus ebendieser Gegend im Frühjahr 2008 für einen Skandal gesorgt hat, ist das nun auch öffentlich bekannt.

Damals waren Fotos von Feuerwehrmännern aus Groß Glagow aufgetaucht, die bei einer Übung blaue Hemden trugen mit der Aufschrift «Flink wie Windhunde, zäh wie Leder, hart wie Kruppstahl». Ein Zitat Adolf Hitlers, mit dem er das Ideal der deutschen Jugend beschrieb. Und weil Bilder die härteste Währung in den Medien sind, war die Aufregung groß.[8] Inzwischen haben auch die obersten Feuerwehrfunktionäre diese Anfälligkeit der eigenen Leute erkannt. Deshalb unterstützt der Deutsche Feuerwehrverband (DFV) offiziell die Internetinitiative www.netz-gegen-nazis.com.[9] Übrigens neben dem Deutschen Fußball-Bund (DFB), bei dem man inzwischen ebenfalls für die Anwerbeversuche der Rechtsextremisten sensibilisiert ist. Frank Schwerdt jedenfalls, der als Rechtsreferent in der Bundeszentrale der Partei jahrelange Erfahrung in der Auseinandersetzung mit der Verwaltungsjustiz hat, weiß, dass jeder, der die körperlichen Voraussetzungen für den Dienst bei der Freiwilligen Feuerwehr erfüllt, bei den Wehren mitmachen darf. So regelt es auch das «Thüringer Brand- und Katastrophengesetz». Notfalls versucht er, das gerichtlich durchzusetzen. In Schleusingen ist er damit gescheitert.

Denn die Schleusinger Feuerwehr hat Tommy vertrieben. Unterstützt von ein paar anderen im Ort wie dem Bürgermeister Brodführer oder der Frau Pfarrerin Sölling, die aus der Bürgerbewegung der DDR in die Stadt gekommen ist. Sie initiierte ein «Bündnis gegen Rechts». «Seitdem wir aktiv sind, ist das Klima der Angst deutlich zurückgegangen», sagt die Pfarrerin, auf einer weiß getünchten hölzernen Kirchenbank sitzend. Ihre Zivilcourage hat einen leisen, aber bestimmten Ton. «Als mir zugetragen wurde, dass Jugendliche auf unserem Markt von rechten Jugendlichen körperlich drangsaliert und bedroht worden sind, vor die Stadt geführt, in den Bach untergetaucht wurden, richtig misshandelt worden sind, da habe ich gesagt, wenn so etwas in unserer Stadt passiert, kann man nicht einfach zugucken. Wir müssen irgendetwas tun!», erzählt die Pfarrerin rückblickend. Auch der kurdische Dönerverkäufer im «Dilan-Grill» am Markt erinnert sich. «Man kann sich abends wieder alleine irgendwohin trauen, nicht so wie früher.» Tee plätschert aus einer kleinen silbernen Kanne ins Glas, beim ersten Zug knistert seine Zigarette. «Unsere Döner haben sie gerne gegessen, und wenn der Laden zu war, haben sie uns die Scheibe eingeschmissen.»

Das war an Silvester 2004. Zeugen gibt es keine. Frenck und seine Neonazi-Kameradschaft «Schleusinger Heimatschutz» streiten alles ab. Dabei scheint das Datum reserviert für Angriffe auf die ganz wenigen Ausländer in Schleusingen. Genau 366 Tage früher war der Asia-Shop dran, ebenfalls am Markt. Dort hängt Tommy mit seiner Rotte seit einiger Zeit rum. Für den «Dilan-Grill» ist es bereits der zweite Anschlag in diesem Jahr, das erste Mal passierte es im März. Damals wandte sich der Heimatschutz in einem Leserbrief in der Lokalzeitung gegen eine Vorverurteilung. «Warum sollten nationale Bürger die Scheiben eines Lokals einschmeißen, in dem sie selber essen gehen?»[10]

Im Sommer dann beschwert sich ein Besucher Schleusingens im Gästebauch auf der Internetseite der Touristenstadt darüber, dass seine Frau «südländischen Aussehens» mit «Pöbeleien und dreisten Sprüchen» überzogen wurde, von «Jugendlichen in Bomberjacken und Springerstiefeln, die abends auf dem Marktplatz rumhängen».[11] Dass Tommy seine Drohungen gegen Menschen anderer Hautfarbe auch umsetzt, hat er schon bewiesen: Bei einer Kirmes schlug er einem farbigen Kubaner eine volle Bierflasche auf den Kopf, dafür wurde er vom Amtsgericht der Kreisstadt Hildburghausen wegen gefährlicher Körperverletzung schuldig gesprochen.[12] «Das war Notwehr», sagt der Neonazi heute. Für das Gericht ist das lediglich eine «Schutzbehauptung».

In der Opferrolle fühlt er sich wohl. Täter sind immer die anderen. Der Staat, die Kapitalisten, die Ausländer, die Medien – oder alle auf einmal. Vielleicht die Juden? Auch die Gedenktafel für die von den Nationalsozialisten geschleifte Synagoge in der Stadt, hinter dem Marktplatz die Straße hoch, wurde damals mehrfach geschändet, auch am 9. November, dem Jahrestag der sogenannten Reichskristallnacht. An diesem Datum verschwindet regelmäßig der Gedenkkranz, auch NPD-Aufkleber waren schon auf der Tafel. Eine Lehrerin hatte sie abgekratzt, nachdem ihr die Aufkleber bei einer Stadtführung für jüdische Besucher aufgefallen waren.

In dem neuen Jahr, das mit der eingeworfenen Fensterscheibe des «Dilan-Grills» beginnt, erklärt Tommy Schleusingen zur Frontstadt. Die Neonazis wollen hier ein Exempel statuieren. Den Ort als Kampfplatz ihrer Ideologie umkrempeln. Auf dem Briefkopf der NPD schreibt Frenck am 18. Januar 2005 den «lieben Bürgern aus Schleusingen und den umliegenden Gemeinden». Den Brief lässt er in den Briefkästen verteilen. Darin kündigt er einen Fackelmarsch auf dem Marktplatz an, zu dem er «alle herzlich einlädt». Zur gleichen Zeit verschickt ein «Aktionsbüro Thüringen», hinter dem der Neonazi und «Dönerbomber von Eisenach»,[13] Patrick Wieschke, steht, die Erklärung Schleusingens zur Frontstadt: «Nahezu alle relevanten Kräfte des nationalen Widerstandes in Thüringen, sowohl parteilos als auch parteigebunden, haben sich darauf geeinigt, die südthüringische Stadt Schleusingen in den nächsten Monaten zur Frontstadt zu erklären.» Und weiter heißt es dort: «Der nationale Widerstand wird in den ersten drei Monaten des Jahres 2005 seinen agitatorischen und propagandistischen Schwerpunkt auf die Kleinstadt am Rande des Thüringer Waldes legen.»

Frenck kündigt an, die Stadt zu übernehmen, bietet Brodführer, der in der CDU ist und sich zum Lager des Ministerpräsidenten zählt, eine Art Ordnungspartnerschaft an. Dass sein Heimatschutz Streife geht und für Sicherheit sorgt. Dabei sind es seine Leute, die hier Angst und Schrecken verbreiten. Erst sechs Wochen zuvor hatte Frenck einen Antrag um Aufnahme bei der Freiwilligen Feuerwehr gestellt, wo die Anfrage des stadtbekannten rechten Schlägers überraschte. Ist es doch üblich, dass Jugendliche sich über ein Engagement in der Jugendfeuerwehr nähern oder zumindest über ein Gespräch mit anderen Wehrleuten. Im «Protokoll über die Beratung zum Aufnahmeantrag von Tommy Frenck», die am 12. Januar stattfindet, heißt es von verantwortlicher Stelle: «Dass wir als Feuerwehr noch nicht viel davon [Anm. der Verf.: Frencks' vorgeblich schon lange bestehendem Interesse an der Feuerwehr] gemerkt haben. Bei den vielen Veranstaltungen der Freiwilligen Feuerwehr war Herr Frenck nicht zugegen.» Ein paar Tage später, am selben Tag, an dem das «Aktionsbüro Thüringen» seine Frontstadterklärung veröffentlicht, schreibt Frank Schwerdt an Wehrführer Jürgen Grobeis: «Die NPD hat keine Einwände dagegen, dass Herr Tommy Frenck Mitglied der Freiwilligen Feuerwehr in Schleusingen ist.»

Dazu kommt es aber nicht. Denn Tommy führt sich nicht so auf wie einer, dem das Gemeinwohl am Herzen liegt. Stattdessen bringt er Angst über die Menschen in Schleusingen. Beim angekündigten Fackelmarsch, im Schnee vor dem alten Rathaus. Mit Fackeln, Trommeln und NPD-Fahnen. 100 Neonazis marschieren am 29. Januar 2005 auf, in Stiefeln und Tarnjacken, Glatzen in Bomberjacken schwingen die schwarze Sonne[14] in der kalten Dämmerung des Samstagnachmittags, ein beliebtes Symbol der SS.

Es ist der Vorabend zum Jahrestag der «Machtergreifung» Adolf Hitlers. Ein wichtiges Datum für Neonazis in ganz Deutschland. In Schleusingen schart Tommy sie in seinem NPD-Kreisverband zusammen. Angetrieben von den Wahlerfolgen in Sachsen, die erst wenige Monate zurückliegen, und dem vorgelebten Schulterschluss zwischen den freien Kräften und der NPD im benachbarten Bundesland, nimmt auch in Thüringen die NPD immer mehr «Kameraden» auf. Die Partei hat in Thüringen eine «Mitgliederoffensive» ausgerufen; in den kommenden zwei Jahren wird sich die Mitgliederzahl verdoppeln – auf 550, die meisten sind jung, viele sind gewaltbereit, kommen aus den Kameradschaften, die Schleusingen zur Frontstadt ausgerufen haben. Bei den Reden auf dem Marktplatz wechseln sich die freien Kräfte mit den NPD-Funktionären ab. In Thüringen bilden sie schon längst eine Einheit.

Auch Patrick Wieschke aus Eisenach ist in Schleusingen dabei. «Wer dem Volk nützt, für den stehen wir ein! Wer dem Volk schadet, der wird unter uns klein!», schallt es über eine Lautsprecheranlage. Das «Aktionsbündnis» hatte sogar das Regionalfernsehen, den MDR, eingeladen, der an diesem Tag aus Schleusingen berichtet. «Sieg dem nationalen Widerstand, Heil der Opposition», bis schließlich ein Neonazi verkündet: «Eines Tages wird auch in Schleusingen ein NPD-Bürgermeister regieren.»

Eine versteckte Drohung für Bürgermeister Brodführer? Der hatte zur Landtagswahl im Jahr zuvor versucht, einen Infostand der NPD auf dem Marktplatz zu verbieten. Vergeblich, die NPD klagte den Stand ein. Eine Niederlage für den bemühten Demokraten. Sodann hatte der Bürgermeister einen Platzverweis für Tommy auf dem Marktplatz ausgesprochen. Nun also wollten die Neonazis vor seinem Rathaus zeigen, wer auf der Straße das Sagen hat.

Der Bürgermeister erinnert sich noch gut an den Fackelmarsch vor zwei Jahren: «Das war wie eine Filmszene aus dem ‹Dritten

Reich›, beängstigend, erdrückend. Da war uns allen klar: Hier wird nicht mehr gespaßt, hier wird es ernst.» Lange Zeit gehörte Brodführer zu denen, die das Problem mit den Rechten einfach ignorierten, es totschwiegen, nicht wahrhaben wollten. So wie viele seiner Kollegen in der anfälligen Provinz. «Aber ich habe dazugelernt», sagt Brodführer. Nachdem er anfing, das Problem anzugehen, wurde er persönlich bedroht. In einem Ordner sammelt er die anonymen Schreiben an seine Adresse, eines ist mit einem Hakenkreuz unterzeichnet, ein anderes wurde in Warschau abgeschickt. «Ich habe Morddrohungen erhalten, es gab Bombendrohungen fürs Rathaus, es gab vor meinem Privathaus persönliche Anpöbeleien, Abspielen von Naziliedern zur Nachtstunde.»

Von seinem Bürofenster aus ist der mittelalterliche Markt zu sehen, auf dem in der Mittagssonne das Brunnenwasser plätschert und die Markthändler ihre Fläche am Kopfsteinpflaster abzählen. Um den Sinn seiner Worte zu verstärken, wiederholt er den Satz. «Ich habe dazugelernt.» In einem Regal seines Büros steht ein Wimpel aus Plettenberg im Sauerland. Die Partnerstadt hat ebenfalls ein Problem mit Rechtsextremisten. Mit autonomen Nationalisten; eine neue Generation Neonazis sucht das westliche Westfalen heim, und auch hier wollen es die Autoritäten nicht so recht wahrhaben.

Vielleicht könnte es diesmal andersherum laufen. Dass Herr Brodführer aus dem Osten den Leuten in Nordrhein-Westfalen sagt, wie es geht. Notfalls kann das auch die Pfarrerin tun oder Uwe Hotop, der sich ebenfalls im Bündnis engagiert. Er erzählt von den «Problemen mit dem eigenen Sohn». Wie der plötzlich nach Hause kam «in diesen rechten Thor-Steinar-Klamotten. Wir haben damals immer wieder mit ihm geredet, über die Geschichte des Nationalsozialismus und darüber, wie schlimm wir selbst so eine rechte Einstellung finden.» Am Ende entschieden sich die Hotops, ihren Sohn auf ein Internat zu schicken. Nach Bayern. «Seitdem hat er mit diesem ganzen rechten Kram nichts mehr zu tun, hat inzwischen sein Abitur gemacht.» Mit Tommy Frenck und der NPD hat er auch nichts mehr zu tun.

Wehrführer Jürgen Grobeis befürchtet Anfang 2005, dass Frenck einen schlechten politischen Einfluss auf die Jugendfeuerwehr haben wird. Nachdem Klaus Brodführer als Dienstherr der Feuerwehr dessen Empfehlung folgt und Frencks' Mitgliedsantrag ablehnt, widerspricht der beim zuständigen Landratsamt. Mit Erfolg. Seine Gesinnung ist kein Ausschlussgrund. Wieder eine Niederlage für die Demokraten in der Auseinandersetzung mit dem Neonazi. Brodführer sucht Rat. Über dem leicht ergrauten, sauber gestutzten Vollbart des wackeren Mannes blitzen zwei braune Augen, die etwas Listiges haben. Brodführer kann lachen, ohne den Mund zu bewegen. Für ein Fernsehspiel über Schleusingen müsste sich Joachim Król als Bürgermeister einen Bart wachsen lassen.

Er berät sich also mit seinem Sohn. Der büffelt an der Universität in Jena gerade für das juristische Staatsexamen und sucht seinerseits mit anderen Juristen nach einer Lösung, die am Ende funktionieren soll.

Mit Datum vom 25. Februar 2005 teilt Wehrführer Grobeis seinem Dienstherrn per offiziellem Schreiben mit, dass er nach 30 Jahren Mitgliedschaft in der Schleusinger Feuerwehr aus derselben austreten werde, sofern Tommy Frenck eintritt. «Sollte es zu einer Aufnahme des Herrn Frenck in die Freiwillige Feuerwehr Schleusingen kommen, werden die Kameraden ihre Tätigkeit niederlegen und aus der Feuerwehr austreten.» Anlage: eine handschriftliche Notiz mit 43 Unterschriften von Schleusinger Feuerwehrleuten: «Ich schließe mich der Auffassung des Kameraden Jürgen Grobeis mit allen Konsequenzen an und werde bei einem positiven Bescheid über den Eintritt des Herrn Frenck in die Feuerwehr Schleusingen ebenfalls meinen Austritt aus der Fw Schleusingen erklären.»

Der Bürgermeister antwortet drei Tage später auf die Austrittsdrohung der Feuerwehr: «Sehr geehrte Kameraden der Wehrleitung, mit Bedauern und vor allem mit großer Besorgnis habe ich Ihre Austrittsankündigung zur Kenntnis genommen (…) und bitte zu einem schlichtenden Gespräch.»

Das Gespräch findet Anfang März im Mannschaftsraum des neuen Feuerwehrgerätehauses statt, weiße Wände, schlichte Konferenzbestuhlung. Es wird Protokoll geführt: «Der stellvertretende Stadtbrandinspektor Jürgen Grobeis stellt nochmals klar, dass er sich unter keinen Umständen vorstellen könne, mit dem Antragsteller zusammenzuarbeiten (…). Die Stadt müsse sich nun mal entscheiden, ob sie einen Herrn Frenck aufnehmen will und dafür ihre Kameraden verliert oder ob sie lieber Wert auf ihre zuverlässigen Feuerwehrleute legt, die die Stadt in vielen schwierigen Gefahren- und Unglückssituationen noch nie im Stich gelassen haben.» Ein anderer Feuerwehrmann trägt vor, dass «allen Kameraden bekannt ist, dass Herr Frenck der Neonazi-Szene angehört und versucht, mit seinen umtriebigen Aussagen und Schandtaten die Institutionen der Stadt zu untergraben. Diese Person hat durch Nazipropaganda in letzter Zeit die Stadt Schleusingen überregional in Verruf gebracht. Die FFw Schleusingen würde durch die Aufnahme des Herrn Frenck auch ein ‹braunes› Image bekommen, mit dem sich die Kameraden nicht identifizieren können».

Es sind weitere Äußerungen der Wehrleute dokumentiert, die am Ende dafür sorgen werden, dass die NPD-Strategie in Schleusingen nicht greift. «Ich kann nicht zum Verkehrsunfall kommen, und da ist ein Farbiger im Auto eingeklemmt, und ich habe dann so einen dabei. Darauf kann ich mich nicht verlassen!» Neonazis und Rassisten hätten deshalb in keiner Feuerwehr etwas zu suchen.

Frencks' erneuter Widerspruch gegen den Bescheid der Stadt Schleusingen wird vom Amt für Kommunalaufsicht schließlich zurückgewiesen. Begründung: «In der gegebenen Situation hat der Bürgermeister zugunsten des öffentlichen Interesses entschieden (…). In der konkreten Situation war ihm nicht zuzumuten, im Interesse einer einzelnen Person die Arbeitsfähigkeit der gesamten Freiwilligen Feuerwehr Schleusingen zu gefährden. Ihr Widerspruch war daher als unbegründet zurückzuweisen.»

Der Widerspruchsbescheid geht Tommy Frenck am 21. Juni 2005 zu. Ein paar Stunden später lodert das Sonnenwendfeuer auf der Anhöhe Hardt über Schleusingen, so wie jedes Jahr. Die Feuerwehr ist stolz, dass ihre Kameradschaft über den Neonazi gesiegt hat. «Wenn die merken, dass eine Truppe zusammensteht, sind die ganz schnell verschwunden, wie der Herr Frenck.»

Im Juni 2007 ist die Angst, die der Herr Frenck und sein Heimatschutz in Schleusingen verbreitet hat, verschwunden. Mit ihr der Unruhestifter: Tommy hat Schleusingen schließlich verlassen. Er fand auch keine Wohnung bei der städtischen Wohnungsgesellschaft, als er bei der Mutter ausziehen wollte. Sein «Schleusinger Heimatschutz» ist Geschichte, die NPD hat hier kein Bein auf den Boden gekriegt. In Ruhe können die Bürger der Stadt in diesem Sommer das 775-jährige Bestehen Schleusingens feiern. Die Festwoche beginnt einen Tag nach dem 21. Juni.

Seit drei Monaten lebt Frenck in Hildburghausen, ein paar Kilometer die kurvige Landstraße entlang. In seiner Wohnung oben im zweiten Stockwerk über dem Markt hängen zwei Reichskriegsfahnen statt Gardinen in den Fenstern. Nach Schleusingen schaut Frenck im Groll. Aus dieser Wohnung leitet er nun seinen NPD-Kreisverband. In Schleusingen lebt nur noch seine Mutter, eine kleine geschiedene Frau mit dem Gesicht einer Puppe, das Schlichtheit und stolzen Mangel ausdrückt. Sie hält noch immer zu ihm. Wie Mütter so sind.

Im Eiscafé «Firenze» in Hildburghausen bestellt sie Cappuccino. Seit einigen Tagen geht ein Witz um, über den Beatrix Meißner nicht lachen kann, und der geht so: In Mügeln[15] sagt die Mutter zum Vater vor dem Schlafengehen: «Ich geh noch schnell ins Kinderzimmer – nach dem Rechten sehen.» Denn Beatrix Meißner ist stolz auf ihren Sohn, schaut auf zu ihm aus treuen blauen Augen. Vor ein paar Jahren noch hat sie PDS gewählt, wegen des «S». Und weil es ihr «sozial» vor der Wende einfach besser gegangen ist als alleinerziehende Mutter. «Heute leben wir doch in einer Ellenbogengesellschaft.» In der muss sie stundenweise die Kartons in einem Supermarkt auspacken. Der Rest ist Hartz IV.

Seitdem ihr Tommy in der NPD ist, wächst ihr Selbstbewusstsein. Seit dreieinhalb Jahren ist er nun dabei. Heute ist Tommy 20 Jahre alt. Und inzwischen traut sie sich, ihrer sozialistisch geprägten Weltanschauung das Attribut «national» voranzuschicken. «Mir stimmen viele Leute zu und sagen, dass doch jeder ein bisschen rechts ist.» Heute packt sie sogar manchmal die Kartons mit dem Propagandamaterial der NPD aus. Und die wirbt offen für den nationalen Sozialismus, an den auch Frau Meißner glaubt. Als seien die Zeiten endgültig vorbei, in denen man seine Sympathie für das NS-Regime verstecken musste. Schließlich sagt die kleine Frau Meißner, dass die Regierung in Berlin «nichts für den kleinen Mann» tut. Inzwischen ist ihr Tommy, ebenfalls ein kleiner Mann, so etwas wie der Motor der wachsenden rechten Jugendszene in Hildburghausen am schönen Werra-Radweg, wo im Sommer die Touristen über den Marktplatz radeln. Einige halten an, um sich unter den Sonnenschirmen draußen vor dem Eiscafé zu entspannen. Von seiner Wohnung über dem Marktplatz kann Tommy dann die Touristen zählen. Und er ärgert sich, dass sie nicht gegenüber im deutschen Stadtcafé sitzen, sondern beim Italiener, der «hier nichts zu suchen hat». Deshalb ärgern seine Leute den Italiener. Mal wird nachts bei der jungen Familie geklingelt, mal die Front des Cafés mit ausländerfeindlichen NPD-Parolen zugeklebt. Ein anderes Mal verteilen Jugendliche die Inneneinrichtung eines benachbarten italienischen Restaurants auf dem Parkplatz hinter dem Markt und trampeln darauf herum.

«Schreiben Sie doch mal auf, dass die Rechten keine Glatzen mehr sind, mit Springerstiefeln und so 'nem Zeug», sagt Tommy abends beim Weizenbier am NPD-Stammtisch in der Jugendkneipe XXL, wo sich an den anderen Tischen die übrige Jugend nach Paris Hilton sehnt, die auf der Mattscheibe in der Ecke im neonfarbenen Minikleid mit einer Mistforke hantiert. Kein Problem: Denn Glatzen mit Springerstiefeln gibt es hier nicht. Das Klischee funktioniert nicht mehr, auf den ersten Blick sind die Neonazis oft nicht zu erkennen. Auch nicht der durchtrainierte Alex, der schon mal zu Hause in Militärhosen und mit nacktem Oberkörper vor der Hakenkreuzfahne an der Kinderzimmerwand posiert, «weil das für mich ein starkes Symbol für Deutschland ist». Nicht der langhaarige Oliver aus der Schnittmenge zwischen Heavy-Metal-Fans und Neonazis, der an «Odin statt Jesus» glaubt, nicht der stumme René, der sich mit Tommy die Wohnung am Marktplatz teilt, auch nicht die wasserstoffblondierte dickliche Christina mit den Hakenkreuzen auf zwei Fingerringen an der rechten und der linken Hand und auch nicht die hübsche Mandy mit dem Gesicht wie aus Meißner Porzellan modelliert, die zwar reichlich Verehrer, aber «keinen Bock» auf einen hat, der nicht rechts ist. Vielleicht wird was aus ihr und Tommy. Jedenfalls ruft der sie ständig an und fragt, was sie macht und mit wem sie rumhängt, und wenn es ein Reporter ist, will er wissen, worüber die Mandy so gesprochen hat. Und mit wem im Ort man sonst noch so geredet hat. Tommy hat die volle Kontrolle, zumindest über seine eigenen Leute, die – so scheint es – ständig mehr werden. «Wir expandieren», sagt er grinsend und stellt als Nächstes Karolin vor.

Die 19-Jährige trollt in der ledernen Weste der «Motorradfahrgemeinschaft Hildburghausen» über den Marktplatz vor der Neonazi-WG. Längst ist Tommys Wohnung der Szenetreffpunkt. Karos Vater trägt die gleiche Weste und grüßt über den Platz mit dem sauberen Kopfsteinpflaster. Um den Hals ein PLO-Tuch, auf dem Kopf ein Barett aus schwarzem Filz, an dem das Imitat eines Eisernen Kreuzes heftet. «Ich habe nichts dagegen, dass sie mit dieser Clique rumrennt. Schließlich ist unsere ganze Familie rechts angehaucht.» Und dann kommt die Leier vom vernünftigen Sozialstaat der DDR, davon, dass es der Jugend damals besser ging, vom kleinen Mann, den kriminellen Ausländern, von den Juden in Jerusalem, «die Deutschland erpressen tun», und von der Perspektivlosigkeit im Allgemeinen, die «wohl auch die NPD nicht lösen kann, aber die noch am allermeisten». Karo steht daneben, mit dem Baby ihrer Schwester auf dem Arm, und nickt zustimmend. Eine eigene Meinung ist nicht zu hören, für einen Augenblick nur Vogelgezwitscher. Und dann sagt der Vater, der sich selbst den Namen «Ossi» gibt, über den Tommy: «Meinen Segen hat er», und zeigt auf dessen Wohnung. Und irgendwann sagt er: «Ich fahre jeden Tag 110 Kilometer zur Arbeit und zurück. Das müssen Sie sich mal vorstellen! Das geht so nicht weiter.»

Dabei sieht Hildburghausen nach Lebensqualität aus; die Luft schmeckt sauber, der Ort liegt am grünen Saum der sanften Berge, in denen kristallklares Wasser gluckert. Morgens klingt das Läuten der Kirchenglocken durch die hübsch sanierten Gassen im Stadtkern. Und vor den Bungalows am Stadtrand stehen reichlich neue Autos; es gibt eine hochmoderne Bücherei im alten Rathaus und ein gepflegtes Schwimmbad mit Eintrittspreisen, die niedriger sind als dort, wo die Arbeitslosigkeit höher ist. Hildburghausen hat prozentual deutlich weniger Menschen ohne Arbeit als Recklinghausen, als Kassel oder Bremen. Bayern und seine Westtarife liegen eine knappe halbe Stunde hinter dem Ortsausgang.

Aber niemand in Hildburghausen redet darüber, dass die Werra einst Wasser in der Farbe von Muckefuck durch die Landschaft schleppte, nicht über Diktatur oder die Staatssicherheit. Das ist wohl alles verdrängt. Und die Jugend, die in der DDR geboren wurde, sie aber nicht erlebt hat, eint der unbegründete Hass auf Ausländer, der übertragen wird von Eltern, die in der

DDR keine Ausländer erlebt haben. Und selbst heute gibt es sie hier kaum. Denn außer den Italienern vom Marktplatz, die niemandem den Arbeitsplatz wegnehmen und zusätzlich für eine Attraktion sorgen, gibt es hier nicht viele Menschen mit einem anderen Pass als einem deutschen.

Auch nicht in der nagelneuen Berufsschule unten am Schlosspark, die in der linken Szene das «Nazinest» heißt. Immerhin gibt es neuerdings eine Schulordnung, die das Tragen «verfassungsfeindlicher Kennzeichen und Symbole» untersagt. Man gibt sich betont neutral, Rechts- wie Linksextreme werden gleichgesetzt. Der Landrat war früher selbst Lehrer der Kreisberufsschule, die sichtlich unter der politischen Korrektheit leidet. Vor ein paar Monaten hat Gabriel Landgraf, ein Berliner Aussteiger aus der Neonazi-Szene, hier in der Aula einen Vortrag über Rechtsextremismus gehalten: «Die Jungs haben mir dabei eine regelrechte Modenschau einschlägiger rechter Kleidung vorgeführt», erinnert er sich. Von kritischer Auseinandersetzung keine Spur. «Die meisten sind bei meinem Vortrag fast eingeschlafen.»

Auch deswegen macht die jugendliche Lehrerin Sonja Florschütz einen etwas genervten Eindruck. Die Haltung der meisten Schüler hier dürfte die Sozialkundelehrerin frustrieren. Aber wegen ihres Engagements um die Schüler wird sie selbst in Tommys rechter Clique geschätzt. «Manchmal ist sie allerdings schlecht drauf.» Vor allem dann, wenn Christina mit der fetten «88» auf ihrem T-Shirt in der Schule erscheint. Dem Code für «Heil Hitler» mit den beiden achten Buchstaben des Alphabets. Die Lehrerin fordert sie dann auf, das T-Shirt auf links zu drehen. Das klingt zwar so wie damals, als die Schüler noch aufgefordert wurden, die Klamotten aus den Westpaketen unkenntlich zu machen, vom Nike-Pullover bis zur Marlboro-Plastiktüte mit den Logos des Klassenfeindes. «Aber was soll's», sagt Frau Florschütz und glaubt immer noch daran, «dass sie irgendwann mürbe werden und entnervt aufgeben».

Christina sagt trotzig: «Ich mach das nicht, egal, was mir die Lehrer sagen». Ein kleiner Märtyrer wäre sie wohl gerne. So wie Tommy, dem diese Rolle sichtlich Spaß bereitet: Alles fing damit an, dass er vor einigen Jahren aus dem Gewichtheberverein austreten musste, wegen rassistischer Sprüche, vereinsschädigenden Verhaltens also. Als Maurerlehrling ging es ihm ebenso, auch bei einem Job im Supermarkt. Die Bundeswehr nahm Abstand von ihm, als sie von seiner NS-Ideologie erfuhr. Bei der örtlichen Arbeitsagentur gilt er inoffiziell als «unvermittelbar». Immer wieder berichtet die Lokalzeitung, das «Freie Wort», über seine politischen Aktivitäten. Er wird beobachtet und kritisch beäugt.

Für die Jugendlichen hier, denen es selbst an Haltung fehlt, ist er fast schon ein Held, der «sich nicht verbiegen lässt». Einige der rechten Jugendlichen sagen, ihre Eltern ließen sie gewähren, solange sie nicht in der Zeitung stehen – so wie Tommy. Und die wackere Frau Florschütz stellt fest, dass sich in der Szene mehr Mitläufer tummeln als Ideologen: «Das sind meistens diejenigen, deren schulische Karriere nicht von Erfolg geprägt ist.» Christina etwa ist neunzehn und hat an der Berufsschule ein Jahr «Hauswirtschafterin» gelernt. Das Wort spricht sie zögerlich aus, als ob es ihr unangenehm wäre. Schneller redet sie über ihre «politischen Aktivitäten». Über Flugblattaktionen im Dunkeln. Und darüber, dass es nichts bringt, nur herumzusitzen. «Denn das System macht sonst schließlich mit uns, was es will.» Rechts ist sie seit sieben Jahren. «Über meinen besten Freund, der war auch rechts.» Auch dafür findet Frau Florschütz eine Erklärung: «Viele von denen bekommen keine Anerkennung, auch nicht im Elternhaus. Und dann kommt plötzlich einer, der ihnen das Gefühl gibt, wichtig zu sein, sie werden Teil einer Gruppe und fühlen sich stark.» Tommy ist so einer. Das weiß er, und das wissen diejenigen, die sich darüber den Kopf zerbrechen.

Inzwischen gibt es in Hildburghausen ein «Bürgerforum gegen Rechts». Immerhin sieht man hier also ein, dass es ein

Problem mit Neonazis gibt. Im Gegensatz zu vielen anderen Gemeinden in Ostdeutschland ist das ein großer Fortschritt. Für Mathias Günther, Aktivist der Linkspartei und im Bürgerforum, ist Tommy der klassische Rattenfänger. «Er hat erkannt, dass die Jugendarbeit hier zu kurz kommt, und stößt in das Vakuum. So einfach ist das.» Günther sieht ihn als Aufbauarbeiter für «neonationalsozialistische Strukturen». In der Tat: Der Draht zur obersten Ebene der NPD ist ein ganz direkter. Immer noch stimmt Tommy sich mit dem thüringischen Landesvorsitzenden Frank Schwerdt ab. Wenn Tommy Ärger mit den Behörden hat, lässt der politische Ziehvater böse Briefe los, in denen er mit «rechtlichen Konsequenzen» droht.

Regelmäßig reist der Berliner Schwerdt nach Hildburghausen. Neulich hat er seinem Zögling geholfen, einen eigenen Fußballverein zu gründen, den SV Germania Hildburghausen. Denn was für die Jugendlichen in der Stadt ein toller Freizeitjux ist, ein bisschen kicken mit Gleichgesinnten auf der Wiese, mit Bratwürstchenduft und Cola, gehört bei der NPD zur Strategie auf dem Weg in die Mitte der Gesellschaft. Und Tommy ist der Mann vor Ort. Er setzt die Strategie um. Auf dem Bolzplatz oberhalb vom Schwimmbad kommen sie einmal wöchentlich zusammen. Der Platz liegt in einem Wohngebiet. Leute grüßen vom Balkon, ein paar Eltern stehen hinter dem Tor und schauen dabei zu, dass Tommy der Einzige ist, dem hier nicht ständig der Ball verspringt. Fußballspielen können diese Jugendlichen jedenfalls nicht.

Ein paar Straßen weiter sieht es schon eher nach Fußball aus, was die Jugendlichen auf dem eingefassten Bolzplatz hinter dem ehemaligen Pionierhaus, dem Jugendzentrum der Stadt, zeigen. An manchen Tagen spielt Heike Mitzenheim sogar mit. Aber Tommys Clique taucht hier nicht auf. Die sportliche Frau hat sich schon zu DDR-Zeiten um die Jugend in Hildburghausen gekümmert. Auch die rechten Jugendlichen kennt sie: «Das sind alles welche, die einen schwachen Charakter haben, die in der Masse untergehen.»

Mit am Tisch in der Kaffeeküche des Jugendzentrums sitzt eine Frau, die immer wieder verschämt auf ihre Finger schaut und schweigt. Nach einer Weile sagt Frau Mitzenheim: «Mein Neffe ist auch so ein Rechter. Er prügelt sich oft.» Und dann nickt sie zu der schweigenden Frau rüber, die hier als Ein-Euro-Jobber arbeitet, und sagt: «Sie hat das Problem ja auch in der eigenen Familie.» Die Frau zögert. Und dann erzählt sie von ihrem Sohn. Nicht viel, nur dass «der auch mal rechts war» und Tommy kennt. «Der organisiert richtig was für die Jugendlichen, zum Beispiel Ausflüge ins Zeltlager.»

Zwei Mannschaftszelte hat er angeschafft, berichtet Tommy später. Davon sind alle begeistert, außer der hübschen Mandy, die «sowieso lieber in einem Bett» schläft. Ab und an ziehen sie gemeinsam los, gerade in den Ferien. Dann werden die Zelte aufgebaut und gegrillt. Nicht auf einem Campingplatz. Da hätten sie gar nicht ihre Ruhe. «Mehr so privat», sagt Tommy. Auf den Grundstücken von «national Gesinnten, die uns unterstützen». Von den «Unterstützern» gibt es einige hier. Dazu gehört auch der Deutsche Jugendbund Hildburghausen. Ein Verein, dem vor Jahren die Mitgliedschaft im Kreisjugendring versagt blieb, weil er ausdrücklich nur deutsche Jugendliche aufnehmen wollte. Das finden viele hier gut, Tommy sowieso, auch Alex und Christina.

Die Mitglieder des Jugendbundes tragen Uniformhemden und waren gerade erst mit dem Fahrrad auf einer «Sommergroßfahrt an der Ostseeküste» unterwegs. Die Satzung des Vereins atmet völkischen Geist, immerhin fehlt auch der Hinweis auf das Grundgesetz nicht. Zum Umfeld des Jugendbundes gehört auch der Saal im ehemaligen «Sächsischen Hof» am Bahnhof. Den nutzt die NPD für Versammlungen, auch schon mal für ein Rechtsrockkonzert. Seit ein paar Monaten gibt es an der wichtigsten Kreuzung der Stadt einen Modeladen, der die bei rechten

Jugendlichen beliebte Marke «Thor Steinar» verkauft, ein Erkennungszeichen der Szene, die sich auch hier gelegentlich trifft. «Natürlich steckt eine politische Aussage hinter dieser Kleidung», sagt der junge Inhaber, ein Freund von Mandy. «Meinem Vermieter ist das aber egal.»

Und etwas oberhalb der Stadt, am Waldrand neben der Kleingartenanlage, trifft sich der Nachwuchs der Szene. Hier stehen Halbwüchsige in «Thor Steinar»-Klamotten herum, rauchen und versuchen Fische aus einem künstlich angelegten Teich zu ziehen. Christina nennt sie «unsere Nachzügler» und erinnert daran, dass «jeder mal klein angefangen hat». Die rechte Szene hat ihre eigene Hierarchie, und Tommy ist der Chef. Wer mitmachen will, muss sich erst mal unterordnen. Mathias Günther beobachtet das mit Unbehagen: «Sein Ansehen mündet unter den jungen Leute geradezu in Euphorie. Ab einem Alter von zehn Jahren aufwärts strömen sie zu ihm und fragen, was macht ihr Neues? Er versteht es einfach, sich in Hildburghausen einen festen Anhang zu schaffen.» Und vielleicht kann er den auch für Wahlen mobilisieren. «Aber leider dürfen viele von uns nicht wählen.» Noch nicht.

MODENSCHAU IM FACKELSCHEIN

In Brandenburg ist der Boden fruchtbar für völkisches Gedankengut, aber die NPD kommt hier nur allmählich voran. Der Erfinder der Modemarke «Thor Steinar» profitiert mehr von der rechten Alltagskultur.

An dem Sommertag, als die Geschichte über die Villa am See erschien, wird Winfriede Schreiber die «Märkische Allgemeine Zeitung» noch genauer gelesen haben als sonst. Sie wird dabei gelächelt haben. Klaus Beier hat vielleicht mit den Schultern gezuckt. Denn für ihn ist Uwe Meusel bloß jemand, der gut an der rechten Szene verdient. Beier würde «nationales Lager» sagen.

Auf dem nüchternen Behördenflur vor Schreibers Büro, im Innenministerium an der Potsdamer Henning-von-Tresckow-Straße, unken derweil die Mitarbeiter der Verfassungsschutzpräsidentin: «Wir sollten eigentlich die Geschichte streuen, dass die NPD Meusels Reichtum neidet. So könnten wir die Szene spalten.» Dabei hatte der Geschäftsführer der Mediatex GmbH, der Inhaberin des Textillabels «Thor Steinar», dem szenetypischen Erkennungszeichen unter Rechtsextremisten,[16] den Reporter der MAZ selbst eingeladen. Und der kam auch zu einem Besichtigungstermin in die neu gebaute Villa am See in Neue Mühle, einem Ortsteil von Königs-Wusterhausen, den die Leute dort «Klein-Venedig» nennen. Dort zeigen sich 650 Quadratmeter Luxus, eine Dachterrasse mit Seeblick und ein Nebeneingang für das Kindermädchen. Feudalistische Verhältnisse beim Ausstatter der Gemeinde, die der Volksgemeinschaft und dem nationalen Sozialismus huldigt.

Mit dem Artikel wollte Meusel angeblich das Gerücht entkräften, dass in seiner Villa ein Schulungszentrum der NPD entsteht. Schließlich macht die Immobiliensuche der NPD verantwortliche Redakteure und mit ihnen die vermeintlich betroffenen Ortsbürgermeister, im ganzen Land verrückt. Aus Gerüchten werden Geschichten, die in ahnungslosen Dörfern spielen, in denen angeblich keiner wissen konnte, dass die NPD ...

Meistens werden diese Artikel dann mit einem Bild vom Ortseingangsschild versehen, aus Rheinsberg oder Rauen. Das von Königs-Wusterhausen wollte Uwe Meusel in diesem Zusammenhang erst gar nicht in der Zeitung sehen. Schließlich hat er schon genug Ärger mit den Journalisten, die laufend über «Thor Steinar» schreiben. Es ist ja auch schwer vorstellbar, dass der Chef einer Modemarke, die fast ausschließlich von Neonazis getragen wird, nicht selber einer ist. Meusel verklagt jeden, der das öffentlich behauptet. Alleine beim Geschäftsführer der linken «Tageszeitung» (taz) in Berlin füllen Meusels Proteste einen ganzen Aktenordner. Und Winfriede Schreiber hat einen eigenen Spezialisten, der sich um den Thor aus der Nachbarschaft kümmert. Entsprechende Anfragen beantwortet er ausschließlich per E-Mail, und zwar so: «Politisch ist Thor Steinar ausschließlich in den Köpfen derer, die das so wollen. Zu denen gehören wir nicht.»

Aber Meusel ist auch nur ein Mann, der stolz ist auf sein Werk, das Thor Steinar heißt, und für ein bisschen Hausbaukapital sorgt. «Es ist ein Einfamilienhaus, nur etwas voluminöser als andere», protzt er.[17] Dagegen leben die NPD-Funktionäre, wie der brandenburgische Landesvorsitzende Beier, spartanisch. Sie geben alles für ihre Bewegung, in deren Denkmuster Meusel seine Marke geschickt platziert hat. Er ist ein Materialist, so etwas wie das Gegenteil eines Ideologen, ein Profiteur der rechten Alltagskultur, die auch hier in Brandenburg reichlich Anhänger hat. Vor dem kleinen Edeka in «KW» etwa, so heißt Königs-Wusterhausen kurz, hängt eine Traube Jugendlicher rum, die Biermixgetränke schlürft, zwei tragen dabei eine «Thor Steinar»-Jacke. Meusel gelingt es besser, sie für seine Sache zu vereinnahmen, als es der Brandenburger NPD gelingt.

Er ist der Sonnenkönig von KW, der sich nun ein Schloss gebaut hat. In seinem Umfeld, in der östlichen Berliner Hemisphäre, sind die Männer gut trainiert, fahren sportliche Mercedes-Limousinen oder Harley-Davidson und zeigen sich mit solariumgebräunten Barfrauen, während Klaus Beier an seinem kleinen Schreibtisch in der schäbigen Zentrale der NPD für die nationale Sache schwitzt. Wenn Meusel ein Araber wäre, könnte er in einem Musikvideo des Berliner Gangsta-Rappers Bushido auftreten. Der singt für die Neuköllner Gettokids übers harte Leben in der «Hood» und wohnt – umgeben von Kunstsammlern – in einer Millionenvilla im Berliner Nobelviertel Dahlem, die er mit dem Geld dieser Kids gekauft hat. Meusel ist der Bushido für Neonazis.

Klaus Beier gefällt diese Geschichte natürlich nicht. Er weiß aber, dass er sie nicht ändern kann, außerdem ist er auf Meusels Kundschaft angewiesen. Das sind die Neonazis der sogenannten Freien Kameradschaften, wie sie an diesem Abend durch Biesenthal marschieren, einem kleinen Ort in Brandenburg, östlich von Berlin. Angeführt von Beier und Udo Voigt, der trotz des Finanzskandals in der Partei, für den ihm die Kameradschaften eine Mitschuld geben, noch Bundesvorsitzender der NPD ist. «Du bist also tatsächlich der Udo?», fragt ein hübsches blondes Mädchen, das aus KW für den Marsch angereist ist. «Ja, das bin ich», sagt der und lächelt milde. «Sonst sieht man dich ja bloß auf YouTube.» Sie sind ein ungleiches Paar, der 56-jährige weißhaarige Funktionär mit der Krawatte und das Neonazi-Mädchen mit der schwarzen Kappe. Gemeinsam haben sie gerade rund 150 Aktivisten aufgehetzt, über die Lautsprecheranlage eines grauen Opel-Omegas, mit dem Mike Sandow im Schritttempo durch Biesenthal gerollt ist. Es ist Wahlkampf in Brandenburg.

Ob die Blonde merkt, dass «der Udo» sie dafür einspannt? «Mensch, du bist ja überall, wo es wichtig ist», hatte ihm gerade anerkennend ein lokaler Funktionär gesagt. Der Einzige, der sich neben Voigt hier heute mit einer Krawatte geschmückt hat, über einem weißen Hemd. Der Rest trägt Hosen im Military-Look. Reichlich Tätowierungen liegen frei, auf Armen, Nacken und Glatzen. Schwarze T-Shirts mit martialischen Sprüchen und «Thor Steinar», immer wieder «Thor Steinar». Dieser Aufmarsch könnte eine Modenschau für die Marke aus KW sein. Steinar ist sportlich, lässig. Bequeme Hemden, Hosen mit vielen Taschen. Uwe Meusel würde den Teufel tun, bei so einem Neonazi-Aufmarsch mitzulaufen.

In seinem Büro in Zeesen hinter Königs-Wusterhausen, über der alten Backsteinhalle, wo die Kartons mit den Textilien aus aller Herren Länder lagern, kann man ihn am Rechner sitzen sehen. Wenn er seine kaufmännischen Hausaufgaben erledigt, trägt er die gleichen Klamotten wie andere Jungunternehmer. «Tommy Hilfiger» steht auf seinem blauen Hemd. Er ist groß, schlank und sieht gut aus. Ein wenig erinnert er an George Clooney in teuren Turnschuhen. Die Hemden und Hosen, die ein paar stämmige Glatzen gerade unter seinem Fenster auf einen Lkw verladen, versieht Meusel bloß mit seinem «Thor Steinar»-Label, dann sind sie mehr wert. Er nennt das «Teilproduktion». So einfach funktioniert der Markt. Thor Steinar ist der Tommy Hilfiger für Neonazis.

Mit einem Hilfiger-Hemd sieht man Klaus Beier nie, egal, wo und wann man ihn trifft. Er würde es schon deshalb nicht tragen, weil ihm die globalisierte und amerikanisierte Lebenswelt zuwider ist. Auch «Thor Steinar» gehört nicht zu seinem Repertoire. Wahrscheinlich ist diese Marke ihm genauso zuwider. Beier ist der Typ, der preiswerte Cordjacken trägt, und aussieht wie ein Berufsschullehrer. Er trinkt gerne Bier lokaler Brauereien, hängt als heimatverbundener Franke, den die Politik in den Osten verschlagen hat, dem FC Bayern Hof an und redet glaubhaft von seiner Vorliebe für den kleinteiligen Einzelhandel.

Es muss ihm wohl wehtun, dass er als Zugezogener im Oderland niemals als Lokalpatriot durchgehen wird. Er lebt hier, weil es der Platz ist, den die Partei für ihn vorgesehen hat. Denn 2004, als er hierherkam, lag die NPD in Brandenburg am Boden. Auch deshalb sitzt seither die rechtsextreme DVU im Potsdamer Landtag und nicht die NPD. Der wurde ihr Wählerpotenzial weggeschnappt, weil sie zu unorganisiert war. Sie ließ der DVU gemäß der Vereinbarung zum Deutschland-Pakt den Vortritt. Seither ist Beier damit beschäftigt, die NPD in Brandenburg zu einer ernst zu nehmenden politischen Kraft zu päppeln. Und es gelingt ihm, wenn auch in kleinen Schritten. Beier gehört zu den Aufbauhelfern in der NPD, von denen es eine Handvoll gibt und die an scheinbar zufälligen Orten in der Provinz die Parteistrategie Stück für Stück umsetzen.

Den ersten Erfolg hatte er bei der Bundestagswahl 2005, als die NPD in allen zehn Wahlkreisen Direktkandidaten aufstellen konnte. Sie kam auf 3,2 Prozent der Zweitstimmen, doppelt so viele wie im Bundesdurchschnitt, vor allem aber doppelt so viele wie bei der vorherigen Bundestagswahl 2002. Und nun, bei der Kommunalwahl in ein paar Wochen, im Frühherbst 2008, wird er wieder ein gutes Stück vorankommen. Wenngleich sich NPD und die im Landtag vertretene rechtsextreme Deutsche Volksunion (DVU) vor der Wahl die märkischen Wahlkreise untereinander aufgeteilt haben. Aber gerade das wird den Erfolg bringen, weil sie sich so nicht ins Gehege kommen.

«NPD und DVU bauen ihre politische Basis aus», resümiert der Reporter des Berliner «Tagesspiegel», Frank Jansen, unmittelbar nach der Wahl.[18] Seit Jahren beobachtet er die NPD in der Region. Und so kann er die partiellen Erfolge der Rechtsextremisten bei dieser Kommunalwahl richtig einschätzen. Die meisten Redaktionen nehmen davon in den Tagen nach der Wahl keine Notiz, weil sie die Machtverschiebung innerhalb des rechtsextremen Lagers zugunsten der NPD (zu Lasten der DVU) nicht berücksichtigt haben. Außerdem wird einzig das landesweite Gesamtergebnis beurteilt, das bei 1,8 Prozent lag, als «journalistisch nicht relevant». Es liegt unterhalb der medialen Wahrnehmungsschwelle, die auf Superlative reagiert – nicht auf Entwicklungen.

Das NPD-Ergebnis bei dieser Wahl in Brandenburg ist nicht bloß eine knappe Vervierfachung gegenüber der Wahl von 2003, auch die Kreistagsmandate sind im selben Verhältnis gewachsen, wenn auch auf überschaubarem Niveau: von drei auf elf. Die Partei konnte also auch im Umland von Berlin ihren allgemeinen Trend fortsetzen. Auch hier geht ihre Strategie auf, sich über die Kommunalparlamente eine lokale Basis aufzubauen. Wenngleich nicht in dem Tempo wie in Sachsen und Mecklenburg-Vorpommern. Dort sitzt die Partei bekanntlich in den Landtagen, und ihre Kreisverbände sind leistungsstark. Genug, um den Parteikollegen in Brandenburg zu helfen. «Und das ja mit Erfolg», sagt Michael Andrejewski, NPD-Landtagsabgeordneter aus Ostvorpommern. «In der Uckermark sind wir ja nun erstmals in den Kreistag eingezogen, wenn auch bloß mit einer Mandatsträgerin. Aber die ist immerhin gleich zur Alterspräsidentin geworden.»

In der Tat durfte die 72-jährige Irmgard Hack als älteste Abgeordnete die konstituierende Sitzung des Kreistages bis zur Wahl eines neuen Vorsitzenden leiten. Das sieht die hiesige Kommunalverfassung so vor. Im flächenmäßig größten Landkreis Deutschlands kam die NPD auf vier Prozent der Stimmen und sitzt seither mit zwei Abgeordneten im Kreistag. Auch dank der Wahlkampfhilfe aus dem nahen Vorpommern. Ebenso im südlichen Landkreis Dahme-Spreewald, wo die NPD von den Kollegen aus dem sächsischen Nachbarlandkreis Görlitz unterstützt wurde.

«Jetzt steht fest, dass die NPD in alle Kreistage, für die sie kandidiert hat, eingezogen ist», jubelte die Landespartei nach der Wahl. Wo sie antrat, kam sie sämtlich auf mindestens vier Prozent der Stimmen. Zusätzlich schaffte es die NPD in mehrere

Stadtparlamente, auch erstmals in Cottbus, der wichtigsten Stadt neben Potsdam, wo die NPD auf einer offenen DVU-Liste in den Stadtrat einzog.

Der Generalsekretär Peter Marx zog nach der Wahl ein übertriebenes, aber kein ganz falsches Fazit: «Mit nunmehr knapp 30 erzielten kommunalen Mandaten in Brandenburg wurde eine nationaldemokratische Mandatsbrücke zwischen Dresden und Schwerin geschaffen.»[19] Nun gelte es, den kommunalen Rückenwind für den weiteren Strukturaufbau in Brandenburg zu nutzen. Dazu trägt auch Mike Sandow bei, wenn er als frisch gewählter Biesenthaler NPD-Stadtverordneter und Barnimer Kreistagsabgeordneter von der Bundesregierung im nahen Berlin fordert: «Holt unsere Jungs aus dem Krieg zurück!»

In einer Mitteilung reagierte er sofort auf den Tod eines Biesenthaler Soldaten, der bei einem Selbstmordanschlag der Taliban im Nordosten Afghanistans getötet wurde. «Einmal mehr können wir hier das Ergebnis einer menschenverachtenden Politik der herrschenden Klasse sehen. Da werden unsere Jungs in den Krieg geschickt, um die Interessen der USA und ihrer verbündeten Kriegstreiber zu unterstützen», schrieb Sandow, um daraus zu schließen: «Die Verantwortlichen im Berliner Reichstag gehören endlich abgewählt.»[20]

Einige Wochen vor der Wahl war er weniger pietätlos; damals schlüpfte der kräftige Kameradschaftsführer im Kampf um Stimmen selbst in die Opferrolle. «Wir müssen heute nach Biesenthal fahren, weil auf unseren Kandidaten Mike Sandow ein Anschlag verübt worden ist, ich spreche dort auf einer spontanen Kundgebung. Auch der Bundesvorsitzende wird in Biesenthal seine Solidarität zum Ausdruck bringen.» Mit diesen Worten am Telefon lenkt Beier unseren in der Köpenicker Parteizentrale vereinbarten Termin um – ins 60 Kilometer entfernte Biesenthal. Auf der Fahrt durch das Barnim bemerkt Voigt vom Beifahrersitz des NPD-Bullis süffisant, dass die «DVU hier ja kaum plakatiert hat, aber das soll unsere Sorge ja nicht sein». Beier fährt und stimmt seinem Chef zu, «genau».

In Biesenthal sammeln sich die rechten Protestierer vor dem ehemaligen Asylbewerberheim, das bei der NPD «das Objekt» heißt. Dies ist nun tatsächlich das Haus, in dem die Partei ein Schulungszentrum einrichten will. Nicht die Villa von Uwe Meusel in Klein-Venedig. Vielleicht kommt in diesen Bau gar die Landesgeschäftsstelle der NPD. Es ist jedenfalls der Traum von Udo Voigt, dass jeder Landesverband über solche Räumlichkeiten verfügt. Er nennt das «Strukturen schaffen».

Nach ein paar Minuten hat die Meute den Marktplatz erreicht, ein paar Neonazis, die sich vor der Kneipe «Alter Markt» getroffen haben, schließen sich an. Voigt und Beier reihen sich ganz vorne ein, begrüßen Sandow, der aus dem Opel mit der Lautsprecheranlage gestiegen ist, und klopfen ihm auf die Schulter. Vor knapp zwei Jahren hatte der Neonazi den hiesigen NPD-Kreisverband Barnim-Uckermark mitgegründet, den flächengrößten innerhalb der Partei, den er nun mit 20 Mitgliedern beackern muss.

In diesem Verhältnis drückt sich das Problem der NPD in Brandenburg aus: wenig Leute für eine große Fläche. «Wenn die NPD ihre Personaldecke verstärken will, muss sie sich bei diesen Neonazis aus den Kameradschaften bedienen», hatte es beim Verfassungsschutz geheißen, «wo denn sonst?» Vor drei Jahren begann das Innenministerium damit, einige der wichtigsten Kameradschaften in Brandenburg zu zerschlagen: die «ANSDAPO», den «Schutzbund Deutschland», das «Hauptvolk» und den «Sturm 27», aus dem sich beispielsweise der Stadtverband Rathenow im Havelland rekrutiert. Reste aus der größten verbotenen Kameradschaft, dem «Märkischen Heimatschutz», marschieren heute mit der NPD in Biesenthal.

Es ist Wahlkampf, und da passt es der NPD ganz gut, dass in der vergangenen Nacht zwei Autos im hölzernen Carport von Mike Sandow brannten. «Einen Bombenanschlag» nennt sie das.

«Wir werden jetzt den Trauermarsch in Gang setzen», sagt Sandow über Lautsprecher, bittet noch darum, auf Gewalt zu verzichten, und fährt wieder langsam los. Vor ihm marschieren die NPD-Mitglieder, dahinter die sogenannten freien Nationalisten, mit der Blondine aus KW in ihrer Mitte. Junge Männer mit weißen Armbinden umschwirren die Kohorte aus 150 Leuten und verteilen Flugblätter an verdutzte Passanten. Die meisten lesen den Text durch, verfolgen den Aufmarsch mit Neugierde, Protest bleibt aus. Nach ein paar hundert Metern müssen sie einige der anderen Neonazis tatsächlich dazu zwingen, ihre Aggression zu zügeln. Zwei junge Leute, ein Mann und eine Frau, stehen mit einem antifaschistischen Spruchband am Wegesrand, einige der Tätowierten schäumen vor Wut, recken die Fäuste, schreien heiser: «Wir kriegen euch!» Die Ordner drängen sie zurück in den Zug. Sandow beschwichtigt über Lautsprecher. «Ruhig, Kameraden.»

Immer wieder greift auch das blonde Mädchen zum Mikrofon und liest über Lautsprecher den Text von einem der Flugblätter ab: «Heute Nacht gegen 3:00 Uhr wurde die Familie des Exkreisvorsitzenden der NPD Barnim-Uckermark durch zwei Explosionen unsanft aus dem Schlaf gerissen. Diese waren so kurz hintereinander, dass mit großer Wahrscheinlichkeit schon jetzt davon ausgegangen werden muss, dass es nicht die Tanks der beiden Fahrzeuge waren, die fast gleichzeitig explodierten. Vermutlich handelte es sich um einen Bombenanschlag. Bereits jetzt ist zu vermuten, dass dieser Mordanschlag auf die Familie Sandow aus der linken Ecke kommt. Besonders perfide an der Vorgehensweise der vermutlich linken Täter ist die Tatsache, dass man bewusst auch den Tod von Menschen einplante. Der Carport, unter dem die beiden völlig ausgebrannten Autos standen, ist nur wenige Meter vom Wohnhaus entfernt.»

Als der Zug an der Biesenthaler Feuerwehr vorbeizieht, brandet Applaus auf. «Dank den Kameraden der Freiwilligen Feuerwehr für ihren Einsatz», schallt es aus den Lautsprechern. Längst

wabert da schon die Story des angeblichen Biesenthaler Anschlags durch das Internet. Die Ordner verteilen die Flugblätter
nun auch in die Biesenthaler Briefkästen. Im «nationalen Netz-
tagebuch» der hiesigen NPD sind schnell die geistigen Brand-
stifter des angeblichen Anschlags ausgemacht – der Bürgermeister von der Linkspartei und weitere «Scheindemokraten» aus
dem Rathaus, in das Mike Sandow unbedingt einziehen will.

Bürgermeister André Stahl steht heute mit einigen Parteifreunden vor seinem kleinen Rathaus auf dem Marktplatz und
ist entsetzt, vor allem wegen dieser persönlichen Anfeindungen
und Schuldzuweisungen. Früher, zu DDR-Zeiten, ging er mit
Mike Sandow in eine Schulklasse. «Man kennt sich, wir haben
uns auch gegrüßt, wenn wir uns auf der Straße begegnet sind.
Aber das ist nun vorbei.»

Aus dem Lautsprecher von Sandows Auto tönt es weiter: Der
Anschlag sei das Ergebnis einer Hetzkampagne gegen die NPD.
«Unterstützt von den Zentralrats-Medien und gefördert durch
Wahnfantasien des Brandenburger Verfassungsschutzes, begann
die Hetze gegen alles, was vom kommunistischen Meinungsbild
abweicht. Der Zeitpunkt des Mordanschlages auf die Familie
Sandow ist anscheinend nicht unbewusst gewählt worden. Gestern erhielt der NPD-Kandidat Mike Sandow für die Stadtverordnetenversammlung in Biesenthal seine Wahlzulassung.»

Es ist schon dunkel, als der Zug nach einer Runde durch den
Ort wieder am Markt angelangt ist. Es werden 40 Fackeln verteilt; die Ortsmitte ist jetzt in Feuerschein getaucht. Auf der anderen Straßenseite stehen zwei Dutzend Gegendemonstranten,
die auf die Flammen starren. Vereinzelte Rufe «Nazis raus».
Die Meute steht jetzt im Halbkreis um Udo Voigt, die meisten blicken feierlich, einige starren grimmig vor sich hin. Voigt
hebt seine raue Stimme: «Ein junger Kamerad hier aus Biesenthal, Mike Sandow, den viele von euch kennen, musste es am eigenen Leib erfahren, dass Gewalt in diesem Land von links ausgeht.»

Am nächsten Tag wird im Internetforum der Stadt Biesenthal die Möglichkeit diskutiert, dass die NPD das Feuer in Sandows Carport selbst gelegt haben könnte. Eine aufklärende Berichterstattung bleibt aus – Udo Voigt weiß das schon am Abend zuvor: «Wenn ein Auto vom Besitzer des nächsten Dönerstandes, von Mehmet oder von Ali, gebrannt hätte, in allen Nachrichten in Deutschland wäre das bereits als vermeintlicher Akt rechtsradikaler Gewalt dargestellt worden.»

Was immer in dieser Nacht vom 25. auf den 26. August 2008 in Biesenthal passierte. Es brachte auf jeden Fall die freien Kameradschaften und die NPD ein Stückchen näher zusammen. «Der Schulterschluss zwischen ihnen klappt in Brandenburg nämlich nicht», hieß es beim Verfassungsschutz in der Potsdamer Henning-von-Tresckow-Straße noch ein paar Wochen zuvor. Schließlich hat die NPD bislang nur dort parlamentarisch Erfolg, wo genau das funktioniert. In Thüringen hat sich zuletzt die Mitgliederzahl verdoppelt, weil sich viele freie Kräfte für eine Parteimitgliedschaft entschieden haben. Aus diesem Grund halten viele in der NPD die kommenden Wahlkämpfe dort für aussichtsreich. Sachsen und Mecklenburg-Vorpommern haben bereits gezeigt, welche Wirkung diese Einheit haben kann. In Brandenburg zählt die NPD bislang nur die Hälfte der Mitglieder Thüringens, 250, aber auch das ist immerhin die größte Zahl in der Geschichte des Landesverbandes. Ein massiver Schub durch das Überlaufen freier Kräfte blieb bislang allerdings aus.

Eine spätere Nachfrage im Innenministerium ergibt, dass die These, die NPD habe den Anschlag selbst verursacht, um ihn als Wahlpropaganda nutzen zu können, unhaltbar ist. Ende der Verschwörungstheorie. Einen Nutzen für die NPD bringt der Anschlag dennoch. Die meisten, die heute in Biesenthal «aus Solidarität» mit Mike Sandow marschieren, sind keine NPD-Mitglieder. Der gebürtige Biesenthaler Handwerker allerdings besitzt ihr Vertrauen, zusätzlich noch die Akzeptanz von einigen unbeteiligten Biesenthalern. Und auf die wird es bei der Wahl in einem Monat ankommen. «Ich bin sehr gespannt auf das Wahlergebnis dort», wird Udo Voigt später sagen, als er Biesenthal wieder verlassen hat.

Als Stadtrat könnte Sandow für die NPD noch eine ganz wichtige Rolle spielen. Etwa so wie der Kameradschaftsführer Tino Müller im Uecker-Randow-Kreis in Vorpommern, der es bis in den Landtag gebracht hat. Als MdL genießt er nun großes Ansehen. Über die Gartenzäune hinweg sprechen Menschen in Ueckermünde oder Wilhelmsburg mit Hochachtung von ihm.

Dabei passt es dem Parteivorstand gar nicht, wenn sich ihre Sympathisanten äußerlich wie Neonazis gerieren. Die NPD predigt sonst bei jeder sich bietenden Gelegenheit, dass auf ihren Demos nach Möglichkeit bürgerliche Straßenkleidung zu tragen sei. Es gilt, eine Erscheinung als Bürgerschreck zu vermeiden. Klaus Beier ist dennoch zufrieden mit dieser Veranstaltung im Wahlkampf, standen doch NPD und Kameradschaften heute eng zusammen. Da nimmt er auch gerne deren robustes Auftreten in Kauf. «Die sehen eben so aus, wie die jungen Leute überall in Brandenburg in den kleinen Orten aussehen, das ist auch im Barnim nicht anders.»

Uwe Meusel fände es wohl schade, wenn diese Kameradschaftler in die NPD einträten und demnächst ebenfalls Cordsakkos statt Thor Steinar tragen. Aber bis es so weit ist, wird er seine Villa am See wohl fertig eingerichtet haben.

HART AN DER GRENZE

Die NPD sät Missgunst gegen Polen. In der Grenzregion erntet sie dafür den Zuspruch, der den Einfluss der Partei absichert. Im Osten Vorpommerns sieht sie wegen polnischer Siedler gar den Bestand des deutschen Volkes in Gefahr.

Udo Pastörs, der schneidige Vorsitzende der NPD-Landtagsfraktion im Schweriner Stadtschloss, muss nicht lange überlegen, um zu einem Urteil zu kommen über jene Polen, die sich nach und nach in Vorpommern ansiedeln. «Das ist ein Verbrechen am deutschen Volk, was dort passiert», sagt er knapp. Solche Sätze wie Fanfarenstöße sind bei ihm Methode. Sie scheinen ihm zu gefallen. Jetzt blickt er sinnierend zur Decke und lässt seine Worte kurz wirken. Im Nachklang erklärt er, dass der «Erhalt des deutschen Volkes oberste politische Priorität besitzt», unter der sich alles andere unterzuordnen habe. «Aber auch alles.» «Alles», wiederholt er fünfmal. Stakkato!

Seit Pastörs vor einigen Monaten damit begann, Udo Voigt wegen des Finanzskandals in der Partei infrage zu stellen, weiß dieser Mann, dass seine Sätze in der Öffentlichkeit an Gewicht gewonnen haben. Die Pausen vor seinen Antworten werden länger, nur beim Thema Polen nicht. Da herrscht Konsens in der Partei. «Stettin und Danzig sind deutsche Städte», hielt der Parteivorsitzende noch vor Kurzem fest. Für die NPD stehen diese Städte lediglich unter polnischer Zwangsverwaltung, Königsberg unter russischer. Die Menschen, die heute dort leben, haben dieser obersten politischen Priorität zufolge da nichts zu suchen. Und noch viel weniger in der Bundesrepublik, die für Pastörs ohnehin nur einen vorübergehenden Zustand darstellt. Das Deutschland der NPD ist größer. Alle in der NPD reden von

«Mitteldeutschland», wenn es um die östlichen Bundesländer geht. Es sei deshalb selbstverständlich, sagt Pastörs, dass seine Partei Front gegen die Polen mache, die sich seit einiger Zeit in der Grenzregion, in Ostvorpommern, vor allem aber im Uecker-Randow-Kreis ansiedeln.

Der blasse Mann mit dem gegelten Scheitel, der in sich gefaltet, die Beine übereinandergeschlagen, in der Ecke des roten Sofas sitzt, ist ernsthaft empört. «Weil man damit den Grund und Boden aufgibt, und das ist die Grundlage für jedes Staatsvolk.» Deshalb werde das Thema im kommenden Kommunalwahlkampf auch «absolut vorne» stehen. «Das ist ja ein emotionales Thema. Und im Wahlkampf kann man nur Emotionen machen.» Deshalb taucht in jedem Wahlkampf, den die NPD in der Grenzregion führt, ganz gleich, ob in Sachsen, Brandenburg – oder eben in Mecklenburg-Vorpommern, der ungeliebte Nachbar Polen auf. Nirgendwo sonst sind die Vorurteile gegen die Menschen aus dem großen EU-Flächenstaat im Osten größer als an der Grenze. Lange gewachsen, bauen sie sich nur ganz allmählich wieder ab.

Während die Wunden des Krieges auf beiden Seiten, sowohl in Polen als auch bei den deutschen Heimatvertriebenen, noch längst nicht verheilt sind, riegelt die DDR im Herbst 1980 die Grenze zu Polen ab. In Ostberlin fürchtet man die aufkommende Freiheitsbewegung aus dem Nachbarland. Zwei Monate zuvor hatten sich die Arbeiter auf der Danziger Werft zur gewerkschaftlichen «Solidarność»-Bewegung zusammengeschlossen, die das sozialistische Regime in Warschau am Ende dieses Jahrzehntes stürzen wird. «An der Grenze geht es von einem auf den anderen Tag nun so strikt zu wie an der Westgrenze der DDR», erinnert sich Professor Klaus Ziemer, Leiter des Deutschen Historischen Instituts (DHI) in Warschau, auch an eigene Erfahrungen.

Die ohnehin schwierigen Beziehungen zwischen den Polen und den Deutschen an den Ufern von Oder und Neiße erfahren einen deutlichen Rückschlag: Während viele in der älteren Generation noch in dem Bewusstsein leben, dass die Gebiete östlich dieser beiden Flüsse Deutschland widerrechtlich entrissen wurden, wächst nun auch die junge, in der DDR geborene Generation im Misstrauen gegenüber den Nachbarn auf. Und das gärte schon in den Jahren vor der Grenzschließung. «Denn tatsächlich ärgerten sich die Deutschen in der Grenzregion über die Polen, die als Einkaufstouristen die ohnehin schon knappen Waren aus den Geschäften kauften», sagt Ziemer. Noch heute kursieren in den Grenzstädten Anekdoten über Polen, die Fleisch in den Geschäften angespuckt haben sollen, damit es kein anderer Kunde aus der Schlange kauft. Polen waren im Wirtschaftsplan der DDR als Kunden nicht vorgesehen.

Nach dem Mauerfall schwappt dann in den 90er-Jahren tatsächlich eine Welle der Eigentumskriminalität über die Oder, die erst mit der Abnahme des Wohlstandsgefälles zwischen Polen und Deutschland abebbt. Nicht so das generationsübergreifende Feindbild der Menschen zwischen dem Stettiner Haff im Norden und Zittau in Sachsen.

Und so wird aus dem Umstand, dass sich seit dem polnischen EU-Beitritt 2004 eine wachsende polnische Gemeinde auf der deutschen Seite der Grenzregion bildet, nur schleppend Normalität. Stettin ist die einzige polnische Großstadt entlang der deutschen Grenze; von dort kommen die meisten derjenigen, die sich nun auf ein Leben in Deutschland einlassen. Es gilt als chic, im Ausland zu leben, als besonders europäisch. Die Kinder wachsen in einer neuen Sprachwelt auf, und auch die Immobilienpreise in Vorpommern sind zum Teil günstiger als in Stettin. Um diesseits der Grenze wohnen zu dürfen, müssen Polen lediglich ein ausreichendes Einkommen und eine Krankenversicherung nachweisen.

Im April 2008 zählte die Meldebehörde im Uecker-Randow-Kreis am Stettiner Haff 933 polnische Bürger, über ein Viertel davon in der Gemeinde Löcknitz. Die Zugfahrt vom Stettiner

Hauptbahnhof dauert weniger als eine halbe Stunde. Im Sommer steigen viele Polen hier ein und fahren zum Baden an den Großen Löcknitzer See.

Langsam schiebt sich der Zug durch die Stettiner Vorstadt. Kleine hölzerne Datschen schmiegen sich an den Bahnhang, jetzt im Herbst liegt das Laub wie goldene Ziegel auf der Dachpappe. Ein polnischer Arzt sitzt mit im Zug, auf dem Weg zur Arbeit im Krankenhaus von Pasewalk, und zwei Inder, die zurück nach Berlin wollen. Ein Cousin hat ein Restaurant in Stettin. Der Regionalexpress 6 durchzieht ganz Mecklenburg-Vorpommern von Ost nach West, um in Lübeck zu enden. Die Grenze nach Deutschland überfährt er unbemerkt. Polen ist Schengen-Land, Personenkontrollen gibt es nicht mehr, es herrscht Freizügigkeit. Einzig für polnische Arbeitnehmer gibt es auf dem deutschen Arbeitsmarkt noch Einschränkungen, sie dürfen hier nicht ohne Weiteres arbeiten. Weil das seit 2004 in anderen EU-Staaten kein Problem ist, arbeiten die abwanderungswilligen Polen in England, Holland oder Spanien. Und längst kommen viele von ihnen zurück in die Heimat, wo Fachkräftemangel herrscht und die nun mehrsprachigen Landsleute mit offenen Armen aufgenommen werden.

Die polnische Wirtschaft wächst, mit ihr die Löhne, in den Industriezentren des Landes herrscht fast Vollbeschäftigung. Seit Polen in der EU ist, hat der Złoty gegenüber dem Euro erheblich an Wert hinzugewonnen, vielleicht ist der Euro schon 2012 Landeswährung. Bis völlige Arbeitnehmerfreizügigkeit zwischen Polen und Deutschland herrscht, erwartet niemand mehr eine massive Personalbewegung in Richtung Westen. Vielleicht andersherum, zumindest in der Region um Stettin. Schon ist dort das Einkommen vieler Menschen höher als das in Ostvorpommern, Uecker-Randow oder der angrenzenden Uckermark in Brandenburg, wo die Arbeitslosigkeit an die 20-Prozent-Grenze geht und sich sehr viele Familien inzwischen an eine Lebensform gewöhnt haben, die Hartz IV heißt. Andere, vor allem viele der Jungen, arbeiten auf Montage irgendwo in Europa.

Vom Löcknitzer Bahnhof aus läuft man entspannte 20 Minuten zum Seebad. Der Weg führt vorbei an der Raiffeisenbank an der Chausseestraße, Ecke Ernst-Thälmann, der wichtigsten Kreuzung im Ort. «Mowimy po polsku», grüßt es den Besucher von der Schaufensterscheibe der Bank. «Wir sprechen polnisch», das gilt sogar für den Geldautomaten, Modell Grenzland. Dazu Immobilienangebote auf Polnisch; immer mehr Nachbarn kaufen in diesem verwaisten Landstrich ein Haus. Ein paar Meter weiter wagen zwei polnische Frauen ab heute, auch den Alteingesessenen ihre Lebensart näherzubringen. Polnische Wurst, Wodka und Mohnkuchen – Preis nach Gewicht, wie in Polen üblich – erweitern als Ware im Lebensmittelgeschäft «Polonia» den Löcknitzer Horizont. Vor allem aber bringt ihr Geschäft Leben in das Ladenlokal, das die Kette «Tip» nicht mehr wollte. Neueröffnung, neugierige Blicke, vorsichtige Schritte entlang der Fleischtheke mit hinter dem Rücken verschränkten Händen. Eine leise Frage, fast schüchtern: «Haben Sie noch von den Brötchen für 20 Cent?» Beim Bäcker in der nahen Einkaufspassage kosten sie 35 Cent. Es gibt schon einen polnischen Frisör, und zwei Damen aus dem nahen Lubieszyn nähen Gardinen für Löcknitzer Wohnzimmer.

Gegen all das also sollen sich die Deutschen wehren. Dagegen, dass Polen den flauen Handel an der Grenze beleben, leer stehende Häuser kaufen, ihr Geld bei der Raiffeinsenbank einzahlen. Das zumindest findet die NPD und mit ihr einige Menschen, die für so etwas verantwortlich sind: «Freiheit – wehrt Euch – werdet aktiv» oder «Deutsche wacht auf»; solche Parolen wurden im Februar mit Schablonen auf mehrere Hauswände gesprüht.[21] Erst vier Wochen zuvor wurden in einer Nacht neun Autos demoliert, die polnische Nummernschilder hatten. Scheiben wurden eingeschlagen und bei fünf Wagen die Kennzeichen abgerissen, zusammengerollt und auf die Autodächer gelegt.[22] Der Vorfall sorgt vor allem in Polen für Empörung. Die polnische Nachrichtenagentur PAP berichtet über Löcknitz, das Stettiner Regionalstudio von TV Polska sendet Bilder, die auch in Warschau ankommen. Cezary Gmyz, leitender Politikredakteur der großen Tageszeitung «Rzeczpospolita», erinnert sich. «Durch Löcknitz wurde bei uns auch viel über die NPD gesprochen. Natürlich bringen die Leute das hier in Verbindung, aber es ist schon bekannt, dass deren antipolnische Propaganda von einer Partei kommt, die in Berlin keine Rolle spielt.» Noch zwei Jahre zuvor, nach dem Einzug in den Schweriner Landtag, orakelten maßgebliche Warschauer Redaktionen über einen baldigen Einzug der NPD in den Bundestag. «Es fällt aber auf, dass die NPD besonders in der Grenzregion zu Polen stark ist, ja auch in Sachsen. Darüber sollte man nachdenken.»

Bürgermeister Lothar Meistering (Die Linke) jedenfalls hat acht Monate nach den Vorfällen keine Lust mehr, über die NPD nachzudenken. Zumindest nicht öffentlich. Wie an anderen Orten, die durch fremdenfeindlich motivierte Gewalt auffielen, wurde auch seine Gemeinde von der Medienmeute heimgesucht. Anders als seine Kollegen, denen Ähnliches widerfuhr, schaffte es Meistering aber, den Presseleuten eine Erfolgsgeschichte zu verkaufen, und die ist kurz erzählt. Löcknitz nutzt seine Nähe zu Polen als Chance: die Ansiedlung der Polen als Mittel gegen die siechende Entvölkerung und den Verfall. Der Oberbürgermeister von Frankfurt/Oder, Martin Patzelt (CDU), wurde für diesen Vorschlag jahrelang belächelt. Er scheiterte damit vorerst; die Stadt verlor wichtige Zeit.

Dafür reitet die NPD auf seinem Vorschlag herum. Zuletzt in den Kommunalwahlkämpfen in Brandenburg und Sachsen, wo die Partei im Grenzkreis Görlitz eines ihrer besten Ergebnisse holte, mit fortwährenden Kampagnen wie: «Polen schadet deutscher Gesundheit»[23] über die angebliche Lärmbelastung durch ein Kraftwerk im nahen Polen oder mit einer Bürgerwehr, die dort nach Inkrafttreten des Schengen-Abkommens[24] Streife fährt, um «gegen die Kriminellen aus dem Osten etwas zu tun». In Löcknitz jedenfalls haben auch die Polen keine Lust, über die NPD zu sprechen. Sie nehmen die Feindlichkeit einiger ihrer neuen Nachbarn in Kauf. «Das ist doch für uns nichts Neues», heißt es auf dem Parkplatz vor dem «Polonia», «warten Sie noch zwei, drei Jahre, dann regt sich niemand mehr auf, und Dummköpfe gibt es doch auf der ganzen Welt.» Es bleibt die Frage, ob die Erfolgsgeschichte auch tatsächlich bei den Löcknitzern ankommt. 18 Prozent erreichte die NPD hier bei der Landtagswahl 2006.

Michael Andrejewski jedenfalls «wüsste nicht, warum es seit der Landtagswahl einen Stimmungswechsel gegeben haben sollte». Und der Jurist ist ziemlich nah dran, an den Menschen, die etwas gegen die Polen haben. Weil er deren Ansiedlung für einen unerträglichen Zustand hält, leistet er dem einzigen Beschuldigten in der Sache mit den demolierten Autos Beistand – kostenlos. Das Verfahren wurde inzwischen eingestellt: Auch für stadtbekannte Neonazis gilt die Unschuldsvermutung. Andrejewski ist Landtagsabgeordneter der NPD aus Anklam, eine Autostunde nördlich von hier. Fanfarenstöße wie bei Udo Pastörs gehören nicht zu seinem Repertoire. Andrejewski vermittelt seine völkische Ideologie im staubtrockenen Plauderton, auch seine Abscheu für die Demokratie, an der sich seine Landtagsfraktion ganz ordentlich nährt. «Eigentlich bin ich ja parteifern. Für mich ist die NPD nur ein Instrument», so wie der Landtag, in dem er sitzt. Gemeinsam mit den Kameradschaften will er aus Vorpommern eine National Befreite Zone machen. In der stören die Polen; immerhin hat er recht, wenn er sagt: «Hier besteht ein konkretes Überfremdungsgefühl.» Das haben die Polen in Löcknitz zu spüren bekommen. Er interessiert sich nicht dafür, dass sie bescheidenen Wohlstand in seine Region bringen. Vielmehr sieht er in der Landflucht der jungen Leute, die aus dieser Gegend kommen, eine geplante Vertreibung auf andere Arbeitsmärkte, nach Süddeutschland, Holland, in die

Schweiz. «Und nachdem sie die eigenen Leute vertrieben haben, holen sie dann die Polen.»

«Massiv» werde man das Thema in den Wahlkampf treiben und gegen «die polnische Neubesiedlung deutscher Städte vorgehen». Für die NPD ist Löcknitz ein Präzedenzfall. «Das ist ja bloß ein Pilotprojekt.» Was denn so schlimm daran ist, dass Polen leer stehende Häuser kaufen, Geschäfte eröffnen und Geld in die Gemeindekassen zahlen? «Wir lehnen die EU ja grundsätzlich ab. Wir sehen das als Übernahme, als Ausdehnung auf unsere Kosten.» Andrejewski sieht durch die Polen die «Souveränität dessen, was von Deutschland noch übrig ist, gefährdet». Einen Vorgeschmack auf den Wahlkampf gegen die «Polonisierung», wie die NPD die Ansiedlung der Polen nennt, gab sie bereits nach einem Ministerbesuch anlässlich der Abiturfeier im deutsch-polnischen Löcknitzer Gymnasium. Die Außenminister beider Länder, Frank-Walter Steinmeier (SPD) und Radosław Sikorski (parteilos), nahmen an der Feier teil, um den verbindenden europäischen Charakter des Ereignisses zu verstärken. Dazu erklärte die NPD: «Löcknitz darf nicht als Generalprobe einer Entdeutschung unserer pommerschen Heimat herhalten.» Und dann kommt der Bogen zur anstehenden Kommunalwahl: «Wer dann der NPD seine Stimme anvertraut, kann gewiss sein, dass Löcknitz wieder wird, was es einfach stets war: deutsch!»

So also sollen die Emotionen geweckt werden, von denen Udo Pastörs spricht. «Schließlich sind die Menschen hier nationalistischer als anderswo», sagt Andrejewski und meint die fremdenfeindlichen Gesinnungsmuster von Teilen der hiesigen Bevölkerung, die tatsächlich in den östlichsten Winkeln der Republik besonders ausgeprägt sind. «Wenn wir das Ergebnis bei den Kommunalwahlen halten, können wir in Ostvorpommern und im Uecker-Randow-Kreis unsere kommunalen Mandate verdoppeln bis verdreifachen.»

Der Kommunalwahlkampf für den Urnengang im Juni 2009 läuft bei der NPD schon früher als in anderen Parteien: «Wir machen ja permanent Wahlkampf.» In Zusammenarbeit mit den Kameradschaften, er nennt das «Konföderation», überzieht Andrejewski seinen Landkreis mit einer Dauerkampagne. Mit einem Infobus war die NPD nun auf Sommertour an der Ostsee unterwegs, auch auf der nahen Insel Usedom, wo es immer wieder Spannungen mit dem polnischen Nachbarort Swinemünde gibt. Aus den traditionellen Animositäten versucht die NPD Kapital zu schlagen.

Der andauernde Wahlkampf der NPD in Vorpommern wird vor allem im «Anklamer Boten» geführt, einem vierseitigen Mitteilungsblatt, das Partei und Kameradschaftler alle zwei Monate an die Haushalte in und um Anklam verteilen. Die Stadt ist das, was man in der Schweriner Fraktion einen «nationalen Leuchtturm» nennt. Im «Boten» hetzt Andrejewski gebetsmühlenartig gegen die «Altparteien» und leistet gleichzeitig konkrete Lebenshilfe für die eigene Klientel. In einer Gegend, die von der Berliner Republik, auch von den Schweriner Demokraten, kaum noch erreicht wird, kommt es gut an, gegen die vermeintlichen Schuldigen der eigenen Misere zu wettern. Denn für viele hier ist immer noch der Staat verantwortlich für die eigene Existenz. «Wie man sich als Hartz-IV-Empfänger die Heizkostennachzahlung bei der Sozialagentur zurückholt», heißt da eine Überschrift im «Boten», dann folgt ein empfohlenes Anschreiben.[25]

Herausgeber des «Boten» ist offiziell die «Initiative für Volksaufklärung e. V.», ein Zusammenschluss aus Kameradschaft und NPD. Die Partei selbst taucht nicht auf. 12–15 000 dieser Blätter würde man regelmäßig an die Haushalte verteilen, sagt Andrejewski. Während die Auflage der hiesigen Regionalzeitung sinkt, die Abonnements stetig weniger werden, stößt die NPD so in ein Informationsvakuum. In Vorpommern sorgt die Partei für eine Wahrnehmung der Dinge, die ihrer Weltanschauung entspricht, nicht den Tatsachen. Dabei kommen einige extreme Faktoren zusammen, die ihr den Weg zur Volkspartei ebnen.

Und so konnte Andrejewski schon bei seinem Einzug in den Landtag das beste Erststimmenergebnis aller NPD-Kandidaten im Land erzielen. In einigen Dörfern war die NPD stärkste Partei, mit über 30 Prozent. In ein paar Jahren sieht er selbst die Kreisstadt Anklam «reif für einen NPD-Bürgermeister». Auch wenn sie davon noch weit entfernt ist: In Vorpommern ist die NPD Normalität, andere Gegenden interessieren Andrejewski nicht. Mit seinen Kameraden baut er die Basis der NPD weiter aus. «Wir haben ja jetzt ein Objekt in Anklam, das auch Wahlkampfzentrale wird – und das mitten in der Stadt.» Die Rede ist von einem alten Möbelhaus, das zwei Leute aus Andrejewskis Umfeld ersteigert haben, es stand unter Zwangsverwaltung. Und mit jedem Kreistagsmandat, das hinzukommt, wachsen die Möglichkeiten für den wichtigen Landtagswahlkampf im Jahr darauf: Dann geht es um den Wiedereinzug ins Schweriner Schloss. Diesem Ziel sollen auch die Polen dienen: als Sündenböcke.

Schließlich fühlt sich auch Udo Pastörs in der «Laberbude», wie er das Parlament nennt, ganz wohl. Die Tochter des Literaturfreundes Andreas Molau, der als Pressesprecher der Fraktion schon in diesen Tagen den Sturz des Parteivorsitzenden plant, nennt die Heimstatt des Landtages schlicht «Märchenschloss»; in dem will sich die NPD nun langfristig einrichten. Molau selbst will auf den Thron. Ein Erfolg bei der Kommunalwahl soll den Wiedereinzug garantieren. Die Fraktion bringt die nationale Bewegung in ganz Deutschland voran. Pastörs sieht sich als einen aufrechten Vorkämpfer. Seine Funktion im Landtag ist für ihn nur Mittel zum Zweck. Pastörs geht es nicht darum, die Demokratie mitzugestalten. «Veränderung in diesem Land kann nicht nur eine Reparatur sein», sagt Pastörs, von Beruf Uhrmacher. «Es geht um eine Systemüberwindung», bis dahin müsse der Kampf durch die Parlamente gehen. «Aber wir brauchen einen dritten Landtag», sagt Pastörs, «erst mit dem dritten Bein funktioniert die Statik, dann kann man sehr viel machen. Mit einem dritten Parlament fließt mehr Geld. Und wenn man dann sehr klug investiert, so wie wir das hier in Mecklenburg-Vorpommern machen …» Er bricht den Satz ab und blickt aus dem Fenster. «Es geht nicht anders, nur über die Parlamente.» Sagt's und seufzt, den Blick geradeaus durch das Erkerfenster auf die stahlblaue Fläche des Schweriner Sees.

Über dem steht heute Morgen eine Sonne am Himmel in diesem einzigartigen nordischen Blau, die mit aller Kraft ihr Licht auf die romantisch verspielte Gestalt des Schlosses auf seiner Insel im See wirft. Das scheint sich in dem Licht zu wärmen. Ein wenig läuft die Wärme noch über die Brücke die geschäftige Schloßstraße hoch, vorbei an den Säulen des Mecklenburgischen Staatstheaters, an den frisch getünchten historischen Fassaden der Landesministerien in der ehemaligen Residenzstadt, bis hinauf zum Café Prag. Ein paar Meter weiter drehen die Läufer ihre Runden um den Pfaffenteich, eine Schweriner Version der Hamburger Binnenalster, mit aufpolierten Häuserfronten und einem Immobilienprojekt, dass sich an dieser exponierten Stelle auch «Palais» nennen darf. Die Stadt hofft auf Tausende, die im kommenden Sommerhalbjahr dieses Ambiente aus Natur, sanfter Seelandschaft, echtem kulturellen Bemühen und wachsender Bürgerlichkeit für sich entdecken. Schwerin ist Gastgeberin der Bundesgartenschau. Die NPD passt nicht so recht zu der Harmonie.

Nach Besuchen in den Landtagen von Schwerin und Dresden, wo der Blick aus den Fenstern der NPD-Fraktion ebenfalls ein Postkartenmotiv bietet, könnte man fast meinen, dass sich diese Partei die Orte ihres parlamentarischen Unwesens nach ästhetischen Gesichtspunkten aussucht. Diese Spitze gefällt dem graumelierten Strippenzieher Andreas Molau: «Deshalb müssen wir ja als Nächstes in Erfurt einziehen», schließt er belustigt und bringt den Gedanken von Pastörs zu Ende. Thüringen ist das große Ziel der NPD im anstehenden Wahljahr, auch der Einzug in den Saarländischen Landtag scheint möglich. Wenn da nicht der unsägliche Streit innerhalb der Partei wäre. Vor ein paar

Tagen erst hatte der ehemalige Waldorflehrer Molau seine Partei-
ämter auf Bundesebene unter großem Getöse niedergelegt, um
die eigene Kandidatur um den Parteivorsitz einzuleiten. Hier im
Landtag macht man sich derzeit ernsthafte Sorgen um die sicher
geglaubten Wahlerfolge. Ohnehin werden die Wahlen in diesen
beiden Ländern sowie in Sachsen am selben Tag stattfinden, um
den Wahlerfolg der NPD einzudämmen. Nachdem die Forderung nach einem NPD-Parteiverbot nurmehr ein populistisches
Argument der Politik ist, sind die Handelnden längst dazu über-
gegangen, die Partei auszutrocknen. Ihre Möglichkeiten lahm-
zulegen, ihre Kräfte so zu binden, dass sie sich nicht weiter ausdehnen kann. Schließlich zehrt die NPD von der Verschiebung
ihrer Multifunktionäre, die sich aber nicht auf drei Wahlen
gleichzeitig konzentrieren können.

Bis zu diesem Superwahltag zumindest kümmert sich die
Fraktion in Dresden um die Unterstützung in Thüringen. Der
saarländische Wahlkampf wird vor allem aus dem Schweriner
Märchenschloss betreut. Dass die hiesige NPD-Fraktion den
saarländischen Landesverband wie einen Paten unterstützt,
bleibt hier unwidersprochen. Das liegt vor allem an Peter Marx,
dem Bundesgeschäftsführer der NPD und Landesvorsitzenden
in Rheinland-Pfalz. Bei der vergangenen Landtagswahl im Saarland hatte er dort als Spitzenkandidat für einen Paukenschlag
gesorgt und ist knapp an der Fünfprozenthürde gescheitert.
Darauf gründet sich nun die Hoffnung der NPD für die kommende Wahl. Wie Molau, der in Niedersachsen, in Wolfenbüttel,
im Kreistag sitzt, wohnt auch Marx nicht in Mecklenburg-Vorpommern. Er lebt im Saarland und managt von seinem Frak-
tionsjob in Schwerin den Wahlkampf. Er ist gleichzeitig Wahl-
leiter der NPD für den Bundestagswahlkampf. In der ganzen
Republik ist er schon als Spitzenkandidat angetreten, zuletzt
wollte er Oberbürgermeister von Schwerin werden. Hier hat er
die NPD-Landtagsfraktion nach dem Vorbild der sächsischen
Fraktion mit aufgebaut. Von dort kam er zu Beginn der Legis-

latur. Heute sitzt er zusammen mit Andreas Molau zur Frage-stunde auf den hinteren Stühlen im Plenarsaal des Schlosses. Und immer wieder steht einer der sechs Abgeordneten auf, läuft stramm auf die beiden zu und lässt sich letzte Anweisungen ins Ohr flüstern. Marx und Molau sind die Trainer der NPD. «Die Ausbildung der Leute hier ist mir ein ganz besonderes An-liegen», versichert Molau glaubhaft «Da bin ich ganz Lehrer.» Udo Voigt wirft er vor, den Nachwuchs zu vernachlässigen. «Deshalb sind wir jetzt an dem Punkt, wo die NPD sich inner-lich revolutionieren muss.»

Ständig sind Praktikanten aus dem Saarland zu Gast, im Au-genblick ist es der stellvertretende Landesvorsitzende Bernd Ehrreich, der hier auf ein mögliches Mandat in Saarbrücken vor-bereitet wird. Und der ehemalige Fraktionsmitarbeiter Frank Franz steckt als Spitzenkandidat und Landesvorsitzender bereits mitten in der Kampagne. Im vergangenen Jahr durfte der junge thüringische Landesgeschäftsführer Patrick Wieschke hier ei-nige Monate lang hospitieren, wertvolle Erfahrungen sammeln. Inzwischen hat er die Mitgliederbetreuung der NPD in der Bundeszentrale in Berlin übernommen und pendelt nach Eisen-ach, wo er die außerhalb Thüringens erdachte Strategie zum Einzug in den Erfurter Landtag umsetzt. Seine nächste Karriere-stufe wäre der dortige Fraktionsgeschäftsführer. Für diesen Job wird er momentan ausgebildet.

Denn fertige Politiker laufen der Partei nicht zu. Neben Geld fehlt es ihr vor allem an Personal. Beides kann sie in aus-reichendem Maße nur über die Landtagsfraktionen generieren; nur hier hat sie die Möglichkeiten, ihren künftigen Funktions-trägern beizubringen, wie sie das verhasste System am besten für sich nutzen können. Wer sich in der lokalen Parteiarbeit für weitere Aufgaben empfiehlt, landet früher oder später in einer der beiden Landtagsfraktionen, wenn auch nur zeitweilig. «Denn die Personaldecke ist eines unserer größten Probleme. Es ist auch ein Versäumnis der Führung, dass man keine mittel- und langfristige Personalplanung gemacht hat», sagt Fraktionschef Pastörs, dessen Hausmacht mit jedem Praktikanten wächst, der durch sein Büro läuft. Auch daher kommt sein Selbstbewusstsein, den Vorsitzenden offen zu kritisieren. Die Kraftzentren der NPD liegen in Dresden und Schwerin, nicht in Berlin.

Die polnischen Nachbarn sollen zum Machterhalt der NPD in diesen Kraftzentren beitragen, als willkommene Sündenböcke in «emotional» geführten Wahlkämpfen. «Ich möchte, dass wir mit den freien Kameradschaften Volksinitiativen gründen», sagt Andreas Molau, «zum Beispiel gegen polnische Kindergärten, oder gegen Pflichtpolnisch als Unterrichtsfach, um damit in den Wahlkampf zu ziehen. Gar nicht mal als Partei. Denn solche Themen sind mehrheitsfähig.» Und mithilfe der Front gegen – beispielsweise – polnische Kindergärten soll irgendwann auch die NPD mehrheitsfähig werden. Schließlich hätten leider noch viel zu viele Leute Angst, die «N-Partei» zu wählen. Die Polen wiederum organisieren sich ihrerseits, um die eigenen Interessen zu vertreten. «Die PO tritt zu Wahlen in Deutschland an», meldete die «Rzeczpospolita» im Frühjahr 2008.[26] Und zwar ohne Bezugnahme auf die fremdenfeindlichen Vorfälle oder auf die NPD. Die «Platforma Obywatelska», die liberalkonservative «Bürgerplattform», Regierungspartei von Ministerpräsident Donald Tusk, hat eine Ortgruppe für den Landkreis Uecker-Randow gegründet, mit einem guten Dutzend Mitgliedern. «Wir arbeiten in Stettin und leben hier», sagt Initiator Jacek Stachyra, ein Historiker. Ganz sicher also nehmen sie niemandem in Löcknitz die Arbeit weg. Dafür wolle man sich kommunal engagieren – am besten auch zur Wahl in die Gemeinderäte. «Traurig, aber wahr: Laut den aktuellen Zahlen ist es so gut wie sicher, dass unsere Politik demnächst von Polen mitbestimmt wird», kommentiert die NPD.[27]

DER BAUMEISTER

«Sachsen ist auch nicht an einem Tag erstanden» – der Mann, der diesen Satz sagt, weiß, wovon er spricht. Schließlich hat er den Freistaat in jahrelanger geduldiger Kleinarbeit zum Musterlandesverband der NPD ausgebaut. Er hat noch viel vor. Ein Porträt Holger Apfels, des einflussreichsten Mannes in der NPD.

Als die Mauer fiel, dauerte es nur etwas über eine Stunde, bis Holger Apfel in der DDR war. Kaum hatte er von der Nachricht gehört, dass ein gewisser Günter Schabowski die Grenzöffnung verkündet hatte, setzte sich Apfel in sein Auto und fuhr über die Grenze nach Nordhausen im sachsen-anhaltinischen Teil des Harzes.

Während viele seiner Altersgenossen noch diskutierten, ob die sich bald darauf anbahnende Wiedervereinigung zu einem Aufflammen des deutschen Nationalismus führen werde, hoffte der 18-jährige Apfel genau darauf. Kurz darauf stand er mit Gesinnungsgenossen in Leipzig und versuchte, die politische Dynamik der Montagsdemonstrationen in seinem Sinne zu steuern. «Wir sind ein Volk», das klang in seinen Ohren schon mal nicht schlecht. Als sich herausstellte, dass sich der erste Furor der Ostdeutschen, die er schon damals «Mitteldeutsche» nannte, mit der Einführung der D-Mark schnell wieder legen würde, muss Apfel gemerkt haben, dass er noch viel Geduld brauchen würde.

Als die Mauer fiel, war Holger Apfel bereits seit einiger Zeit JN-Funktionär. Geduld hat er in all den Jahren gelernt.

Unter dem grauen Sakko trägt er ein orangefarbenes Hemd; das Doppelkinn, das noch ein Jahr zuvor daraus hervorlugte, ist weg. Apfel grüßt freundlich und lächelt verschmitzt – er wird das auch in den darauffolgenden Stunden immer wieder tun und nicht einmal seine Stimme erheben. Holger Apfel scheint ein sehr gelassener Mensch zu sein – das ist in dieser Partei der Eiferer fast schon ein Alleinstellungsmerkmal. «Bekannt» sei er in Sachsen schon, sagt Apfel und lächelt, «vielleicht nicht beliebt, aber bekannt auf jeden Fall».

Heute, anno 2008, sitzt Apfel in einem großen Abgeordnetenbüro im Sächsischen Landtag. Er ist Fraktionsvorsitzender der NPD-Landtagsfraktion, die sich 2004 nach dem überraschend hohen Ergebnis von 9,2 Prozent der abgegebenen Stimmen konstituiert hat. Damit erreichten die Rechtsextremen fast so viele Stimmen wie die SPD (9,8 Prozent) und ließen FDP (5,9 Prozent) und Grüne (5,1 Prozent) klar hinter sich. Schon Jahre vorher hatte Apfel das Terrain beackert; auch innerparteilich gilt er als Architekt des Wahlerfolgs.

Seither erfreut sich der Fraktionsvorsitzende von seinem Schreibtisch aus an dem Postkartenblick auf das barocke Dresden. «Schön, finden Sie nicht auch?» Nach einer Vierteldrehung auf seinem Bürostuhl blickt Apfel auf die Idee einer anderen Stadt, die weit entfernt ist von der demokratischen Realität der sächsischen Hauptstadt: An der Wand hängt eine Zeichnung der Ruhmeshalle von Germania, dem wahnsinnigen Hauptstadttraum Adolf Hitlers im Entwurf des Führerarchitekten Albert Speer. Das Poster passt zu der völkischen Idee der NPD, die sich von diesem großzügigen Bürotrakt aus nährt, mit Geld und mit Leuten: Kandidaten für die Wahlkämpfe, die Apfel von hier aus maßgeblich steuert.

Von hier kamen auch die entscheidenden Mittel für den erfolgreichen Landtagswahlkampf 2005 in Mecklenburg-Vorpommern. Geld und Leute. «Die Fraktion der NPD erhält im Verlauf der gesamten Legislaturperiode gemäß den Haushaltsvorschriften etwa 6,5 Millionen Euro zur Organisation ihrer Arbeit», teilt die Verwaltung des Sächsischen Landtages auf Anfrage für dieses Buch mit. Auf Neudeutsch ist diese Fraktion mit ihren acht[28] Abgeordneten und bis zu 20 Mitarbeitern eine «Cash-Cow», von der die NPD seit 2005 noch eine zweite, etwas kleinere im schmucken Schweriner Stadtschloss stehen hat: 16 Mitarbeiter beschäftigen die sechs Abgeordneten der NPD-Landtagsfraktion von Mecklenburg-Vorpommern, einige davon kamen aus Apfels Dresdener Mannschaft. In Schwerin fließen jährlich 600 000 Euro[29] in die NPD-Kasse aus der Fraktion und von den Abgeordneten – «Powerhouses» («Kraftwerke») nennt ein Mitarbeiter des Verfassungsschutzes die beiden Fraktionen.

Dieser Referent weiß auch, dass all diese Mandatsträger einen wesentlichen Teil ihrer Gehälter an den jeweiligen Landesverband abgeben. Das gehört zum Kodex, den verschiedene Parlamentarier und Mitarbeiter im persönlichen Gespräch bestätigen. Aber die Abhängigkeit ist eine wechselseitige. «Es ist der einzige Job, bei dem wir uns offen zur NPD bekennen können, ohne berufliche Sanktionen fürchten zu müssen», sagt etwa Bankkaufmann Andreas Storr. Der Berliner war arbeitslos und hatte zuletzt in Hessen gearbeitet, als Apfel ihm einen Job in der Fraktion besorgte. Verliert er diese Stelle, weil die NPD ihren Fraktionsstatus verliert, sind seine Jobaussichten düster. Ein bekennender Neonazi würde wohl jeder Bank schaden. Auch deshalb ist Storrs Motivation groß beim parlamentarischen Vortrieb der Rechtsextremisten.

Diese Energie belebt den sächsischen Landesverband, den – mit Abstand – politisch einflussreichsten innerhalb der NPD. 850 NPD-Mitglieder gibt es in Sachsen, nach dem Einzug in den Landtag stieg die Zahl kurzzeitig sogar auf 1100. Einzelne Kreisverbände wirken auch in die angrenzenden Bundesländer hinein. Ob die NPD hier und in Schwerin den Wiedereinzug in diese beiden Landtage schafft? Im Juni 2009 in Sachsen und zwei Jahre später in Mecklenburg-Vorpommern. In beiden Ländern gehen die meisten politischen Beobachter davon aus, dass genau das passieren wird.

Zusätzliche Erfolge würden der NPD geradezu einen Schub geben. Chancen rechnet sie sich vor allem bei gleichzeitig stattfindenden Landtagswahlen in Thüringen und im Saarland aus, wo sie bei der vergangenen Landtagswahl, im September 2004, mit vier Prozent nur knapp an der Fünfprozenthürde gescheitert war. Später auch in Sachsen-Anhalt, voraussichtlicher Wahltermin: Frühjahr 2011. In den westdeutschen Flächenstaaten ist sie auf längere Sicht chancenlos, kann sie nur bei Kommunalwahlen in einzelnen Wahlkreisen punkten. Den letzten Beweis dafür brachten die Landtagswahlen 2008 – in Hessen, Niedersachsen und Bayern, wo die NPD jeweils unter zwei Prozent der Wählerstimmen lag.

Dabei hatte sich die NPD nichts dringender vorgenommen, als das Image von der ostdeutschen Regionalpartei zu widerlegen. Der Politikwissenschaftler Hubertus Buchstein von der Universität Greifswald wertet es so: «Für die NPD ist Ostdeutschland zum wichtigsten Betätigungsfeld geworden, und mit den Ressourcen, die die beiden Landtagsvertretungen bieten, hält sich die Partei derzeit im Wesentlichen am Laufen.»[30] Als wichtigen Zwischenschritt zum Wiedereinzug in die Landtage versteht die NPD den Kampf um die Kommunalparlamente.

So hat es in Sachsen vor der Landtagswahl 2004 funktioniert, als Holger Apfel gemeinsam mit Hartmut Krien und Wolfgang Schwarz in die Dresdener Stadtverordnetenversammlung einzog, als nationales Bündnis, der Kern der späteren Landtagsfraktion. Dieser Termin gilt als Urknall ihrer neuen parlamentarischen Existenz, als Start einer neuen Ära.

Karl Richter, der nach dem Wahlerfolg in Sachsen dort eine Stelle als parlamentarischer Mitarbeiter antrat, war nicht der Einzige, der die sächsische Wahl als «Fanal» für einen bundesweiten Durchmarsch sah: «Heute Sachsen, morgen Deutschland», jubelte er in der Septemberausgabe der «Deutschen Stimme». Sachsen sei von nun an die «Keimzelle der nationalen Erneuerung».

Die Zelle begann jedoch schon deutlich früher zu keimen – bereits kurz nach der Wende fanden die Westkader der Partei in

Sachsen funktionierende Strukturen vor, unter anderem hatte man in dem Fahrlehrer Uwe Leichsenring, dem 2006 verstorbenen späteren Landtagsabgeordneten aus der Sächsischen Schweiz, einen Gewährsmann, der das Terrain schon unter dem SED-Regime beackert hatte. Bereits 1999, als die NPD noch eine weitgehend marginalisierte Partei war, kam sie bei den dortigen Landtagswahlen erstmals in den Genuss der Wahlkampfkostenrückerstattung, nachdem sie beachtliche 1,4 Prozent der Stimmen erreicht hatte.

Schon damals hatte die Partei längst informelle Strukturen geschaffen, die gesellschaftliche Realitäten prägten, aber von der parlamentsfixierten bundesrepublikanischen Öffentlichkeit kaum wahrgenommen wurden. Der NPD-Aussteiger Jan Zobel fasst die Gemengelage in Sachsen folgendermaßen zusammen: «Im ‹Dienst an der Volksgemeinschaft› organisieren die Nationaldemokraten Gesangskreise junger Kameraden in Altersheimen, pflanzen in tristen Plattenbausiedlungen Bäume, laden zu Schifffahrten auf der Elbe und Jugendliche zu Zeltlagern ein. Die NPD und ihre Jugendorganisation JN veranstalten Kinderfeste und bringen Schülerzeitungen auf den Weg, junge Mitglieder begleiten Kinder alleinerziehender Mütter zum Kindergarten und helfen bei den Hausarbeiten.»[31]

Dass die sächsische Landesregierung jahrelang so tat, als existierten in ihrem Bundesland keinerlei rechtsextremistische Strukturen, hat den stetigen Aufbau einer Parallelgesellschaft ebenfalls gefördert – zusätzlich zu einer Situation, die längst nicht nur auf die ostdeutschen Bundesländer zutrifft. Aussteiger Jan Zobel, von 1993 bis 1997 bei JN und NPD und als Hamburger JN-Landesvorsitzender und Pressesprecher der Bundespartei ein enger Weggefährte Apfels, analysiert treffend: «Die Bundesrepublik unternimmt alles, dass dieser Personenkreis unablässig wächst. Wirtschaftlicher Niedergang und fehlende Perspektiven, Sozialabbau und Selbstbedienungsmentalität forcieren nicht nur Verdrossenheit und Verweigerung bundesweit.

Sie häufen politischen Sprengstoff an, dessen glimmende Lunte NPD heißt. Dass besonders im Osten die Unzufriedenheit gärt, hängt nicht primär mit der DDR-Vergangenheit zusammen, sondern mit den Fehlern der deutschen Einheit.»[32]

Der Niedersachse Holger Apfel würde da vielleicht gar nicht einmal widersprechen, die Metapher von der Lunte und dem Pulverfass gefällt NPD-Kadern, die sich nur allzu gerne als Stachel im Fleisch der Etablierten stilisieren und sich bestätigt fühlen, wenn diese laut aufschreien.

Die Ablehnung, die er von den Parlamentariern der anderen Parteien erfährt, scheint ihn zu amüsieren. «Mit manchem Abgeordneten betreibt man kurz Small Talk», meist sei jedoch nur «blanker Hass» erkennbar. Besonders auf Linkspartei- und Grünenabgeordnete treffe das zu, sagt Apfel. Die einen stiegen aus dem Fahrstuhl aus, sobald ein Kollege der NPD zustiege, andere wiederum bestünden auf getrennte Essenszeiten in der Kantine. Apfel findet das kindisch, er legt aber Wert auf die Feststellung, dass er es bedenklich fände, wenn er bei der Konkurrenz auf Anerkennung und Sympathie stoßen würde.

Unangenehmer sei da schon die «Ausgrenzungsstrategie» der Medien: «Seit unserem Einzug in den Landtag ist es sogar schon so weit, dass nicht nur redaktionell nicht mehr über uns berichtet wird, sondern ein landesweiter Anzeigenboykott ausgerufen wurde.» Den ehemaligen Anzeigenberater Apfel ärgert es, dass seine Partei keine Wahlkampfannoncen schalten kann. Damit solle den Bürgern suggeriert werden, dass «die NPD jetzt zwar im Landtag sitzt und die Abgeordneten ihre Diäten kassieren – wir politisch aber angeblich nichts machen». Das sei für die Partei deutlich gefährlicher, als wenn auf sie eingeprügelt werde.

1988, als 17-Jähriger, trat Apfel den Jungen Nationaldemokraten bei. Das ist das Alter, in dem sich viele junge Menschen erstmals politisch engagieren. Dass sie es bei der NPD-Jugendorganisation tun, ist heute wie damals eher die Ausnahme denn

die Regel. «Die Überfremdung» sei bereits damals «weit voran-
geschritten» gewesen, sagt Apfel der Politiker. Das habe er «in
der Schule, im kleinen lokalen Fußballverein» gemerkt.

In der Schule? Ein paar Minuten später erwähnt er auf Nachfrage, dass er auf eine konfessionell geprägte staatliche Schule
gegangen sei. Bei einer Probeabstimmung, an die sich Apfel erinnert, hätten von 31 Klassenkameraden 25 für die CDU, fünf
für die NPD und einer für die Grünen votiert – ein in den da-
maligen Zeiten, gelinde gesagt, ungewöhnliches Wahlverhalten.
Dass besagte Schule mit einem Ausländeranteil gesegnet gewesen sein soll, den Apfel als «Überfremdung» hätte empfinden
können, ist zwar schwer vorstellbar, passt aber bestens zur
Legendenbildung einer Partei, bei der so gut wie alle Spitzen-
funktionäre merkwürdig abstrakt davon berichten, wie sie als
Heranwachsende in einem von Ausländern dominierten Land
geradezu unausweichlich auf den rechten Weg kamen.

Bei Apfel ist eine andere Prägung wahrscheinlicher: Schon bevor er in die JN eintrat, agierte er, der Sohn von Vertriebenen,[33]
im NPD-nahen «Studentenbund Schlesien». Dort sprach man
schon immer ganz selbstverständlich von der DDR als «Mitteldeutschland» – so wie es alle NPD-Aktivisten noch heute tun,
um die Formulierung «Ostdeutschland», die sich an den realen
Gegebenheiten orientiert, zu ignorieren. Mit Revanchismus
habe das nichts zu tun, sagt Apfel. Und überhaupt sei er nicht
«wegen historischer Fragen» in die NPD eingetreten, «ich habe
nie mit verklärten Augen Landserhefte gelesen».

Von Horst Mahler, der bis zu seinem Parteiaustritt 2003 der
wohl wahnsinnigste Antisemit in dieser notorisch-antisemi-
tischen Partei war, distanziert sich Apfel für seine Verhältnisse
überdeutlich: «Böse Zungen fragen sich ja, ob das Verbotsverfahren wegen dieses Anwalts und seiner Verfahrensstrategie zur
Einstellung gekommen ist oder trotz ihm.» Dass Mahler gefordert habe, jeder, der den Holocaust bestreite oder infrage stelle,
solle sich selbst anzeigen, um die dann überlasteten Gerichte

kollabieren zu lassen, sei die «endgültige Sollbruchstelle» gewesen, erinnert sich Apfel.

Wohlgemerkt, Apfel kritisiert hier eine «beispiellose Verheizaktion», wisse man doch, dass jeder, der sich Mahlers Initiative anschließe, sofort verurteilt werde. Inhaltlich gibt auch er – «in Deutschland gibt es keine objektive Geschichtsforschung» – zu erkennen, dass er die historisch dokumentierten Tatsachen rund um den Holocaust anzweifelt. Wahrscheinlich ist auch Holger Apfel ein Geschichtsrevisionist, er hält nur die Thematisierung des Ganzen für falsch.

Ob es nun stimmt oder nicht, wenn er sagt: «Bei den hohen Funktionsträgern werden sie keinen finden, der die Zeit des Nationalsozialismus verherrlicht» – glaubwürdig ist, dass er einen solchen Satz als Absage an die Leute verstanden wissen will, die «mit Braunhemd und Schultergürtel herumrennen». Nicht, dass er die militanten Neonazis aus der Partei ausschließen wollte. «Unsere Aufgabe ist es, junge Menschen – wie Skinheads – nicht auszugrenzen, sondern dort abzuholen, wo sie sind, um mit ihnen zu arbeiten. Natürlich versuchen wir, junge Menschen zu prägen und Möglichkeiten aufzuzeigen, die unseres Erachtens effektiver im Kampf für ein besseres Deutschland sind, als sich als Ausdruck gesellschaftlichen Protests nur die Haare kurz zu scheren und Bomberjacke und Stiefel zu tragen. Gleichzeitig machen wir natürlich auch klar, wo die Grenzen liegen – was mit der NPD politisch zu bewegen ist und was nicht. Mancher merkt, dass die NPD nicht der Nostalgikerverein ist, für den sie ihn gehalten haben, und folglich trennt man sich dann wieder.» Im Gegensatz zu Mahler und dessen jüngeren Gesinnungsgenossen in der Partei will sich Apfel nur noch mit Themen beschäftigen, mit denen man Wahlen gewinnt.

Apfel spricht nun wieder über seine Jugend in Hildesheim. Er habe vor dem Parteieintritt kurz mit der Jungen Union geliebäugelt, die in seiner Heimatstadt eher «rechts angehaucht» gewesen sei. Er trat dann aber in die NPD ein: Er hatte einen Wahlspot gesehen, den er im Rückblick als «bieder» in Erinnerung hat. Und das aus gutem Grund: Im Wahlkampf für die im Januar 1987 stattfindende Bundestagswahl hatte sich die NPD ein denkbar altbackenes Motiv ausgedacht: Der damalige Bundesvorsitzende Martin Mussgnug, ein Jurist aus dem auf der Schwäbischen Alb gelegenen Tuttlingen, lächelt steif auf einem Sessel sitzend, er ist rechts und links eingerahmt von zwei Dalmatinern und dem Slogan «Ein Herz für Deutschland». Es war die Zeit, als die NPD gerne rotwangige Mädchen und Jungs in Lederhosen plakatierte. Zu der Behauptung Apfels, «Protesthaltung» und «Rebellion» hätten ihn damals zur NPD geführt, passt das nicht unbedingt.

Mit 19 Jahren war Apfel bereits JN-Landesvorsitzender in Niedersachsen, von 1994 bis 1998 war er JN-Chef, seitdem er 21 ist, ist er im NPD-Bundesvorstand. Selbst wenn man berücksichtigt, dass die Jugendorganisation damals nur etwa 150 Mitglieder hatte, ist solch ein schneller Aufstieg etwas Außergewöhnliches. Doch Holger Apfel legt bereits damals ein außergewöhnliches Arbeitspensum an den Tag. Auch und gerade in den Jahren, in denen er als Anzeigenberater der «Hildesheimer Allgemeinen Zeitung» arbeitete: «Ich war schon immer tagsüber voller Vorfreude auf die politische Arbeit nach Feierabend. Seit vielen Jahren ist das der Mittelpunkt meines Lebens. Und das ist – neben der Familie – auch heute noch so.»

Diese Aussage wiederum ist völlig deckungsgleich mit dem, was politische Weggefährten über Apfel berichten. «Sein Kinderzimmer ist sein Parteibüro. Es hängt voller Plakate. Im Bücherregal stehen Publikationen der NPD und Alben. In denen hat Holger Aufkleber der Partei und der JN gesammelt. Er zeigt sie mir mit sichtlichem Stolz. Es gibt im Raum nichts Persönliches, was auf ihn verweist. Vielleicht fällt es ihm auch deshalb so leicht, in den folgenden Jahren wiederholt den Wohnsitz zu wechseln.»[34]

Nach der Machtübernahme durch Voigt soll sich Apfel zunächst um die Parteizeitung «Deutsche Stimme» kümmern, die heutzutage ein wichtiges innerparteiliches Kommunikationsmittel ist. 1996 war das anders. Apfel spricht von einem «Wurstblatt mit gerade einmal 100 Abonnenten außerhalb der Mitglieder, das war ein reines Mitteilungsblatt der NPD». Sein Auftrag ist es, aus der «DS» eine moderne rechtsextreme Zeitung, eine Informations- und Kommunikationsplattform für die ganze Szene zu machen. Mit diesem Mandat beginnt das unstete Leben, das ehemalige Parteifreunde wie Jan Zobel offenbar so verwundert.

Zunächst zieht Apfel nach Stuttgart, wo damals die Bundesgeschäftsstelle der Partei ansässig war. In einem kleinen Raum, der Geschäftsstelle, mühten sich zwei Mitarbeiter, die «DS» zusammenzuschustern. 1998 zog er mit der «Deutschen Stimme» nach Wangen an der Donau, im Nachbarörtchen Sinning residierte zwei Jahre lang die Redaktion.

Mittlerweile hatte das Blatt schon acht Mitarbeiter, heute sind es nach Angaben von Apfel derer zwölf. Der Verlag sitzt in Riesa, was nach Auskunft von Holger Apfel reiner Zufall ist, «der könnte auch in Schleswig-Holstein sein». Doch die Zwangsversteigerung, die die NPD 2000 in den Besitz einer repräsentativen Immobilie brachte, war eben nicht in Kiel oder Neumünster. Sondern in Riesa, der strategisch günstig zwischen Leipzig und Dresden gelegenen sächsischen Mittelstadt. Für knapp 600 000 DM erwarb die NPD die 800 Quadratmeter messende Immobilie, eine ehemalige Lagerhalle, von dem der Partei nahestehenden Jürgen Günz, dessen Heizungs- und Installationsbetrieb Insolvenz anmelden musste.

Kein Zufall ist es, dass die «Deutsche Stimme» mittlerweile zu einer Art Ersatzrefugium der sächsischen Landtagsfraktion geworden ist. Kader wie Arne Schimmer oder Holger Szymanski arbeiten mal in Dresden bei der Landtagsfraktion, mal im «Deutsche-Stimme-Verlag» – je nachdem, wo sie von der Partei gerade dringender gebraucht werden.

Apfel steigt parteiintern weiter rasant auf – als Lehrgangsbester einer vom Parteivorsitzenden Udo Voigt durchgeführten Kaderschulung bleibt er Voigt offenbar nachhaltig in Erinnerung: Apfel wurde stets von Voigt protegiert, dafür hielt der ihm innerparteilich den Rücken frei. «Ich habe Voigt damals beeinflusst, 1996 für den Parteivorsitz zu kandidieren», erinnert sich Apfel. Mit seinem Vorgänger Günter Deckert, der immer manischer die Holocaust-Leugnung zum Selbstzweck der Partei machte, habe es «einfach keinen Sinn mehr gehabt», sagt Apfel. Das Verhältnis Apfel–Voigt scheint, glaubt man ihm, damals geradezu symbiotisch gewesen zu sein. Denn als Gegenleistung für seine Kandidatur habe Voigt von ihm verlangt, die JN auf ein gesellschaftsfähigeres Auftreten zu trimmen. «Im Gegenzug hat er die JN in die Pflicht genommen», sagt Apfel. Noch im Spätsommer meinte Voigt Apfel, wenn er davon sprach, dass «es da schon jemanden gibt, der im Falle meiner Verhinderung bereitsteht». Es muss ihn schwer getroffen haben, dass es dann ausgerechnet Apfel, sein langjähriger Ziehsohn, war, der mit einer Presseerklärung Molau als Voigts Nachfolger auf den Schild hob. Denn auch Voigt weiß, dass ohne Apfels Unterstützung kein NPD-Vorsitzender im Amt bleibt.

Mit strategischem Weitblick modellierte Apfel die JN um, aus einer unorganisierten Ansammlung von meist aus dem Skinheadmilieu stammenden wütenden jungen Männern wurde eine ideologisch geschulte Kaderorganisation. Weniger radikal ist die JN indes sicher nicht geworden, und auch Holger Apfel trat immer wieder – wie 1993 bei einer Demonstration zu Ehren des Hitler-Stellvertreters Rudolf Heß – als Redner bei Versammlungen offen neonazistischer Prägung in Erscheinung.

Apfel modernisierte das Auftreten der Partei und ihrer Zeitung, er forderte von seinen Aktivisten ein manierliches Auftreten bei öffentlichkeitswirksamen Terminen. All das, ohne die

Programmatik der NPD auch nur um einen Deut in Richtung des bürgerlichen Spektrums zu verschieben. Es geht um ein gepflegtes Äußeres und ein moderates Auftreten. Nicht um ein moderates Programm. Gäbe sich die Partei inhaltlich moderater, würde sie weite Teile ihres Fußvolkes verprellen, gelingt ihr kein halbwegs seriöses Auftreten, braucht sie die Wahlkampfstände erst gar nicht aufzubauen. Es schien lange Jahre, als hätten Udo Voigt und Holger Apfel diesen Spagat gemeistert.

Seit 2000 wohnt Apfel nun also in Sachsen, genauer gesagt, in Riesa, das längst zum logistischen und operativen Zentrum der Partei in Sachsen geworden ist. Hier wird die «Deutsche Stimme» produziert, hier wohnen maßgebliche Aktivisten, hier gibt es Schlaf- und Schulungsräume für die sogenannten Reisekader, die ihr Privatleben mit den Bedürfnissen der Partei fusioniert haben. Wie einst bei den Achtundsechzigern ist auch im Leben der Rechtsextremen das Private politisch. Und wenn es nur um den Besuch eines Dorffestes geht: «Nur wenn man sich nicht abschottet, sehen die Menschen, dass die NPD nicht die kinderfressende Neonazipartei ist, zu der sie von den Medien gemacht wird.»

Holger Apfel ist ein Berufspolitiker durch und durch. Schwer vorstellbar, dass ihm im Affekt ein Statement durchrutschen würde, das nicht für die Öffentlichkeit bestimmt ist. Floskeln wie «das ist also richtig» zu Beginn einer Antwort oder semantisch fragwürdige Politikerformulierungen («das erfüllt uns mit großer Gleichgültigkeit») finden sich auch in seinen Interviews und Reden. Doch obwohl seine Antworten vergleichsweise lang ausfallen, kommt er – oft an deren Ende – auf den Kern der jeweiligen Frage zurück. Je nachdem, wie er die Mimik des Gegenübers interpretiert, auch schneller. Ein Autist ist dieser Holger Apfel nicht.

Es gibt auch zahlreiche Momente, an denen Apfel authentisch wird. Auf den DVU-Verleger Gerhard Frey, mit dem die NPD im «Deutschlandpakt» verbandelt ist, angesprochen, ist es ihm erkennbar wichtig, die Unabhängigkeit seiner Partei zu betonen. Er spricht nun deutlich schneller – wie er es immer tut, wenn das Gespräch die Verlautbarungsebene verlässt. Er habe – wie der Rest des Parteivorstandes – «das Ansinnen, die ‹Deutsche Stimme› dort drucken zu lassen, wo Freys ‹Nationalzeitung› gedruckt wird, nie ernsthaft in Erwägung gezogen», sagt er eindringlich. Man habe sich «nicht vom Bündnispartner abhängig machen» wollen.

Auch an einer anderen Stelle – es geht um die zahlreichen Verfassungsschutzspitzel in der NPD – zieht Apfel das Redetempo an – auch diesmal ist es aufrichtige Empörung, die sich Bahn bricht: «Dieses System ist perfider als das DDR-System mit seiner Stasi. Heute wird suggeriert, dass wir in einem freiheitlichen Staat leben, in Wirklichkeit arbeitet das BRD-System mit seinem ‹Verfassungsschutz› hier nur viel geschickter gegen missliebige Dissidenten als Honecker und Mielke seinerzeit.»

Dass er die Wahl des Neonazis Jürgen Rieger in den Parteivorstand für einen Rückschritt hält, dass er im Vorfeld alles versuchte, dessen Wahl zu verhindern, ist bekannt. Rieger, der die NS-Rassenlehre noch heute für eine seriöse Wissenschaft hält und Apfel, der mit seiner Partei lieber heute als morgen in den Bundestag will – spricht man Letzteren auf diesen recht unversöhnlichen Gegensatz an, redet Apfel zunächst von «unterschiedlichen Politikansätzen». Und davon, dass man «in Nuancen andere Schwerpunkte» setze. Als er den spöttischen Blick des Interviewers bemerkt, lächelt Apfel erneut. Es sei ja bekannt, dass «wir uns im Vorfeld des Bamberger Bundesparteitages nicht gerade wechselseitig gefördert haben», sagt er nun.

Ein «positiveres Signal» sei es allerdings, dass die kommunalpolitische Vereinigung sowie der Ring Nationaler Frauen (RNF) gestärkt aus den Vorstandswahlen hervorgegangen seien. Im RNF spielt Apfels Frau Jasmin eine gewichtige Rolle, die kommunalpolitische Vereinigung zählt ebenfalls zu Apfels Hausmacht in der Bundespartei. Wie der gesamte sächsische Landesverband, der – so Apfel – einen «zeitgemäßen Nationalismus» mit der «sozialen Frage» als politischem Gravitationsfeld ins Zentrum rücke.

Dieser Punkt ist ihm wichtig. Die Sozialpolitik. Denn die ist das Themenfeld, mit dem seine Partei in der Außendarstellung zweierlei nachweisen kann: dass sie sich um die realen Probleme der Menschen kümmert. Und dass man einen Schlussstrich unter die offensive, aber alles andere als publikumswirksame NS-Apologie ziehen will.

Die «Nationalisierung der sozialen Frage», von der die beiden NPD-Ideologen Jürgen Gansel und Karl Richter[35] im universitären Duktus sprechen, bedeutet inhaltlich jedoch nur eine Neufassung des tradierten Slogans «Deutschland den Deutschen – Ausländer raus». Deswegen versäumt die Partei in keiner ihrer Schriften, darauf hinzuweisen, dass es ihr nicht um einzelne sozialpolitische Maßnahmen, sondern um die völkische Metaebene geht: «Solidarität und Verantwortung! Beides braucht aber die Gemeinschaft – und die Gemeinschaft beruht auf Gemeinsamkeiten. Nur ein Volk kann im umfassenden Sinne eine Solidargemeinschaft sein.»[36]

Die Landtagsfraktion in Sachsen ist nicht nur aus strategischen Gründen so wichtig. Vor dem Hintergrund der knappen Parteikassen nimmt man die Segnungen des Parlamentarismus liebend gerne mit. 92 000 Euro brachte das Ergebnis von 9,2 Prozent der Stimmen aus den Mitteln der Wahlkampfkostenerstattung, die Fraktion erhält pro Jahr etwa 1,2 Millionen Euro, dazu zahlen die Abgeordneten eine sogenannte Mandatsträgerumlage, die zwischen 650 und 850 Euro liegt. Der Erfolg hat laut Holger Apfel auch andere positive Auswirkungen. Viele Gönner und Spender ließen ihr Geld ausdrücklich dem sächsischen Landesverband zukommen, freut sich Apfel. Auch das sieht er als Honorierung seines Kurses.

In Sachsen will Apfel nun die nächste Wahl gewinnen – im Sommer 2008 stehen die sächsischen Kommunalwahlen an. Die

Abstimmung elektrisiert die Partei, kommt sie doch wie gerufen, um zu beweisen, dass man im Gegensatz zu anderen rechtsextremen Gruppierungen der Nachkriegszeit keine Eintagsfliege des deutschen Parlamentarismus ist. 224 Kandidaten hat die Partei zur Wahl der Kreistage zusammenbekommen, «wenn es uns gelänge, bei den Kommunalwahlen den Erfolg von der Landtagswahl zu wiederholen, hätten wir zum zweiten Mal Geschichte geschrieben». Dann könnte man sogar 2009 wieder aus dem Landtag fliegen, und «das Phänomen NPD wäre nicht erledigt», prognostiziert Apfel. Diesmal tritt man flächendeckend im ganzen Bundesland an, zusätzlich nominiert man sieben Kandidaten für die Landratswahlen. In drei Landkreisen (Vogtlandkreis, Leipziger Land, Nordsachsen) findet sich kein Kandidat, dafür kandidiert die Partei für die Stadträte von Pirna, Meißen, Zwickau, Chemnitz, Leipzig und Dresden. Hartmut Krien, Vorsitzender der kommunalpolitischen Vereinigung, stößt auf einem NPD-Kongress im Erzgebirge ins selbe Horn: «In Sachsen wird man nicht mehr an der NPD vorbeikommen.» Nun stehe ein «Marsch in die Legislative» an.[37]

Ein paar Wochen später steht das Ergebnis fest: 160 149 Stimmen erhielt die sächsische NPD bei den Kreistagswahlen. Sie zog in alle Kreistage ein – und erreichte damit ihr erklärtes Wahlziel. Den Erfolg bei den Kommunalwahlen sahen die Parteistrategen als Bestätigung ihrer Strategie. Schließlich hatte sie hauptsächlich mit innen- und vor allem sozialpolitischen Themen wie der Arbeitsmarktreform und der weiter fortschreitenden Abwanderung Richtung Westen («Wir bleiben hier») agitiert.

Ihre besten Ergebnisse erzielte die Partei in ihren angestammten Hochburgen wie der Sächsischen Schweiz, dem Muldenkreis, im Landkreis Meißen[38] und im neu zugeschnittenen Kreis Görlitz. Natürlich freut sich Holger Apfel: «Wir sind nicht mehr aus der gesellschaftlichen Mitte in Sachsen wegzudenken, erstmals in der deutschen Nachkriegsgeschichte kann man von einer längerfristigen Verankerung einer nationalen Partei sprechen.»

Auch der Dresdener Politikprofessor Werner Patzelt nennt die sozialen Themen als Ursache für den Erfolg der Rechtsextremen bei den Kommunalwahlen im Freistaat. «Sie wird gewählt, weil sie Dinge stark betont, die den Leuten auf den Nägeln brennen. Sie vertritt die Position, dass das politische und das Wirtschaftssystem der Bundesrepublik Deutschland nichts taugen; es gehöre abgewickelt (...) Darüber hinaus sagt die NPD, dieses System sei sozial ungerecht zu den Deutschen. Nachdem das eine weitverbreitete Vorstellung ist, dringt so etwas durch. (...) Ferner punktet die NPD mit den von ihr beschworenen Schattenseiten der Europäischen Union und der Globalisierung.»[39]

Apfels Fraktionskollege Jürgen Gansel nimmt – hierbei wie immer ganz auf der Linie des Parteivorstandes – den Erfolg bei den Kommunalwahlen dann auch folgerichtig zum Anlass, eine noch intensivere Thematisierung der sozialen Frage zu fordern: «Entscheidend ist die Positionierung der nationalen Opposition als Schutzmacht der kleinen Leute, also der beharrliche Einsatz für die Belange der Auszubildenden und Arbeitslosen, der Alleinerziehenden und Rentner, der Arbeitnehmer und kleinen Selbstständigen und der deutschen Familien als solchen.»

Mit dem ihm ureigenen schwülstigen Pathos fährt er fort: «Die soziale Frage ist das politische Schlachtfeld, auf dem sich die Zukunft der nationalen Opposition und damit des deutschen Volkes entscheidet.» Dann folgt eine Warnung an die «freien Kräfte», die ebenfalls kaum apodiktischer hätte ausfallen können: «Wenn Nationale in einer Zeit sozialer Grausamkeiten und wirtschaftlicher Zumutungen versagen, weil sie von unpolitischer Nostalgiepflege und pseudorevolutionärem Bürgerschreckgehabe nicht lassen können, dann machen sie sich vor unserer Geschichte schuldig. Die (sozialen) Themen, die die gesellschaftlichen Verhältnisse zum Tanzen bringen können, liegen doch auf der Straße; sie müssen von der nationalen Opposition nur beherzt, seriös und volksnah aufgegriffen werden.»[40]

Gesagt, getan, in der zweiten Jahreshälfte 2008 ist eine weitere Konzentration auf Themen der Sozialpolitik zu beobachten. Im Vorgriff auf den programmatischen Bundesparteitag 2009 druckt die NPD diverse Flugblätter, die sich mit einzelnen sozialpolitischen Themenkomplexen befassen – darunter einige unter dem Motto «Sozial geht nur national», dem Titel des Parteiprogramms, das dann eigentlich erst verabschiedet werden soll.

Ein Faltblatt beschäftigt sich mit der Leiharbeit (die NPD fordert ein Verbot bzw. die Übernahme des Leiharbeiters nach spätestens zwölf Monaten), gleichen Löhnen und selbstredend der Bevorzugung deutscher Arbeitnehmer, Rente, Erziehungsgeld (bei der NPD «Müttergeld») und wiederholt die Kritik an «Hartz IV», die im sächsischen Landtagswahlkampf 2005 bereits ein thematischer Schwerpunkt war. Die Partei hat ihr Thema gefunden.

Fußend auf einer möglichst starken kommunalen Verankerung, will die sächsische NPD die Macht auf Landesebene konsolidieren – das strategische Modell ist ein Aufbau von unten nach oben, eine Pyramide, die auf einer möglichst soliden, breiten kommunalen Basis fußt. Daran, dass sie über Letztere nicht verfügten, sind schließlich bislang alle rechtspopulistischen bis neonazistischen Parteien in der bundesdeutschen Nachkriegslandschaft über kurz oder lang gescheitert.

Die Nahziele sind klar definiert, und abermals hat Sachsen eine Vorreiterrolle: Am 30. August 2009 soll dort der Wiedereinzug in den Landtag gelingen, das wäre der endgültige Beweis für die angestrebte nachhaltige Verankerung. In Thüringen ist daraufhin der nächste Einzug in einen ostdeutschen Landtag, im Saarland der erste Einzug in einen westdeutschen Landtag seit den Siebzigerjahren vorgesehen. Für die Bundestagswahl 2009 ist ein Achtungserfolg eingeplant – das Feld soll beim übernächsten Urnengang 2013 bestellt sein.

Holger Apfel lehnt sich in seinem Sessel zurück. Ein letztes Mal, ehe der Wahlkampf ruft. Schließlich wurde gerade die Frage gestellt, ob seine Partei nicht doch de facto eine ostdeutsche Regionalpartei bleiben werde. Die kann er nun wirklich nicht unbeantwortet lassen. «Wir müssen Geduld haben», sagt Apfel. Und lächelt. In Frankfurt, München, Nürnberg und Kiel stelle man seit Kurzem Stadträte. Und irgendwann werde sich auch die «Linkspartei» entzaubert haben. Wer gegen die herrschende Politik sei, komme dann über kurz oder lang nicht mehr an der NPD vorbei. Schon 2014 könnte man eine wahrhaft gesamtdeutschen Partei sein, sagt er. Es wird noch ein paar Jahre dauern, bis das Jahr 2014 geschrieben wird. Gemessen an dem Zeitraum, in dem der 37-jährige Holger Apfel Politik macht, sind fünf oder sechs Jahre jedoch ein sehr überschaubarer Zeitrahmen. «Sachsen ist auch nicht an einem Tag erstanden.»

Der einstige Weggefährte, Aussteiger Jan Zobel, äußerte sich anno 2005 wenig schmeichelhaft über Apfel: «Apfels Rhetorik verdient diese Bezeichnung nicht. Bestimmte Wendungen kehren immer wieder. Eine lautet: Wir sind gegen die Amerikanisierung, gegen McDonald's und Burger King. Dabei sieht Apfel aus, als wäre er dort Stammgast. Er redet sich mitunter in Rage. Dabei verhaspelt er sich noch häufiger als sonst. Aber selbst die Erregung wirkt künstlich und aufgesetzt (…) Holger Apfel würde es, das fühle ich trotz aller auch körperlich spürbaren Vorbehalte, weit bringen: Er ist einfach fleißiger, ausdauernder und hartnäckiger als alle anderen. Am Ende wird er übrig bleiben.»[41]

Der Holger Apfel, der einem heute gegenübersitzt, verhaspelt sich nicht, er stottert nicht, er benutzt nicht mehr floskelhafte Wendungen als andere Politiker. Und er ist am Ende eines langen Arbeitstages gerade einmal bei der Hälfte seines Tagesprogramms angelangt.

Vor allem aber ist der Holger Apfel von 2009 noch nicht einmal mehr dick. Seit der Zeit, in der ihn Zobel porträtierte, hat er über 20 Kilo abgenommen. Holger Apfel ist übrig geblieben. Er wird weiterbauen.

«GUT IST DER FREMDE NUR IN DER FREMDE»

Jürgen Gansel ist einer der Cheftheoretiker der NPD. Er weiß auch, dass man es in die Medien schafft, wenn man die Bombardierung Dresdens als «Bombenholocaust» bezeichnet. Durch die Verklammerung von sozialistischer Systemkritik und einem modernisierten Rassismus will er Wahlen gewinnen. Ein Interview.

Herr Gansel, was bedeutet für Sie Globalisierung?

Die Weltdiktatur des Großkapitals, in der die Völker kulturell gleichgeschaltet, wirtschaftlich ausgebeutet, politisch entmündigt und durch forcierte Wanderungsbewegungen ethnisch zerstört werden.

Weite Teile dessen, was Sie gerade gesagt haben, findet sich auch in der linken Globalisierungskritik. Ein Zufall?

Die Parallelen liegen darin, dass man Globalisierung als zerstörerischen, unsozialen Vorgang wahrnimmt. Das allerdings aus unterschiedlichen Gründen: Die Linke geht immer noch davon aus, dass man der schlechten Globalisierung eine gute entgegensetzen kann. Für uns Nationale ist das Prinzip der Globalisierung als solches kritikwürdig, weil es einen Angriff auf die National- und Sozialstaatlichkeit darstellt.

Inwiefern das?

Durch das systematische Schleifen von Grenzen ist ein Weltarbeitsmarkt entstanden, auf dem drei Milliarden Menschen brutal miteinander konkurrieren. Belegschaft gegen Belegschaft, Nation gegen Nation – das wird dazu führen, dass das ganze Sozialgefüge aus der Balance gerät, weil europäische Arbeitnehmer den Unterbietungswettbewerb mit indischen oder chinesischen Arbeitnehmern nicht bestehen können.

Sie sprechen von «systematischem» Schleifen. Ist das im Sinne einer Systemkritik zu verstehen?

Die Globalisierung ist im Kapitalismus angelegt. Seit der Antike ist es systemimmanent, dass das Zirkulationsprinzip von Waren, später Dienstleistungen, heute Kapital, immer weiter ausgedehnt wird. Deshalb ist Globalisierungskritik immer auch Systemkritik.

Sie scheinen Karl Marx gelesen zu haben.

Wir sind ja keine konservativen Spießer, die beim Namen Marx sofort zusammenzucken. Im «Kapital» steckt viel an analytischer Schärfe, das man benennen darf.

Im Gegensatz zu Marx wollen Sie aber ein international vernetztes System national überwinden. Irgendwo haben Sie offenbar aufgehört zu lesen.

Man kann einen internationalistischen Kapitalismus nicht mit einem internationalistischen Gegenmodell bekämpfen, das ist der große Denkfehler der Linken. Gegen Feuer hilft auch nur Wasser statt Feuer, also ein feindliches Element. Außerdem gab es in der Wirtschaftsgeschichte immer auch Phasen der Deglobalisierung, z. B. der Protektionismus der USA, sodass Globalisierung kein naturhafter Vorgang ist, sondern einer, der von bestimmten Akteuren gewollt ist.

Sie sprechen von «bestimmten Akteuren». Horst Mahler, der bis 2003 in der NPD war, sagt: Globalisierung ist ein Machtmittel der judäo-amerikanischen Weltverschwörung. Meinen Sie das Gleiche?

Natürlich sehe ich eine schädliche Amerikanisierung am Werke. Aber die USA drohen ja mit ihrer defizitären Handelsbilanz immer mehr zu Verlierern ihrer eigenen Globalisierung zu werden …

Sie weichen aus.

Überhaupt nicht. Die Erfüllungsgehilfen der Globalisierung sitzen im Senat, im Kongress, im Weißen Haus. Aber die Entscheider, die Groß- und Globalkapitalisten, sitzen natürlich in der Wall Street.

Steht die Wall Street bei Ihnen stellvertretend für die Juden?

Die Wall Street ist ein Begriff für das global tätige und entortende Big Business, eine Angriffsformation auf die Welt der freien Völker. Dieses Globalkapital kann man nicht mit jüdischem Kapital gleichsetzen. Es ist aber nicht abzustreiten, dass – aufgrund benennbarer historischer Prozesse – überdurchschnittlich viele Juden in Institutionen der Weltfinanz tätig sind. Da braucht man sich nur anzuschauen, wer die letzten drei Präsidenten der Weltbank waren, diesem Machtinstrument der USA. Wolfensohn, Wolfowitz, jetzt Zoellick. Wenn man dann noch weiß, dass der ehemalige Chef der US-Notenbank Greenspan war …

Alan Greenspan warnt mittlerweile vor den sozialen Verwerfungen der Globalisierung.

Weil Greenspan ein intelligenter Kapitalist ist, der weiß, dass sich etwas ändern muss, damit alles beim Alten bleibt.

Anders gesagt, er hat keine Chance. Forciert er den weltweiten Sozialabbau, entspricht er Ihrem Judenbild, kritisiert er ihn, tarnt er sich dadurch nur – ein in sich geschlossenes paranoides System.

Greenspans Kritik ist natürlich sympathisch wie die von George Soros, einem der großen Spekulanten, der auch jüdischer Herkunft ist. Als überzeugte Kapitalisten wissen sie aber, dass es politische Folgen haben wird, wenn es zu einer moralischen Delegitimierung des Globalisierungsprozesses kommt. Das können sie als überzeugte Internationalisten nicht wollen. Insofern treten die Intelligenteren von ihnen auch als Mahner auf.

Auf einer NPD-Demo sah man jüngst ein Transparent des Hannoveraner Ortsvereins mit der Aufschrift «Gegen Kapitalismus, gegen Kommunismus, für den nationalen Sozialismus.» Hätten Sie sich hinter dieses Transparent gestellt?

Der Begriff des Sozialismus ist durch die Wirren des 20. Jahrhunderts so sinnentstellt worden, dass ich ihn für unbrauchbar halte. Für mich ist der Alternativbegriff der des Nationalismus, der alle sozialen Forderungen beinhaltet. Ein Wirtschaftssystem, das de facto ein Drittel des Volkes vom Wohlstand ausschließt, ist zutiefst unnational und unsozial. Dagegen muss der politische Widerstand organisiert werden.

Was schwebt Ihnen als Gegenmodell vor?

Für uns kann es keinen Sozialstaat ohne Nationalstaat geben, keine soziale Solidarität ohne nationale Solidarität. Nationale und soziale Frage bilden eine untrennbare Einheit. Ohne die Volksgemeinschaft kann den Sozial- und Schutzbedürfnissen der «kleinen Leute» nicht Rechnung getragen werden.

Konkreter bitte. Was wäre die wirtschaftspolitische Rolle des Staates unter einer NPD-Regierung?

Uns schwebt ein Staat vor, der das Privateigentum garantiert, in dem an den Risikogeist der hellen Köpfe appelliert wird, der aber nationalen Zielen und sozialen Interessen folgt. Wir sehen doch, dass die südostasiatischen «Angreiferstaaten», wie sie Gabor Steingart in seinem Buch «Weltkrieg um Wohlstand» nennt, Staaten mit einer mehr oder weniger gelenkten Marktwirtschaft sind. Ein solches System kann in Europa der einzige Schutzwall gegen den sozialen Raubbau sein.

Welche Rolle spielt Europa im Denken der NPD?

Für mich als nationalen Deutschen ist es tragisch zu sehen, dass Deutschland und Europa sozial, kulturell, aber auch wirtschaftlich so stark an die USA angebunden sind und dass diese raumfremde Macht Westeuropa nach 1945 ihr eigenes Lebens- und Gesellschaftsmodell aufgezwungen hat. Wenn man über die Globalisierungsverwerfungen redet, kann man nicht schweigen über die Rolle der USA, die die Hauptgewinner des Zweiten Weltkrieges sind.

Die USA als Hauptgewinner des Zweiten Weltkrieges?

Europa lag in Schutt und Asche, und der Marshallplan war ja keine karitative Idee, er sollte Absatzmärkte in Europa erschließen und eine gewisse Kreditabhängigkeit Europas herstellen.

Sie bedauern also nicht die Europäisierung, sondern die Abhängigkeit Europas von den USA.

Wir sind keine Antieuropäer, aber wir lehnen das Gebilde der EU ab, weil es nichts mit dem Europa der Vaterländer zu tun hat, wie es Charles de Gaulle vorschwebte. Die EU ist ein Exekutionsorgan der Globalisierer. Ein Konstrukt von Bürokraten, Technokraten und Kapitalisten, das über die Köpfe der Völker hinweg eine Gleichschaltung des Wirtschaftsraumes durchsetzt. Die EU wird aber nicht das letzte Wort der Geschichte sein, spätestens mit dem EU-Beitritt der Türkei wird sie finanziell implodieren. Dann werden sich die Nationalstaaten ein Stück ihrer Souveränität zurückholen.

Sie machen selbst für Hartz IV die Globalisierung verantwortlich?

Sozialpolitisch ist die Globalisierung ein verheerender Vorgang. In Mitteldeutschland ist ja gerade noch ein Drittel der erwerbsfähigen Bevölkerung in fester, gut entlohnter Arbeit.

Die Exporterfolge konkurrierender Nationen werden doch erkauft durch den Abbau inländischer Beschäftigung. Außerdem weiden Hedgefonds und ausländische Staatsfonds die Wirtschaftsräume nomadengleich ab. Man muss natürlich auch dafür sorgen, dass es dort, wo die klassische Kompetenz des Nationalstaates überschritten wird, europäische Institutionen gibt, um sich z. B. durch Handelsabsprachen gegen eine noch stärkere Importdurchdringung durch China zu wehren.

Also ein europaweiter Protektionismus?

Ohne eine intelligente Form des Neoprotektionismus oder Wirtschaftspatriotismus wird es nicht gehen, wobei der Zoll ja ein gut dosierbares Steuerungsinstrument ist. Man muß sich nur anschauen, was für eine nationale Industriepolitik die Franzosen betreiben, die es einfach nicht zulassen, dass wichtige Branchen durch das Ausland aufgekauft werden. ... Das wäre auch in Deutschland möglich.

Die meisten Menschen schätzen es zumindest, schnell weltweit kommunizieren zu können oder beim abendlichen Restaurantbesuch eine große Auswahl zu haben. Die NPD hingegen preist die Wiederherstellung des Nationalstaates als Allheilmittel. Wie sähe der ideale Staat der NPD kulturell aus? Stören Sie beispielsweise E-Mails oder Pizzerien?

Es geht nicht darum, die Pizza vom Teller zu verbannen, und an E-Mails stört sich sicher kein deutscher Nationalist.

Vorausgesetzt, man sagt E-Post, wie es bei der NPD heißt.

Das hat nichts mit Engstirnigkeit zu tun, sondern mit dem Problem, dass hierzulande im Gegensatz zu Frankreich überhaupt keine Sprachschutzpolitik stattfindet. Insofern hat auch die Politik zu verantworten, dass Deutsch als Wissenschafts- und Wirtschaftssprache immer weniger gefragt ist und die Deutschen auch sprachlich zur Selbstentäußerung bereit sind.

Unser Programm ist nationale Identität, Solidarität, Souveränität.

Konkret heißt das …

… dass erst mal ein Einwanderungsstopp verhängt wird und dann nach rechtsstaatlichen Kriterien eine Politik der Ausländerrückführung betrieben wird, um straffällig gewordene und arbeitslose Ausländer loszuwerden. Man muss verhindern, dass man als Deutscher Fremder im eigenen Land wird.

Sie fühlen sich fremd hier?

Wenn ich meine Eltern im Rheinland besuche, bin ich nach drei Tagen immer froh, wenn ich wieder in Sachsen bin. Es ist für mich wirklich schwer erträglich, in Köln oder Bonn den Eindruck zu haben, dass man nicht mehr unter seinesgleichen ist.

Eine Wahrnehmung, die wirklich nicht jeder in Köln teilt.

Das ist für mich Landnahme. Ich bin Deutscher und möchte in Deutschland auch unter meinesgleichen sein. Das folgt einem ganz normalen Identitätsverlangen. Für mich sind Türken in Deutschland keinerlei Bereicherung, die brauche ich hier wirklich nicht.

Sie sprechen von Identität und meinen Rassismus.

Die multikulturelle Gesellschaft führt zu Entwurzelung und Entortung, was die Menschen letztlich zu identitätslosen Wanderern zwischen den Welten macht. Für mich ist Identität aber so wichtig wie soziale Gerechtigkeit. Die Zugehörigkeit zu einer gewachsenen Nation ist ein menschliches Grundbedürfnis, das in einer multikulturellen Gesellschaft nicht befriedigt wird. Die sorgt nur dafür, dass eine Masse entwurzelter, identitätskastrierter und egoistischer Sozialatome entsteht.

Etwas widersprüchlich: Auf der einen Seite unterstützt die NPD Herrn Ahmadinedschad als Befreiungskämpfer, auf der anderen Seite torpediert sie Moscheebauten, um zu verhindern, dass die Freiheitskämpfer ihre Religion ausüben können.

Was ist daran widersprüchlich? Das eine ist eine innen-, das andere eine außenpolitische Perspektive. Außenpolitisch ist für uns die islamische Welt ein Bollwerk gegen die Durchkapitalisierung der Welt nach US-Vorbild. Das findet meine Sympathie. Weil die islamische Welt nicht nur der kulturellen Überfremdung durch die USA ausgesetzt ist, sondern auch mit handfesten Angriffskriegen überzogen wird, führt sie einen moralisch gerechtfertigen Verteidigungskrieg gegen die USA. Das ist die außenpolitische Bewertung des Islam.

Die innenpolitische Perspektive ist: Ausländer raus?

Ich will keine Einwanderung aus dem islamischen Raum und keine Moscheen, wo sie nicht hingehören. Dort, wo der Islam angestammt ist, wo die Menschen sich mit ihm identifizieren, hat er seine Existenzberechtigung. Aber nicht in Europa.

Europa ist christlich?

Wir Nationaldemokraten definieren Europa nicht in erster Linie religiös, sondern ethnisch. In Europa ist der Islam kulturfremd und mit der Geistestradition der Aufklärung nicht vereinbar. Der Islam hat in Europa nichts zu suchen. Europa ist der Kontinent der Europäer und hat es zu bleiben.

Also frei nach Karl Valentin: Gut ist der Fremde nur in der Fremde.

Das kann man so sagen, ja.

«WO WIR ANTRETEN, ZIEHEN WIR EIN»

Alle Macht ist lokal. Keine deutsche Partei nimmt Kommunalwahlen ernster als die NPD. Sie sind der Schlüssel zu ihrer Strategie. Auf Wahlkampftour mit der NPD in der sächsischen Provinz, wo ihre Stammwähler wohnen.

«Von den Möglichkeiten hier können wir in Brandenburg nur träumen», sagt die heisere Stimme auf dem Rücksitz des schwarzen Mercedes-Kombis. Auf der schnurgeraden B6 nach Westen, von Görlitz aus über die Dörfer der Oberlausitz. Karl-Heinz Bader ist von Sachsen begeistert. Hier gibt es Geld und Leute. Das Geld interessiert Bader zwar nicht persönlich; der Rentner aus dem Havelland in Brandenburg ist hier schon in der vierten Woche als ehrenamtlicher Wahlhelfer der NPD unterwegs, aber das ganze Zeug im Kofferraum muss schließlich bezahlt werden. Das übernimmt der gut ausgestattete Landesverband. Die Kartons mit der Wahlkampfzeitung «Sachsen-Stimme» («NPD: Die Heimatpartei»), den Flugblättern mit dem Slogan «Der Osten wählt deutsch», vor allem aber das Faltblatt mit dem Bild des NPD-Landratskandidaten Andreas Storr, der gerade den Wagen fährt.

Seit Storr bei der Fraktion sein Geld verdient, ist er ein potenzieller Landratskandidat dieser Kommunalwahlen. Bereits 2001 wollte er Landrat werden, damals in der Sächsischen Schweiz. Damals gab es die Landtagsfraktion der NPD noch nicht, und die Partei war in Sachsen weniger verankert als heute. Storr brachte es trotzdem auf 4,1 Prozent. Parteiintern zählt er zu den besten Wahlkampfarbeitern. Anfang der 90er war er drei Jahre lang Vorsitzender der JN, dann Vorsitzender des NPD-Landesverbandes Berlin. Storr hat schon einiges erlebt als NPD-Wahlkämpfer. Von Mecklenburg-Vorpommern bis Baden-Württemberg war er auf Stimmenfang. Die Partei versucht ihre Multiplikatoren zu multiplizieren, schließlich ist die Personaldecke dünn. Deshalb wird jeder Funktionsträger schnell zum Multifunktionär.

Nun also soll er im Landkreis Görlitz einen Kreisverband ordnen, damit der eigenständig funktioniert. Zuletzt hatte sich die Partei hier mit ihrem Kreisvorsitzenden Jürgen Krumpholz überworfen, dem einige Mitglieder 2006 in den Parteiaustritt gefolgt sind. Krumpholz wirkt heute in der DSU (Deutsche Soziale Union), einer rechtspopulistischen regionalen Splitterpartei, die gemeinsam mit den rechtsradikalen Republikanern als Zweckbündnis auftritt.[42] Ein Ärgernis für die NPD, das sie Stimmen kosten wird.

Storr nennt das, was er in Görlitz vorfand, einen «Saufverein». Die NPD sprach damals von «Notverwaltung». Und jetzt, im Frühsommer 2008, lenkt Storr seinen Mercedes mit Berliner Kennzeichen über die ostsächsische Fläche. Natürlich schimpft er über den gestiegenen Benzinpreis, der auf Rekordhoch ist. Er wirkt wie ein Firmenvertreter, der in die Provinz geschickt wurde. Immerhin in eine Zone, in der das Produkt NPD besonders beliebt ist. Darüber freut sich sein Helfer auf dem Rücksitz.

Natürlich wird Bader auch beim Kommunalwahlkampf in Brandenburg in drei Monaten mit anpacken. Schließlich gehört er dort zu denen, die wissen, wie es geht. Der 64-Jährige ist ein Veteran, war bei all den Erfolgen der NPD in den vergangenen Jahren dabei. Beim schon legendären sächsischen Landtagswahlkampf 2004, bei der Berliner Kommunalwahl 2006, seit der die NPD elf Mandate in den Bezirksparlamenten der Hauptstadt besetzt, um gegen den Bau von Hindutempeln und Moscheen zu hetzen, und in Mecklenburg-Vorpommern. Bader ist einer von 25 auswärtigen Helfern, die mit dafür sorgen, dass die NPD hier in den Kreistag des neu geschaffenen Landkreises Görlitz einzieht. Und zwar «in Fraktionsstärke». Andreas Storr mag dieses Wort, wiederholt es immer wieder.

In ganz Brandenburg gibt es zu diesem Zeitpunkt gerade einmal drei NPD-Kreistagsabgeordnete. Aber reichlich Menschen, die so denken wie Bader, die sich ebenfalls ärgern über das «herrschende Chaos und den Multikulti-Müll», dessentwegen der Berliner als Rentner aus Spandau weggezogen ist, ins nahe Falkensee, «und weil da das Bauland billiger ist». Bader ist ein echter Berliner, redet von sich als «icke». Auch der 40-jährige Storr ist wie Bader im Westen aufgewachsen, in Schöneberg, Touristenziel der internationalen Schwulenszene.

Und dann die Ausländer. Irgendwann hat es ihm gereicht, ist Storr nach Ostberlin gezogen, nach Marzahn-Hellersdorf. Kaum Ausländer, keine offene Schwulenszene. Da hat er noch seine Wohnung. Und während er über das Wesen dieses Wahlkampfes referiert, verpasst er die entscheidende Abfahrt – ohne es zu merken. Er ist eben keiner von hier. Nach Sachsen ist er des Jobs in der Fraktion wegen gekommen, vor zwei Jahren. Damals war er arbeitslos, wie viele von denen, die Holger Apfel in der vorübergehenden Sicherheit der Fraktion unterbringt. Davor hatte er als Bilanzbuchhalter in Frankfurt am Main gearbeitet. Auch den Erfolg dieses Wahlkampfes hat er genau kalkuliert.

«Die Kommunalwahl ist eine Nagelprobe. Davon hängt die flächendeckende kommunale Verankerung der NPD in Sachsen ab. Sie ist der Garant dafür, dass wir 2009 wieder in den Landtag einziehen», sagt Storr. Und dann sollen die Kreisverbände eigenes Geld verdienen. Er selbst wird die rund 2000 Euro abgeben, die ihm nach der Wahl jährlich zustehen werden. Storr träumt davon, eine halbe Stelle eines Fraktionsgeschäftsführers zu schaffen. «Dann hat man jemanden, der sich – rund um die Uhr – um den Kreisverband kümmern kann.» Die Partei verlangt wohl vollen Einsatz.

Fünf weitere Abgeordnete wird er dann als Fraktionsvorsitzender der NPD anführen. «Wir sagen: Mindestens 20 Prozent der Bezüge sind abzugeben. Und wenn jemand ein vernünftiges Gehalt bezieht, dann sollte er auch alles abgeben.» Klingt ein bisschen wie das Finanzierungsmodell der Zeugen Jehovas; eines zumindest hat die Bewegung, der Storr angehört, mit dieser religiösen Gruppe gemein: den absoluten Glauben daran, in der einzigen Wahrheit zu leben. Und noch ein Vergleich drängt sich auf. Aber bis dahin dauert die Fahrt eine weitere Viertelstunde. Bis Storr und Bader wie die Missionare von Tür zu Tür durch das beschauliche Mengelsdorf spazieren, bemüht, «Bürgergespräche» zu führen, um ihr nationales Anliegen zu verkünden. Dafür sei besonders die «ländliche Bevölkerung» empfänglich. Storr ist ein Berufsüberzeuger. «Ich habe ja, geschult durch die NPD, keine Probleme, mich mit einfachen Leuten zu unterhalten. Dagegen sind für andere Politiker so einfach strukturierte Leute einfach nur lästig.» Als wolle sie diese Fähigkeit auf die Probe stellen, meldet sich – gänzlich unvermittelt – die Stimme von hinten: «Die NPD hat hier auf den Dörfern einen viel größeren Anklang als in den Städten.» Das macht Bader immer so. Er schaut aus dem Fenster auf die vorbeiziehende sanft wellige Kulisse mit den wenigen Häusern und redet, ohne sich an dem Gespräch zu beteiligen. Früher war er bei der Autobahnreinigung in Reinickendorf, wo sich NPD und öffentlicher Dienst nicht ausschließen. «Hin und wieder habe ich im Umkleideraum ein paar Flugblätter liegen lassen. Das gab nie Probleme. Wäre wohl anders gewesen, wenn ich direkt mit Bürgern zu tun gehabt hätte.»

Die Fahrt wird langsamer. Es nähert sich das Ortseingangsschild der «Stadt Reichenbach». Hier leben etwa 2300 Menschen. Zu viele für die NPD. Hier geht nicht viel. Etwas missmutig schaut Storr auf die Straßenlaternen, die Plakate der Linkspartei dominieren den Ort. Hier hängt kein einziges der Storr-Porträts, auf denen der Mann an den steifen Rudolf Scharping erinnert. Die Brille, der Bart, der volle Mund … Nur die Kabelbinder zeugen noch davon, dass hier einmal NPD-Plakate waren. «Alles abgehängt. Hier gibt es eine linke Jugend-szene.»

Storr mag Reichenbach nicht. Am Straßenrad sprießt das Un-kraut. Der kleine Ort unterscheidet sich von der ländlichen Idylle tatsächlich durch die Schneisen der sozialistischen Archi-tektur, die hier immer noch das Stadtbild prägt. Schnell verlässt der Kombi den Ort wieder, rollt über dessen breite Straßen stadtauswärts. «Die Orte, die so ein bisschen verwahrlost aus-sehen, sind die, in denen die Linken stark sind. Und die heraus-geputzten Dörfer sind eher unsere Dörfer», sagt Storr. Immer sind die Rechten die Guten. Dreimal hätten sie schon in Reichen-bach plakatiert, zuletzt vor fünf Tagen, jedes Mal 20 «Pappen», wie er die Wahlplakate nennt. Fast drei Viertel davon würden zerstört oder verschwänden. 3000 Plakate hängt Storr mit seiner Truppe in diesem Wahlkampf auf, das Stück zu 1,40 Euro. «Wir haben jetzt viel mehr gemacht als zur Landtagswahl, vor allem in den Dörfern.» Damals gab es den Wahlhelfer Hartz IV und reichlich Protest. In diesem Sommer ist Deutschland erstarrt, auch Sachsen selbst, im Konsens einer großen Koalition. Die NPD muss den Widerstand provozieren. Etwa gegen die Grenz-öffnung durch das Schengen-Abkommen, das seit einem guten halben Jahr in Kraft ist. Der Kommunalwahlkampf im Land-kreis Görlitz kostet insgesamt 12 000 Euro. Also etwa den Be-trag, den die sechs künftigen Kreistagsabgeordneten im ersten Jahr nach der Wahl wieder reinholen können. So sieht sie aus, die parlamentarische Arithmetik der NPD.

«Reichenbach ist so ein Ort, in dem wir auch keine Mitglieder haben.» Soll heißen: wo es niemanden gibt, der um die Plakate kämpft, schnell wieder welche aufhängt, die Fahne der NPD hochhält. Die Fahrt geht weiter, noch gut vier Kilometer bis Mengelsdorf. Storr gerät ins Soziokulturelle. Das macht er gerne, verallgemeinert, findet beispielsweise «den Sachsen gemütlich». Der Mann legt sich seine Wahrheiten zurecht: «Das Landleben bringt einen gelassenen Typus hervor, der sich von der Hysterisierung der Medien nicht so in Stellung bringen lässt wie der Großstadtmensch.» Vor den Müllcontainern in der Dorfmitte stellt er den Wagen ab.

Die Sonne scheint, Vögel zwitschern, und Kalle muss noch kurz pinkeln. Storr lobt seine Kondition. «Er ist ein zäher Knochen. Die meisten haben ja heutzutage ein Willensproblem. Aber wenn uns beiden die Füße wehtun, laufen wir trotzdem weiter.» Storr ruft ihm hinterher: «Im U-Prinzip, wie immer, Kalle», wie die Prospektverteiler der Discountmöbelhäuser, deren Ratenkäufer wahrscheinlich auch hier wohnen, in Mengelsdorf. Bis ans Ende des Ortes, immer auf einer Seite. Der andere stopft die Andreas-Storr-Faltblätter in die Briefkästen der gegenüberliegenden Straßenseite, bis ans Dorfende, dann zurück, bis man sich wieder trifft.» In den meisten Dörfern können sie ihrem U folgen.

Los geht's. Im Wanderschritt, am rechten Handgelenk baumelt die Stofftasche mit den Flugblättern des Landratskandidaten. Schon beim zweiten Grundstück muss er sich ärgern. Am hölzernen Gartentor hängt der Zeitungskasten der «Sächsischen Zeitung», über die Storr sich aufregt. Weil er nicht die Möglichkeit hatte, sich als Landratskandidat der NPD in der Zeitung vorzustellen. Die anderen sieben wurden präsentiert. Der Demokratiefeind wirft der Zeitung Demokratiefeindlichkeit vor, während er sich ihren Lesern nähert. «Guten Tag, darf ich Ihnen das überreichen? Da kommt ja eine Wahl, und ich bin dafür der Landratskandidat. Da wollte ich mich mal vorstellen, sodass Sie mich als geeignet erkennen», drückt einem wortkargen alten Mann in dessen Vorgarten sein Faltblatt in die Hand, lässt die NPD unerwähnt und wendet sich wieder ab. «Alles klar» und «Auf Wiedersehen», schickt der alte Mann dem Landratskandidaten hinterher.

Er hat der Redaktion dann einen Brief geschickt, hat daran erinnert, dass sie doch einen Kandidaten vergessen hätten. Es war wohl ein Beschwerdebrief. «Natürlich hat sich bis heute niemand bei mir gemeldet.» Storr setzt also auf eigene Lesernähe. «Guten Tag, ich bin der Landratskandidat der NPD. Dass Sie vielleicht auch, äh, am nächsten Sonntag mich wählen, wenn's geht. Das würde mich sehr freuen. Denn wir brauchen mal wieder eine Politik, die sich an den Interessen der Deutschen orientiert.» Eine alte Frau im Kittel hört zu, etwas vorgebeugt, um ihn besser zu verstehen. «Ja, das ist gut. Na dann, viel Glück!» Jetzt spricht der NPD-Mann vom «Aufbrechen einer Barriere» und von «Akzeptanz». Eine tatsächliche Ablehnung erfährt er hier in Mengelsdorf jedenfalls nicht.

Sein Handy klingelt: «NPD-Fraktion im Sächsischen Landtag, Storr – guten Tag», meldet sich der Fraktionsmitarbeiter auf Wahlkampftour auf der «Dorfstraße» stehend, 94 Kilometer vom Landtag entfernt. Die Große Kreisstadt Delitzsch ruft an, das Ordnungs- und Gewerbeamt. Es gibt eine Beschwerde zur Plakatierung der NPD. «Ja, ich gebe es weiter», sagt Storr – genervt bis höflich. Nach dem Telefonat spricht er von «lästigen Anrufen». Zwar liegt Delitzsch nicht in seinem Wahlkreis, als Mitarbeiter der NPD-Fraktion hat er allerdings sämtliche Vereinbarungen mit den einzelnen Kommunen unterschrieben, die für die Wahlkampftruppe gelten.

Es sieht so aus, als würde Storr mit seiner Doppelfunktion als Fraktionsmitarbeiter einerseits und dem kommunalen Kandidatendasein andererseits jonglieren. Dabei sind die Regeln eindeutig. «Da die an die Fraktion gezahlten Haushaltsmittel, aus denen ja die Mitarbeiter der Fraktionen bezahlt werden, zweckgebunden für die Arbeit der Landtagsfraktion sind, dürfen auch die Mitarbeiter der Fraktionen ausschließlich für diesen Zweck eingesetzt werden», heißt es bei der Landtagsverwaltung. Als Fraktionsmitarbeiter darf Storr also gar nicht in seiner Dienstzeit als Wahlkämpfer unterwegs sein. Bleibt die Möglichkeit, dass Storr gerade ein paar Überstunden abbummelt und dabei den Landtagsanschluss auf sein Handy weiterleitet …

Schon steht der Landratskandidat vor dem nächsten Haus und sagt einer Frau, die am Stock geht, seinen Spruch auf. «Guten Tag, darf ich mich kurz vorstellen ...» – «Ja, diesen Sonntag, nech?» – «Genau, ich wollte mich nur noch mal kurz vorstellen, weil wir noch deutschbewusst sind, sodass wir für Sie vielleicht eine Alternative sind, würde mich auch sehr freuen. Denn es muss ja hier auch mal wieder etwas für uns Deutsche getan werden.» – «Eben, eben!», kommt es wie aus der Pistole geschossen zurück und eine Ladung Empörung hinterher. «Und nicht immer alles ins Ausland!» – «Genau, und deshalb würde es mich freuen, wenn Sie sich für uns entscheiden würden.» – «Am Sonntag?» – «Genau!» – «Hmm.» – «Auf Wiedersehen.» – «Auf Wiedersehen.» Storr weiß, dass die DDR das Deutschsein konserviert hat. «Damals gab es im Selbstverständnis der Leute eine nationale Grundhaltung, die vom Kaiserreich über die Weimarer Republik bis in die DDR erhalten geblieben ist.» Das «Dritte Reich» spart er aus.

«Alle mitteldeutschen Parlamente sind heute NPD-reif.» Diese Botschaft warf der Parteivorsitzende Udo Voigt seinen Anhängern noch ein paar Tage vor dieser sächsischen Kommunalwahl im Juni 2008 zu. Und tatsächlich meint «alle mitteldeutschen Parlamente»[43] nicht bloß die Landtage. Die NPD hat vor allem auch die kommunalen Parlamente im Blick. Es gibt Grund genug für die Annahme, dass derzeit bei keiner anderen Partei dem Erfolg auf lokaler Ebene mehr Aufmerksamkeit gilt als bei der NPD. Jedes einzelne zusätzliche Mandat wird hier als Schritt in die Mitte der Gesellschaft wahrgenommen, in «die Mitte des Volkes», wie es bei der Partei selbst heißt.

Storr läuft weiter, vorbei an den aufgehübschten DDR-Eigenheimen mit Garagenanbau, neuen Dachziegeln und gelegentlicher Verklinkerung; schnellen Schrittes schwärmt er jetzt von der DDR, in der er selbst als Kind regelmäßig Urlaub gemacht hat. Mit den Eltern, Verwandtschaftsbesuch. In einem Garten weht eine weiß-gelbe Schlesierfahne. Vor dem dazugehörigen Haus heißt es auf einem Autoaufkleber: «Gott schütze Schlesien». «Da merkt man gleich, dass es hier national zugeht», stellt Storr fest. Die schwarz-rot-goldenen Fahnen wehen überall; in ein paar Tagen beginnt die Fußballeuropameisterschaft in der Schweiz. «Ich hatte als Kind schon das Gefühl. Das ist ja das eigentliche Deutschland, hier gefällt es dir viel besser.» Auch die Ausländerpolitik der DDR sei «in unserem Sinne» gewesen. Schließlich wurde in der DDR peinlich darauf geachtet, dass Ausländer nicht gesellschaftlich integriert wurden. Sie wurden als Vertragsarbeiter eingestuft und mussten in abgeschotteten Wohnheimen leben, während das Regime offiziell gegen die Rassentrennung in Südafrika protestierte.

«Man holte damals Leute ins Land, aber die blieben unter sich. Und wenn die Frauen schwanger wurden oder wenn eine gewisse Zeit abgelaufen war, dann mussten sie zurück in ihre Heimatländer. Das ist ja eine Ausländerpolitik, die wir auch mittragen könnten. Wir erkennen in der DDR Elemente einer Ordnung, die unseren Vorstellungen auch entspricht. Diese Mentalität kommt uns entgegen», schwadroniert Storr.

Er ist wieder in seinem Element, er spricht von der großen Politik, redet sich einen Grund herbei, warum Frauen die NPD wählen sollten. «Wenn die Verhältnisse spürbar schlechter werden, wird der Frauenanteil drastisch steigen. Mit dem Gefühl der Bedrohung bei den Frauen wird deren Wähler- und Mitgliederanteil deutlich zulegen. Solange gesicherte Verhältnisse herrschen, sind Frauen immer strukturkonservativ. Aber in Gefahrensituationen vertrauen sie sich dem an, von dem sie sich die Lösung ihrer praktischen Probleme versprechen.» Der NPD! Und irgendwann landet er beim zügigen Spaziergang im Klassenkampf. «Ich sehe durchaus die Möglichkeit, dass ein Bürgerkrieg stattfindet.» Starker Tobak gedeiht da unter der heißen Lausitzer Sonne. «Bürgerkrieg» gehört zu den Reizwörtern der NPD in diesem Wahlkampf, zwischen oben und unten, zwischen

Deutschen und Ausländern. In der «Deutschen Stimme» versuchte Holger Apfel vor zwei Tagen mit dem Leitartikel «Droht Bürgerkrieg?» seine Truppen zu mobilisieren – gegen die Überfremdung, den «ethnischen Verdrängungsprozess auf deutschem Boden». Dabei kommt er zu diesem Schluss: «Am Ende reduziert sich das absehbare Schicksal der Deutschen auf die Frage, ob sie es zu akzeptieren bereit sind – oder ob sie den Fehdehandschuh in zwölfter Stunde aufheben und um ihr Überleben kämpfen wollen, ehe es endgültig zu spät ist.»[44] So könnte eine Aufforderung zur Gewalt gegen Ausländer aussehen. In Mengelsdorf jedenfalls leben keine.

Jetzt ist der richtige Zeitpunkt, Herrn Storr aus Berlin, der zeitweilig auch noch in einer Wohngemeinschaft in Dresden wohnt, zu fragen, wie er denn das Leben der Mengelsdorfer verbessern will. «Indem wir die soziale Ausgewogenheit sicherstellen wollen, anhand verschiedener Beiträge. Ein großes Thema sind die Abwasserbeiträge, sag ich mal, wie Ent- und Versorgungskosten mit den ganzen Zweckgemeinschaften, die die ganzen Kläranlagen hier gebaut haben.» – «Und wie wollen Sie dazu beitragen, dass diese Gebühren niedriger werden?» – «Indem wir in den Kreistagen einen entsprechenden politischen Willen artikulieren und auch entsprechende Lösungskonzepte dazu erarbeiten.» – «Was wäre denn das Lösungskonzept?» – «Ja gut, jetzt wollen Sie von mir eine pauschale Antwort haben, was natürlich schwierig ist ...» – «...nein, ich möchte keine pauschale Antwort haben, sondern eine konkrete.» – «Ja gut, also, äh, ich meine, das hängt jetzt natürlich von einzelnen, ähm, Bereichen ab. Es ist ja die Frage jetzt zum Beispiel das Thema Anschluss an eine Kläranlage: Gibt es da noch vielleicht Zweckverbände, die man weiter zusammenlegen kann, um die Kosten entsprechend auf mehrere Köpfe umzulegen, das sind alles stetige Fragen. Ist auch die Frage, ob man die Überdimensionierung dadurch behebt, dass man einen Rückbau macht, das ist möglicherweise preiswerter, als das jetzt so fortzuführen.»

Die überdimensionierten Kläranlagen sind seit Jahren ein kommunales Problem, fast überall in Ostdeutschland, wo die Bevölkerungszahl abnimmt. Storrs Gerede ist ein Patchwork aus Allgemeinplätzen für den Wahlkampf zwischen Ostsee und Erzgebirge. Und dann hat er noch ein Stichwort für die «ländliche Bevölkerung». Er möchte das «Heimatbewusstsein stärken». Auch das sagt jeder beliebige NPD-Funktionär in jedem beliebigen Gespräch, das auf ostdeutschem Boden stattfindet. «Ich sag mal, hier ist das Heimatgefühl vielleicht noch ausgeprägter als im Westen.» Der Ruf, «soziale Heimatpartei» zu sein, wird bei der sächsischen NPD allerdings besonders gepflegt. Immerhin ist er schon beim Wahlkampfgegner angekommen. «Die sächsische Union ist die Heimatpartei Sachsens», sagte der im Mai neu gewählte Ministerpräsident Stanislaw Tillich (CDU) erst vor ein paar Tagen – im Wahlkampf. Schließlich weiß auch er, dass die CDU mit der NPD um das nationale Potenzial kämpft. Und das ist hier besonders groß.

CDU, DSU – egal. Storr will sie alle. Wenn er demnächst im Kreistag sitzt, will er vor allem die «Zusammenarbeit mit den national gesinnten Leuten in der CDU», von denen es in Sachsen reichlich gibt. «Irgendwann wird man uns als Mehrheitsbeschaffer brauchen, und dann ist es auch mit der sozialen Ächtung vorbei.» Und natürlich will Storr im Kreistag auch neue NPD-Mitglieder werben. «Wir werden versuchen, Leute aus den anderen Parteien zu ermuntern überzulaufen. Denn wir stoßen hier auf einen Gegner, der inhaltlich nicht so gefestigt ist, bei dem es auch nur eine lockere Parteibindung gibt.» Für die Festigung des eigenen Weltbildes dagegen ist gesorgt. «Es gab hier im Landesverband über die Kommunalpolitische Vereinigung (KPV) zehn Schulungsveranstaltungen an den Wochenenden, bei denen Leute aus ganz Sachsen zusammenkamen und von den Leuten aus der Fraktion geschult wurden.» Da wird dann das kommunalpolitische Rüstzeug vermittelt, Haushaltsrecht, Wahlrecht und diese ganzen Formalien. «Auf kommu-

naler Ebene stoßen wir ja häufig auf einen politisch wenig geschulten Gegner.»

Das U geht allmählich dem Ende zu, und Kalle ist schon am
Auto, berichtet von «guten Bürgergesprächen». Der Rückweg
geht schnell; der Landratskandidat findet den direkten Weg zurück nach Görlitz, in die Rothenburger Straße 52. Hier wohnt
die NPD. Ein sanierungsbedürftiger Altbau. Man sieht, dass
Geld fehlt. Die Fensteröffnungen im Untergeschoss sind verna-
gelt. Kalle spricht von einem «Anschlag», eingeschmissenen
Scheiben. Er sei im Obergeschoss gewesen, da, wo die «Mann-
schaftsräume» liegen. Auch der Landratskandidat schläft hier
bei seinen gelegentlichen Besuchen. Insgesamt 25 «Kameraden»
von außerhalb seien in den vergangenen Wochen hiergewesen.
Für ein paar Tage, ein Wochenende, eine Woche. Kalle hat sie
alle erlebt, zuletzt die Mannschaft aus dem Oderland, dem
aktivsten Kreisverband in Brandenburg, der mit einem Kleinbus
voller Plakatkleber angereist war. Drei Leute aus Thüringen
waren auch hier. Sie alle haben demnächst eigene Wahlkämpfe
vor der Brust und hoffen auf Hilfe aus Sachsen. Das Parteiorgan,
die «Deutsche Stimme», druckt Coupons ab, die willige Helfer
ausgefüllt an die Partei schicken können («Ich bin bereit, den
Wahlkampf der NPD über den Zeitraum von __ Wochen zu unterstützen, und zwar bevorzugt: Plakatierung, Flugblattvertei-
lung, Informationsstände, Lautsprecherwerbung»).

Auf jeden Fall hätten vor einer Woche unten die Scheiben ge-
klirrt. Der alte VW-Bus mit den NPD-Logos, mit dem es gleich
auf Lautsprechertour geht, wird erst gar nicht vor der Tür ge-
parkt. Wegen der Antifa. Görlitz ist nicht Mengelsdorf; hier
stoßen die Neonazis auf Widerstand. Das alte Spiel, rechts gegen
links. Jetzt sind die Fenster im Erdgeschoss also zugenagelt.
Kalle findet das alles ganz schön aufregend. Andere Rentner
gehen zur Pferderennbahn, Kalle ist NPD-Aktivist, «hier läuft
doch noch was». Bei der DVU nicht mehr, sagt Kalle, «auch
wenn die in Potsdam im Landtag sitzen». Bei der DVU war er

früher Mitglied, aber die lassen ihr Wahlkampfmaterial ja «gewerblich» verteilen. Fehlt nur noch, dass er sie «Kapetalisten» nennt, das ist für Kalle ein Schimpfwort. Inzwischen hat er die bequemen Lederschuhe ausgezogen, schlurft mit Pantoffeln durchs Haus und macht Kaffee im Gemeinschaftsraum.

In einer Ecke steht eine Plastikpalme auf dem Linoleumboden, dahinter hängt die Fahne der islamischen Republik Iran, die unter Neonazis besonders beliebt ist, weil deren Staatspräsident Mahmud Ahmadinedschad auch ein glühender Antisemit ist. Auf einem Regal steht eine Postkarte, ein Porträt von Uwe Leichsenring, der an den jungen Franz Josef Strauß erinnert. An einer Ecke ein Trauerflor. Leichsenring ist 2006 bei einem Autounfall ums Leben gekommen. Seine Geschichte wird auf Zeitungsausschnitten erzählt, die im Flur an der Wand hängen. Im Kopf fällt der Satz eines Verfassungsschützers: «Aber ihnen fehlt eben ein Leichsenring» – ausgesprochen mit betonter Erleichterung. «Hätten sie mehr von der Sorte, dann ...» Haben sie nicht. Stattdessen muss Multifunktionär und Berlinimport Storr hier mit Organisationstalent das ausgleichen, was seiner Partei an lokaler Verwurzelung fehlt. Der Landratskandidat sitzt inzwischen beim Kaffee. Ob er denn sozial verankert ist, in Görlitz? «Na gut, ich sag mal: Anfangs fand ich Görlitz ja auch nicht so gut. Ich bin jetzt nicht in irgendwelchen Vereinen oder so. Aber künftig habe ich das schon vor.»

Stimmen im Flur, ein Schlüsselbund klingelt. Zwei Männer reden über die «Lautsprecherfahrt». Torsten Hiekisch und Stephan Latzelt sind zwei von hier. Latzelt ist der Statthalter in Görlitz, eine Art Hausmeister in der Rothenburger Straße. Der arbeitslose Handelsfachpacker wird auch demnächst im Kreistag sitzen. Und Hiekisch hat vor ein paar Jahren gar einen eigenen Verein gegründet, unten in Zittau am Dreiländereck zu Polen und Tschechien. Um für Sicherheit zu sorgen. Bürgerwehren sind in der deutsch-polnischen Grenzregion ein beliebter Zeitvertreib für arbeitslose Abenteurer. «Patrouille fahren» wird

Hiekisch das gleich nennen. Storr tritt ab, verabschiedet sich verbindlich und übergibt den Gast. «Komm, Kalle», sagt Storr, «wir fahren los und verteilen noch mal ordentlich.»

Hiekisch kommt jetzt an den Tisch, ist skeptisch. Journalisten traut er nicht. «Bis jetzt gab es noch keinen Journalisten, der fair über uns berichtet hat.» Hiekisch verschränkt die Arme, streckt die Beine aus, versucht weiter zu provozieren. Der Blick über den Rand der Kaffeetasse, die Kalle zuvor gefüllt hatte, fällt wieder auf die Wand. Neben der iranischen Fahne hängt das berühmte Konterfei von Rudolf Heß, dem Stellvertreter Hitlers, der von den Neonazis vergöttert wird. Darunter seine letzten Worte vor dem Nürnberger Kriegsverbrechertribunal der Alliierten 1945, die mit dem Satz «Ich würde es wieder tun» beginnen.

Hiekisch redet weiter. Dass er seit zwei Jahren auch in Dresden arbeitet, in der Fraktion, «als sozialpolitischer Berater». Holger Apfel hat den einst abtrünnigen Kreisverband also wieder unter Kontrolle. Die «Antifa Lausitz» hat beobachtet, dass die «Aktivitäten der Partei» in letzter Zeit «deutlich stärker geworden sind». Hiekischs Mitarbeitergehalt aus der Staatskasse zahlt sich also unmittelbar aus für den Kreisverband Görlitz/Niederschlesien – Oberlausitz. Die meisten Mitarbeiter, auch die Abgeordneten der anderen Parteien, findet er «faul». Wie sieht sein normaler Arbeitstag in der Fraktion aus? «Ich fange so gegen vier, fünf Uhr morgens an und höre gegen 20 Uhr auf.» Nach ein paar Minuten ist klar, dass es bei diesem Gespräch einiger Abstriche bedarf.

Auf jeden Fall hat Storr Hiekisch im Kopf, wenn er an die halbe Stelle für einen Fraktionsgeschäftsführer im Kreistag denkt («Halbe Stelle, rund um die Uhr für die Partei im Einsatz …»). «Früh fange ich meistens mit der Presseschau an, dann werden Gesetze vorbereitet, am längsten habe ich für die Hartz-IV-Revision gebraucht, dort herauszuarbeiten – aus was besteht eigentlich Hartz IV?» Hiekisch fertigt Munition für den NPD-

Wahlkampf. Nichts anderes. Schließlich hat Hartz IV mit Landespolitik nur bedingt zu tun.

Von Beruf ist er Elektromonteur, nach der Wende geht die Firma pleite. Dann kommt lange nichts, dann ein Fernstudium der Betriebswirtschaft, Arbeitslosigkeit, '97 tritt er in die NPD ein. Wie die meisten, die östlich von Göttingen rechtsextremistisch wirken, findet auch Hiekisch die DDR ganz gut. Zumindest hat er diesen Staat erlebt, behauptet aber, dass er auch damals «schon gegen den Strom geschwommen» sei. Lange Haare, Heavy Metal, kein Bock auf «die Fahne».[45] Hiekisch, Jahrgang '70, ist ein Nörgler, ein Jammernazi wie Kalle Bader. Sie schöpfen ihre Motivation aus der Unzufriedenheit, anders als bei Bader kommt bei Hiekisch wohl noch eine gewisse Profilierungssucht dazu.

«Hunde, zur Not helfen böse Hunde.» Inzwischen fahren wir im zwanzig Jahre alten weißen VW-Bus, an den Türen kleben große NPD-Schilder, auf dem Dach ist eine Lautsprecheranlage montiert, Hiekisch sitzt am Steuer. Der Mann mit der blonden Busfahrerfrisur redet über nächtliche Patrouillen gegen die «Plakatabreißkommandos der Linken», die andauernd NPD-Plakate abreißen, «unter Einsatz von technischen Hilfsmitteln». Leitern und Seitenschneider. Er muss die Stimme heben, weil der Motor dröhnt. Wenn sie's auf die Spitze treiben, dann beschwert Hiekisch sich schon mal, natürlich informell. «Dann nutzt man Wege der Verständigung mit den Verantwortlichen der anderen Seite.»

«Wir unterhalten uns über eine Telefonnummer, die in diesem Land nicht gehostet ist. Das ist der große Vorteil an der Grenznähe: Ich kann auch ein Telefon mit einem tschechischen und einen polnischen Anbieter benutzen.» In Hiekischs Welt ist alles höchst konspirativ, vor allem seine Sprache. Als Webmaster des Kreisverbandes berichtet er von «israelischen Elektronikfirmen, die regelmäßig auf unsere Internetseite zugreifen. Wer sollte das schon anders sein als der Mossad?» Der Kreisverband im Visier ausländischer Geheimdienste. Wir verlassen Görlitz, Hiekisch schaltet in den vierten Gang; jetzt entspannt er sich, scheint fast vergnügt, wie auf einer Ausflugsfahrt bei bestem Wetter. Er kurbelt die Scheibe runter, die Haare flattern im Fahrtwind.

«Gedacht war dieser Bus als mobiles Ansprechbüro, Ideengeber dabei war die Polizei, die damit auf den Marktplätzen und Fußgängerzonen steht.» Längst schickt die NPD ihre Funktionäre dorthin, wo die Wähler sind. Auch im Erzgebirge ist sie mit einem Lautsprecherwagen im Kommunalwahlkampf unterwegs. Aufwand und Kosten sind gering, die Wirkung ist groß.

Links geht es nun nach Osteritz ab. Hiekisch schaltet runter, Tempo 30. Plakate hängen hier keine an den Laternen, dafür wieder aufgeschnittene Kabelbinder. «Die sollten heute Abend wieder aufgehängt sein. Am Ortseingang wohnen NPD-Mitglieder, bei denen ich nachher einen Stapel Plakate vorbeibringe.» Der Fahrer schaltet das Tonbandgerät ein, zündet sich eine Kippe an, nimmt einen Lungenzug und lehnt sich zurück. Jetzt hört er nur noch der Männerstimme zu. «Achtung, Achtung, hier spricht die EnPeDe. Parteien: vaterlandslos, Versprechen: wertlos, Politiker: charakterlos, Diäten: schamlos.» Dann einer Frauenstimme: «Es muss sich was ändern, am 8. Juni EnPeDe wählen – der Osten wählt deutsch!» Mit diesem wiederkehrenden Slogan beschallt er hier die Dörfer, Straßen und Menschen.

«Ich fahr mit dem Bus auch durch Hirschfelde», wo er wohnt. «Es geht ja darum, bekannt zu sein, Gesicht zu zeigen. Überall, wo ich bislang gewohnt habe, habe ich zuerst unser eigenes Werbematerial verteilt.» Hiekisch ist mit Antje verheiratet; sie haben zwei Kinder, das dritte ist unterwegs. Auch seine sieben Jahre jüngere Frau kommt aus der nationalen Bewegung, 2002 hat sie hier für den Bundestag kandidiert, bei dieser Kommunalwahl wird sie hinter Andreas Storr in den Kreistag einziehen. Und bei den nächsten Landtagswahlen winkt ihr ein guter Listenplatz für den Landtag. Antje & Torsten wären dann so etwas wie ein Traumpaar der NPD, lokal verwurzelt, ideologisch gefestigt und abhängig vom Segen des sächsischen Fraktionsvorsitzenden. Für diese Art der Familienplanung dreht Hiekisch seine Runden mit dem Lautsprecherwagen. «Ich arbeite nicht für Umfrageergebnisse – sondern für Visionen», ein anderes wichtiges Wort in der NPD. Ihre Strategie erinnert ein bisschen an das Brettspiel «Risiko», bei dem es darum geht, möglichst viele Regionen der Welt mit den Farben der eigenen Armee zu besetzen. Als bezahlter Fraktionsgeschäftsführer der NPD im Kreistag könnte er seine Stelle in Dresden freimachen – für den nächsten Aktivisten, der von dort aus eine freie Fläche im Land beackern könnte.

Mann: «Achtung, Achtung, hier spricht die EnPeDe. Parteien: vaterlandslos, Versprechen: wertlos, Politiker: charakterlos, Diäten: schamlos.» Frau: «Es muss sich was ändern …», diesen Halbsatz aus dem Lautsprecher nimmt Hiekisch auf. Eine junge Frau mit Kinderwagen geht über den Gehsteig, Hiekisch winkt, greift mit der Rechten zum Mikrofon, das neben dem Fahrersitz liegt, und ruft ihr über Lautsprecher zu: «So kann's doch nicht bleiben!» Die Szene hat eine gewisse Situationskomik. Hiekisch erinnert an den alternden Discjockey einer Dorfdiskothek, der seine Platten durchs Mikrofon anmoderiert, um sich vor der weiblichen Landjugend zu präsentieren. Fehlt nur noch, dass er jetzt die DDR-Rocker «Puhdys» ins Kassettendeck haut. Stattdessen läuft die Parteischleife unaufhörlich weiter.

Hiekisch antwortet tatsächlich auf den unausgesprochenen Gedanken an das Dorffest. Wahrscheinlich war der Kinderwagen der Impuls, um über seine «Vision einer Volksgemeinschaft» zu reden. Er nimmt jetzt Fahrt auf. Vor dem nächsten Dorfeingang stehen braun gescheckte und schwarz gescheckte Kühe auf einer Weide. «Gucken Sie mal, die schwarzen Kühe hauen ab, die braunen bleiben stehen, wenn wir kommen», Hiekisch lacht jetzt lauthals. In Kiesdorf nehmen wir einen Jugendlichen auf, der für die NPD Plakate klebt. Unterwegs zeigt er stolz, welche Plakate er geklebt hat. Hiekisch nimmt ihn ernst. Es ist ein Gespräch unter Männern, Altersunterschiede gibt es bei der NPD nicht, der tatsächlich jüngsten Partei Deutschlands.

«Hier muss man kaum noch jemanden überzeugen, NPD zu wählen, hier haben wir immer ein ordentliches zweistelliges Ergebnis.» Ein paar Meter weiter steht der Widerstand. Eine alte Dame mit einem Kleinkind an der Hand zeigt Hiekisch einen Vogel; der greift belustigt zum Mikro: «Oma, aber doch nicht vor deinem Enkel!», und dann in Richtung Rückbank: «Na ja, ich habe ja nicht von 100 Prozent Zustimmung gesprochen.» Der Kiesdorfer Jugendliche bringt Hiekisch aufs Laufende, erzählt den neuesten Dorftratsch. Drei Dörfer weiter steigt er wieder aus. Vorher geht es aber noch an dem Haus der grünen Landtagsabgeordneten Astrid Günther-Schmidt vorbei. «Die wollen wir mal ein bisschen ärgern und mit der NPD beschallen.» Wieder lacht der Mann am Steuer, als er die Lautstärke hochfährt. Die Frau, die in dem Haus an der Straßenecke wohnt, ist den Ärger von rechts wohl gewohnt.

Astrid Günther-Schmidt hat einmal einen Drohbrief in Runenschrift bekommen, da war sie noch Lehrerin in einer Berufsschule in Zittau. Dem Buchautor Toralf Staud[46] erzählte sie vor einigen Jahren, dass sie die Einzige gewesen sei, die sich den rechten Jugendlichen entgegengestellt habe, nachdem sie 1999 aus dem Westen hierherkam. «Einem Jungen habe ich einen Button mit Hakenkreuz abgenommen. Der sagte zu mir, bevor ich kam, hätte er sich das Hakenkreuz auf die Stirn tätowieren können.»

Auch der Junge in dem VW-Bus hat gelacht – über den Lärmangriff auf Frau Günther-Schmidt. Ein paar Minuten später lässt Hiekisch ihn raus. Dann sagt er, dass er mit diesen Fahrten vor allem auch die eigenen Leute in den Dörfern motivieren könne. Es bestätigt sie, wenn ihre Partei Präsenz zeigt.

Düdüdüdüdü … Mann: «NPD wählen, den schwarz-roten Versagerparteien Dampf machen.» Frau: «Jede Stimme für die NPD – eine Stimme gegen den Volksbetrug.» – Düdüdüdüdü – Mann: «NPD wählen – das Gegengewicht zu den antideutschen

Versagerparteien». Düdüdüdüdüdü – Frau: «Jede Stimme für die NPD – eine Stimme für Klartext und klare Standpunkte im Kreistag.»

In diesen Dörfern hier sind nur wenige Menschen unterwegs. Aber in der ländlichen Stille ist der NPD auch die Aufmerksamkeit hinter den Gardinen gewiss. Nun erzählt Hiekisch, dass die NPD von einer Freiwilligen Feuerwehr aus der Gegend «massiv unterstützt» werde, welche das ist, will er aber nicht verraten. Die Beschallung läuft weiter: «… es muss sich was ändern, Düdüdüdüdü», wieder nimmt Hiekisch das Mikro zur Hand und ruft einem Mann im Unterhemd zu, der im Vorgarten steht: «Stimmt doch, oder?» – der Mann winkt dem VW-Bus zu, von der anderen Straßenseite nickt eine Frau und lächelt.

Am Tag nach der Kommunalwahl werden sich viele Redaktionen auf das Dorf Reinhardtsdorf-Schöna in der Sächsischen Schweiz stürzen. 25 Prozent NPD. Die größte vermittelbare Zahl, die jetzt mit der NPD in Zusammenhang gebracht werden kann. Jeder Vierte wählte in Reinhardtsdorf-Schöna NPD, wo der Gemeinderat und Heizungsbauer Michael Jacobi «wahrscheinlich 80 Prozent der Leute die Heizung eingebaut hat».[47] Ein anderer Mandatsträger, Mario Viehrig, der in die Statistik von Hartmut Kriens Kommunalpolitischer Vereinigung eingeht, «hat bisher keine Probleme, seine Urlaubsappartements vollzukriegen».[48] Auch anderswo in der Sächsischen Schweiz gehören NPD-Aktivisten zu den Aktiven im Dorf: «21,1 % für die NPD – hier macht man Urlaub», wirbt Familie Steglich in der «Deutschen Stimme», und Fahrschullehrerin Carmen Steglich präsentiert hier ihre «Fahrschule bei Kameraden». In der Sächsischen Schweiz verlief der Wahlkampf wie im neuen Landkreis Görlitz, gesteuert aus der Landtagsfraktion, angeführt von einem ihrer Mitarbeiter, Olaf Rose.

Für Hartmut Krien ist es eine erfolgreiche Zeit. Der sanft sächselnde Mathematiker zieht Bilanz: «Rückblick auf die Jahrtausendwende: Da konnte man an den Fingern von zwei Händen die Kommunalpolitiker abzählen. Es gab die Hochburg in Mittelhessen, es gab Helmstedt und ein paar einzelne Mandate in Sachsen. Seitdem ging es aufwärts mit Wahlerfolgen auf der unteren Ebene. Es fing an 2003, dort wurde das erste Mal richtig gepunktet, im Saarland, bei der Kommunalwahl in Mecklenburg-Vorpommern und in Sachsen 2004. In Dresden wurde die erste Landeshauptstadt geknackt, nicht nur mit einem, sondern wir zogen gleich zu dritt ein. Das war gewissermaßen die Steilvorlage für die Landtagswahl. Und dann ging es weiter: 2005 haben wir Stück für Stück in Niedersachsen die Kreise besetzt. Und dann natürlich der Paukenschlag in Berlin, wo wir mit elf Leuten in drei Parlamenten in Fraktionsstärke und mit zwei Personen in Neukölln eingezogen sind. Wir sind danach fast flächendeckend in Sachsen-Anhalt in die Kreistage eingezogen, und die Münchner Presse hatte im Frühjahr nur ein Thema: Um Gottes willen! Karl Richter sitzt im Münchner Stadtrat, und es gibt nunmehr zwei Sitze in Nürnberg.

In Sachsen sind wir flächendeckend kommunal angetreten. Das ist eine Leistung, die andere im Bundestag vertretene Parteien nicht geschafft haben [Anm. d. Verf.: die FDP und die Grünen]. Weiteres Wachsen ist angesagt. Die Presse überschlägt sich ja gegenwärtig damit, was in Thüringen passieren wird. Und im Superwahljahr werden wir in Sachsen die dritte Ebene besetzen. Landtag, Kommunal und dann die Gemeinden und kleineren Städte (…). Seit der Jahrtausendwende haben wir nirgendwo irgendetwas eingebüßt. Aber wir haben uns vervielfacht. Heute gilt, und das möchte ich auch für den letzten Winkel Deutschlands unterstellen: wo wir antreten, da ziehen wir ein.»[49]

Der Landratskandidat Andreas Storr kommt bei dieser Kommunalwahl in Sachsen auf 7,8 Prozent. Und das, obwohl ihn in Görlitz fast niemand kennt. Ein paar Wochen später zieht er «in Fraktionsstärke» zusammen mit fünf weiteren Abgeordneten in den neuen Kreistag ein. Die NPD hat wieder einen Fleck auf dem Brett ihres Strategiespiels neu besetzt.

LESERBRIEF VON DER NPD

Viele Journalisten haben Probleme im Umgang mit Rechtsextremisten. Die Branche ist verunsichert, deshalb blenden viele Redaktionen die NPD schlicht aus. Dabei gehört sie immerhin zur parlamentarischen Wirklichkeit.

Die meisten Leute im großen Saal von Schloss Hartenfels in Torgau haben nicht vor, sich ihren Festtag von den Herren der NPD vermiesen zu lassen. Durch die großen Fenster tauchen weiche Sonnenstrahlen die Tischreihen in ein feierliches Licht. Der Landrat trägt ein weißes Einstecktuch zum schwarzen Anzug. Und 77 Abgeordnete zeigen der rechtsextremen NPD die rote Karte – mit der Aufschrift «Nein». Zuvor hatte der 56-jährige Steffen Heller, seit einem Vierteljahr NPD-Mitglied, bei der ersten Parlamentssitzung seines Lebens den Antrag gestellt, die Mindestzahl der Abgeordneten für den Fraktionsstatus von fünf Abgeordneten auf vier herunterzusetzen. Mit Schweiß auf der Stirn und zittriger Stimme. Nur seine eigenen Leute stimmen mit der grünen Karte: «Ja».

Vier Stimmen hat seine Partei im neu gewählten Kreistag von Nordsachsen. Die demokratischen Parteien des Kreises hatten sich vor Wochen schon auf fünf Abgeordnete verständigt. Informell gilt die Formel «NPD plus ein» als Regel für die Mindestfraktionsgröße in den sich konstituierenden sächsischen Kommunalparlamenten der neu zugeschnittenen Landkreise. Kein Fraktionsstatus für die Rechtsextremisten.

Der Ältestenrat darf also ohne Heller auskommen, die Einflussmöglichkeit der NPD im Kreistag ist begrenzt. Heller schmollt, führt andere belanglose Abstimmungen herbei, und das Abstimmungsritual mit den roten und grünen Karten wiederholt sich in gleicher Form zigmal. Die NPD blockiert. Abgeordnete, Besucher und Presse tuscheln, weil sie genervt sind. Vereinzelt wird in der «Torgauer Zeitung» geblättert, die am Eingang verteilt wurde. «Für den Fall, dass es ein bisschen langweilig wird.» Thomas Stöber, der hinter dem Schild mit der Aufschrift «Torgauer Zeitung» sitzt, fragt halblaut: «Und diese Unfähigkeit zur Demokratie sollen wir etwa nicht abbilden?»

Im Landkreis Nordsachsen hat die NPD keine parlamentarische Erfahrung, das ändert sich ab heute. Vorab hatte Heller in einem Leserbrief des NPD-Kreisverbandes über die allgemein vereinbarte Erhöhung des Sitzungsgeldes gewettert. Das macht die NPD überall, es gehört zur populistischen Strategie. Und weil die «Torgauer Zeitung» diesen Leserbrief abgedruckt hat, versteht Chefredakteur Stöber die Welt nicht mehr. Genauer gesagt: wegen des heftigen Medienechos, das dieser NPD-Veröffentlichung folgte. Mangelnde Distanz zu den Rechtsextremisten wird der «Torgauer Zeitung» überregional vorgeworfen. Stöber versucht den Einwand in einer Sitzungspause zu entkräften.

Da steht er also: die Hände über dem Bauch gefaltet, der das gelbe Hemd spannt. Ein ergrauter Vollbart umrahmt ein freundliches rundes Gesicht. Aus dem ehemaligen DDR-Sportjournalisten ist ein bürgerliches Format geworden, mit reichlich Gewicht im lokalen Leben. «Wir haben hier nach der Wende einiges aufgebaut.» Um Arbeitsplätze gekämpft, den beliebten Elberadweg angelegt, das Schloss saniert. Auf all das ist Stöber stolz. Ganz sicher fehlt ihm ein bisschen die Distanz zu alle dem. Mit dieser Kritik könnte er sicher leben. Aber mangelnde Distanz zur NPD? Was da jetzt läuft, sei eine «Hexenjagd», «regelrechten Verhören» sei er nun ausgesetzt, «wie von der Stasi». «Und das von Kollegen, das müssen Sie sich mal vorstellen.» Durch diese Art der Berichterstattung würden die Gräben zwischen Ost und West doch nur weiter aufgerissen. So denken viele hier.

Stöber ist empört. «Wenn der NPD-Leserbrief nicht im Internet gestanden hätte, wäre die Sache überhaupt kein Thema.» Dann hätte sie Nordsachsen niemals verlassen. «Denn hier interessiert das nicht, nur in westdeutschen Großstädten.» Dort, wo die Redaktionen sitzen, die nun über Stöber, seine «Torgauer Zeitung» und über die NPD berichten. In seinem wöchentlichen Kommentar, der «Chefsache», schreibt er schließlich, dass die NPD im Torgauer Kreistag ein Fakt sei. «Der, will man nicht alte Meinungsmonopole und die Zensuren aus uns allen noch bestens bekannten Zeiten wieder einführen, nicht durch Ignoranz aus der Welt zu schaffen ist.»

Ein bisschen westdeutsche Großstadt ist die «Torgauer Zeitung» allerdings auch. Ihren Mantelteil bezieht sie von der «Leipziger Volkszeitung», die wiederum zur Hälfte der Madsack-Gruppe aus Hannover gehört, zur anderen Hälfte dem Axel Springer Verlag, mit dem die TZ wirtschaftlich verbunden ist. Aber hier in Torgau zählt nicht Springer, hier zählt Stöber. Die achtköpfige Redaktion hört auf sein Kommando. Täglich kommen 12 000 Zeitungen aus der Rotation. Der Chef hält den Laden am Laufen, überreicht eigenhändig die Torjägerkanone in der Kreisliga. Stöber ist Deutschland.

Und zwar in jenem Teil des Landes, in dem auch die NPD eine gewisse Rolle spielt. Bei der Landtagswahl vor vier Jahren hatte er den späteren NPD-Landtagsabgeordneten Jürgen Gansel im Leserforum, einer Podiumsdiskussion zur Wahl. «Den haben wir auseinandergenommen, die Leute haben ihn ausgelacht», behauptet Stöber. «Mit diesen Eingeflogenen werden wir schon fertig, die haben ja keine Ahnung von der Gegend.» Auf den Rheinländer Gansel trifft diese Einschätzung zu. Der ringt immer dort für die NPD um Stimmen, wo es der Partei gerade passt. Zur Kommunalwahl trat er als Landrat im Landkreis Meißen an und beschäftigt sich auch dort am liebsten mit seiner allgemeinen Globalisierungskritik. «Schlimmer sind die NPD-Leute von hier, die aus irgendwelchen Bürgerforen kommen und die lokalen Probleme kennen. Mit denen umzugehen ist viel schwieriger.»

Heller ist so einer. Er kommt vom Bürgerforum aus der zweiten wichtigen Stadt im Kreis, aus Oschatz, hat früher Montagsdemos gegen Hartz IV organisiert, war Mitglied der rechtsradikalen Republikaner, die er schließlich verlassen hat. «Weil die bloß Steigbügelhalter der CDU sind. Das entspricht nicht den Interessen des deutschen Volkes.» Die Republikaner wiederum kündigten an, mit der DSU (Deutsche Soziale Union), einer regionalen rechtspopulistischen Splitterpartei, eine gemeinsame Liste bei den Landtagswahlen im kommenden Jahr zu stellen. Hier im Kreistag hat sich die DSU hinter ihren Fraktionsvorsitzenden Gotthard Deuse gescharrt. DSU und FDP bilden eine gemeinsame Fraktion, und Deuse ist hauptberuflicher Bürgermeister der FDP. In Mügeln. Als solcher hat er bundesweit Furore gemacht, nach den gewaltsamen rassistisch motivierten Übergriffen auf eine Gruppe Inder im Jahr zuvor. Deuse gilt als Verharmloser. Er passt ins Bild, das die Torgauer Zeitung in den «westdeutschen Großstädten» von der Gegend hinterlässt. «Wir können diese Partei nicht ausgrenzen, sie muss eingeladen werden, damit wir uns mit ihr auseinandersetzen können», sagt Deuse – in der TZ. Ausgrenzung wirke sich immer negativ aus. Er selbst wurde bei der Kommunalwahl als Bürgermeister im Amt bestätigt. Das Mediengewitter um seine Person hat ihm politisch nicht geschadet. Vielleicht hat es ihm gar genutzt. Experten sprechen von einem Solidarisierungseffekt derer, die sich selbst in der Opferrolle – also ausgegrenzt – fühlen. Und das sind im Osten nicht nur die NPD-Wähler. Deuse hatte immer wieder an Sebnitz[50] erinnert, an den Medienskandal, die Hatz auf eine Kleinstadt nach einer angeblichen rassistisch motivierten Gewalttat. «Sebnitz» ist hier ein Symbol – für die Ausgrenzung aus Richtung Westen. Die NPD benutzt es gerne und oft. Mit Erfolg.

Nun also ist sie zum ersten Mal flächendeckend in die Kreistage eingezogen. In diesem Teil Deutschlands geht die langfristige Strategie der Partei auf. Heller und seine Leute sollen den Boden für den Wiedereinzug in den Landtag bei den Wahlen im kommenden Jahr bestellen. Längst ist die NPD hier gesellschaftliche Wirklichkeit, sodass sich Journalisten fragen müssen, wie sie mit diesem Phänomen umgehen sollen. Der WDR-Talkshowmoderator Frank Plasberg («Hart aber fair») sagte nach der Landtagswahl 2004, als die NPD in Fraktionsstärke in den Sächsischen Landtag einzog: «Zum jetzigen Zeitpunkt jazzen wir hier ein Journalistenthema hoch, von dem man lieber die Finger lassen sollte.»[51]

Steffen Grimberg sieht das ganz anders. «Man kann von diesem Thema nicht mehr die Finger lassen – auch wenn man immer wieder Fehler macht», sagt der Medienredakteur der Berliner «tageszeitung» (taz). So wie einst Friedrich Küppersbusch, der bereits 1990 als Moderator des WDR-Fernsehmagazins «ZAK» versuchte, den Vorsitzenden der Republikaner, Franz Schönhuber, bloßzustellen. Oder Erich Böhme, der zehn Jahre später daran scheiterte, den österreichischen Rechtspopulisten Jörg Haider in seiner Talksendung zu entzaubern. Der Einzige, dem es gelang, einem führenden Vertreter der extremen Rechten in einer Livesituation so zu begegnen, dass dieser keinen zusätzlichen Nutzen – als Medienopfer – daraus zog, war Claus Strunz, inzwischen Chefredakteur beim «Hamburger Abendblatt.» Als Moderator der eigenen Talkshow «Was erlauben Strunz»[52] hat er im Duo mit dem SPD-Politiker Peter Glotz durch beharrliches Nachfragen und Ausredenlassen den NPD-Vorsitzenden Udo Voigt zumindest um den Mitleidseffekt gebracht. «Wo Parteien wie die NPD und DVU in den Landesparlamenten sitzen, muss man sich damit auseinandersetzen», sagte Strunz im Rückblick auf seine Sendung.[53]

Nicht so wie Bettina Schausten, deren Verhalten die «Neue Züricher Zeitung» zu Recht als «Blamage» kommentierte:

«Wann sagen Sie den Wählern, dass Sie eigentlich Neonazis sind?», fragte unerhört forsch die Leiterin der ZDF-Redaktion Innenpolitik die NPD-Charge (Holger Apfel) und erhielt die einschlägig erwartbaren Phrasen zur Antwort, was dem Politiker einen wunderbaren Abgang im Krawall verschaffte. Über diese Szene freut sich Holger Apfel noch heute, weil sie ihm bei seiner Klientel Punkte einbrachte.

Steffen Grimberg sah die Interviewsituation Schausten-Apfel damals gar bissig als einen «Fall für den Presserat». Im Gespräch räumt er ein, dass «es ungleich schwieriger ist, diesen Leuten in der Livesituation zu begegnen als in einem Zeitungsartikel.» Sogar auch die Schweizer Beobachter zeigten Verständnis für die besondere Fernsehlage: «Der Fairness halber sollte allerdings nicht vergessen werden, dass die schreibende Presse, die ihre antifaschistischen Schlachten vor allem am Schreibtisch schlägt, in einer ungleich komfortableren Lage ist als das Fernsehen, das die Konfrontation mit den politischen Outcasts live und unter hohem Reaktionsdruck auszuhalten hat.» Steffen Heller jedenfalls wäre ein leichtes Opfer für jeden übermotivierten Fernsehinterviewer. Der Mann stammelt, stottert und nuschelt vor Aufregung, selbst wenn keine Kamera dabei ist.

Es sind aber nicht die Journalisten in den stimmungsvoll ausgeleuchteten Fernsehstudios, die sich täglich hinterfragen müssen, wie sie mit Rechtsextremisten umgehen. Es sind Lokalredaktionen wie die «TZ», die personell am Anschlag arbeiten. Das weiß die NPD, so wie es auch all die anderen Parteien wissen, die ihre Verlautbarungen an überforderte Redaktionen schicken, in dem Wissen, dass die jeden Tag ihre Seiten füllen müssen. «Sicher hatte an diesem Tag ein Praktikant Dienst», kommentiert Andreas Storr süffisant die NPD-Mitteilung, die als Leserbrief den Weg in die «TZ» fand. Er ist Pressesprecher des NPD-Landesverbandes und nun selbst frisch gewählter Kreisrat in Görlitz. Dort wäre das mit dem Leserbrief ganz sicher nicht passiert. Denn in Görlitz erscheint die «Sächsische Zeitung», bei der die NPD keine Chance hat.

Chefredakteur Uwe Vetterick will ihr «kein Forum bieten». Das hat die NPD sogar schriftlich – von offizieller Stelle. Nach einem Urteil des Landgerichts Dresden kann die NPD-Fraktion aus dem Sächsischen Landtag keine Berichterstattung über ihre parlamentarische Arbeit erzwingen. Ihre Klage gegen die «Sächsische Zeitung» wurde abgewiesen (Az: 3 O 3466/07). Der verhandelte Sachverhalt hatte eine Landtagsdebatte über eine Diätenerhöhung zum Thema. Die Haltung der NPD blieb in dem Artikel der Zeitung unberücksichtigt – deshalb verlangte sie eine nachträgliche Berichterstattung über ihre Position.

Ein Anwalt der Zeitung bestätigte vor der Verhandlung in einem Interview, dass die Redaktion bewusst auf die Veröffentlichung der NPD-Position zur Diätenerhöhung verzichtet habe. Die NPD habe ihre übliche populistische Hetze gegen die, wie sie sagen, ‹Politikerabzocke› verbreiten wollen. Man verstehe sich bei der «Sächsischen Zeitung» nicht als Mitteilungsblatt der NPD: «Wir setzen uns sehr wohl mit der NPD auseinander. Es ist aber ein großer Unterschied, ob ich als Journalist selbst berichte, oder ob ich der Partei unreflektiert ein Forum biete, in dem sie sich verbreiten darf». Die Parallelen zur NPD-Mitteilung in der «Torgauer Zeitung» sind offenkundig, aber bei der «SZ» findet die NPD-Masche keine Verbreitung. Es war wohl eine Torheit der NPD, diese Klage überhaupt anzustrengen. Oder auch nicht? Denn seither verstärkt sie nachweislich ihre Bemühungen, sich als Medienopfer darzustellen. Die Fraktion hatte auch stellvertretend für die Gesamtpartei geklagt. «Für uns hier wäre eine Klage viel zu teuer, die Fraktion in Dresden verfügt ja über ganz andere Mittel», sagt etwa Klaus Beier, Landesvorsitzender in Brandenburg.

Er hatte das Urteil mit Spannung erwartet, denn «hier sieht es ja nicht anders aus. Die ‹Lausitzer Rundschau› oder die ‹Märkische Oderzeitung› ignorieren uns auch.» Als Kreisrat im

Landkreis Oderspree sitzt Beier schon seit Jahren in der Heller-Position. Aber seine Leserbriefe sowie die Mitteilungen aus seinem Kreisverband bleiben bei der Lokalredaktion der MOZ («Märkische Oderzeitung») in der Kreisstadt Beeskow ebenso unberücksichtigt, wie der NPD-Wahlkampf bei der diesjährigen Kommunalwahl. Auch die Leserforen der «Sächsischen Zeitung» zur Kreistagswahl fanden ohne die NPD statt, ebenso die Sonderseiten, auf denen sich die Landratskandidaten vorstellen konnten. Dafür will Vetterick sich auch nicht rechtfertigen müssen, schon gar nicht in einer von außen geführten Mediendebatte. «Wir sind nur unseren Lesern verpflichtet. Niemandem sonst.» Bleibt die Frage, ob die in Teilen nicht auch der Neonazi-Partei anhängen. Nur aus den Reihen der NPD selbst sei Protest gekommen, sagt Vetterick. Kein Leser habe sich beschwert.

Thomas Stöber aus Torgau kennt seine Leser ziemlich genau. Er weiß, dass von denen auch einige die NPD wählen, «schließlich stecken die genauso in den hiesigen Vereinen wie alle anderen auch». Ob er Angst hat, sie als Leser zu verlieren? «Die, die NPD wählen, sind doch keine Nazis, die Heil Hitler rufend hier durch die Stadt laufen. Das sind Leute, die seit zwölf Jahren arbeitslos sind und umherirren. Von dem Nächsten, der sie in den Arm nimmt, lassen sie sich dann drücken.» Und wenn es die NPD ist. Für Stöber steht fest, dass es einen Zusammenhang gibt zwischen der Ausgrenzungsstrategie des «Totschweigens» und den deutlich höheren NPD-Wahlergebnissen im Erzgebirge, der Sächsischen Schweiz oder im Landkreis Görlitz. In ihren Hochburgen würde sich die NPD aus der Opferrolle nähren. Demnach würde der NPD die Haltung dieser Redaktionen also nutzen.

Auch der «Nordkurier», die große Zeitung Vorpommerns, gibt der Partei durchgehend «keine Plattform». Nur dort ist die NPD ähnlich stark wie in der Sächsischen Schweiz. Beweise für einen ursächlichen Zusammenhang zwischen medialer Ausgrenzung und Wahlerfolgen gibt es keine. Umgekehrt aber auch nicht. Stöbers diesbezügliche Annahme schmeckt nach Verteidigungshaltung. Eine fundierte Gegenprobe brächte wohl einen tatsächlichen Erkenntnisgewinn.

«Unangemessen» findet es Steffen Grimberg, wie Redaktionen allgemein mit dem Thema Rechtsextremismus umgehen. Natürlich, am Tisch des entspannten «taz»-Cafés in der Kreuzberger Rudi-Dutschke-Straße lässt sich gut über Neonazis reden, bei einer Tasse fair gehandelten Kaffees zwischen Menschen, die sich in einer Sache gänzlich einig sind: in der Ablehnung von Rechtsextremismus, Rassismus und Geschichtsrevision. Es ist eine Insel hier auf dem sanften Teppich der Weltmusik. Menschen, die aus dem Regen hereinkommen, sagen: «Hallo, du», «na» – und reden dann zum Beispiel über die vegetarische Mittagskarte. Grimberg gehört zu den Journalisten aus den «westdeutschen Großstädten», die in dieser Woche die Nummer von Thomas Stöber gewählt haben. «Aber wider Erwarten gehörte der nicht zu den Schlimmen», hatte der Chefredakteur gestern in Torgau noch erzählt. Bei der «taz» habe man das Problem «ein bisschen» verstanden.

Deren Redakteur Steffen Grimberg jedenfalls weiß, wovon er spricht. Seit Jahren schreibt er immer wieder über den medialen Umgang mit der extremen Rechten. Gleich nach der Wende hatte er zwei Jahre lang in Weimar bei der «Thüringer Allgemeinen» den Beruf des Redakteurs gelernt. Zu einer Zeit, als eine Welle der rechten Gewalt über die neuen Bundesländer hereinbrach. «Es ist ja ein Tabuthema, das man nur anrührt, wenn es sein muss – bei den ostdeutschen Regionalzeitungen muss es sein. Vor allem in den Lokalredaktionen, weil die Bewegung und ihr parlamentarischer Arm dort schon etabliert sind.» Schwierig sei es aber immer dann, wenn es an der Einsicht fehlt, dass der Rechtsextremismus ein fester Bestandteil der Gesellschaft ist.

Immerhin gesteht Stöber ein, es sei falsch gewesen, diesen Leserbrief nicht redaktionell kommentiert zu haben. Das war sein Fehler. Uwe Vetterick spricht von «Einrahmen», Äußerungen der NPD müssten stets «eingerahmt» werden, erläutert, um ihr die demagogische Wirkung zu nehmen. Das sei wohl der richtige Weg.

Indes freut Stöber sich schon auf den nächsten sächsischen Landtagswahlkampf. Dann wird er die NPD wieder einladen, «dann zeigen wir, dass die nichts können». Vielleicht sind dann auch ein paar Kollegen aus «westdeutschen Großstädten» dabei. Um darüber zu berichten, ob Stöber recht hat. Ist ja gut möglich.

Michael Schäfer kann etwas: nämlich mit einzelnen Journalisten umgehen, die verunsichert sind. Gleich nach seiner Wahl zum Vorsitzenden der NPD-Jugendorganisation JN konnte er sich über ein sehr wohlwollendes Porträt der in Halle erscheinenden «Mitteldeutschen Zeitung» freuen. Das fiel vielleicht deshalb wie eine Hommage aus, weil Schäfer selbst einige Änderungen eingearbeitet hatte. Denn der forsche Student lässt sich die Autorisierung seiner Zitate vor dem Recherchegespräch per Formblatt schriftlich zusichern. Am liebsten hätte er gleich den ganzen Text zur Vorlage. Denn das erhöht die Möglichkeit nachträglicher Manipulationen und kann im Ergebnis zu dem verniedlichenden Porträt «Liebe auf den zweiten Blick» geführt haben. Schäfer durfte dem Journalisten offenbar den erwünschten Inhalt in den Block diktieren – denn kritische Worte zu der Ideologie des Neonazis und seiner Rolle bei der «Wernigeröder Aktionsfront» suchte der Leser vergeblich.[55]

Vielleicht hatte der Autor des Textes auch schlicht keine Ahnung von der Verbürgerlichungsstrategie der NPD; bei einer Zeitung, die in Sachsen-Anhalt erscheint – einer Hochburg der Kameradschaftsbewegung, aus der auch Michael Schäfer kommt –, ist das fatal. Denn «die Auseinandersetzung mit den Rechtsextremisten setzt in der Tat voraus: Wissen, Wissen, Wissen!» Der das sagt, ist der Publizist Michel Friedmann, Rechtsanwalt und ehemaliger Vizepräsident im Zentralrat der Juden. Seit Jahren tritt Friedmann für die offene Auseinandersetzung mit Rechtsextremisten ein: «Was man aber nicht machen darf, ist, die eigene Position in der Moralität in die Berichterstattung einführen. Das ist oft der Beweis dafür, dass man sich selbst für zu schwach hält, aus dem Bericht an sich die Kraft zu schöpfen. Dass der Leser, der Zuschauer, der Zuhörer merkt, das ist einfach Bullshit und gefährlich, was wir hier abbilden.»[56]

Dann erst komme der NPD auch ihre Opferrolle abhanden, die sie überall in der Provinz vorträgt. Etwa im Märkischen Kreis, im Sauerland, wo sie darüber jammert, dass kein Journalist ihrer Einladung zur Eröffnung eines Kreisbüros gekommen sei. «Die Kreistags-NPD ist offensichtlich einer Medienblockade unterworfen, ähnlich wie die NPD-Landtagsfraktionen in Sachsen und in Mecklenburg-Vorpommern», heißt es in der «Landesstimme-NRW», dem regionalen Mitteilungsblatt der NPD. Dann kommt noch der Vergleich mit der «gleichgeschalteten Systempresse in der ehemaligen DDR» – und schließlich die Warnung: «Daher ist die NPD-Kreisgruppe bestrebt, eigene Publikationen zu erstellen, um die undemokratische Medienblockade zu durchbrechen.»

Und genau das versucht die Partei nun überall dort, wo sie die Leute dazu hat und das Geld für den Druck. So macht es Klaus Beier in Brandenburg mit einer «Oderlandstimme» oder die NPD in Thüringen mit ihrem «Wartburgkreisboten», der ganz unscheinbar – ohne NPD-Logo – auskommt, wie eines der kostenlosen Anzeigenblätter. Die sind dort besonders beliebt, wo die Menschen zunehmend auf ein Zeitungsabonnement verzichten. Chefredakteur des «Wartburgkreisboten» ist Patrick Wieschke. Der 28-jährige gelernte Schreiner und NPD-Landesgeschäftsführer hat mehr als drei Jahre im Gefängnis gesessen, wegen eines Sprengstoffanschlages auf eine Döner-Bude. Die «Bild»-Zeitung nannte ihn deshalb den «Döner-Bomber von Eisenach». Wieschke verteilt die 22 000 Exemplare eigenhändig. Der Mann will auch in den Kreistag, mindestens. Auf Briefkastentour ist er alle zwei Monate, meistens samstags morgens, wenn die meisten Leute zu Hause sind. Wieschke hat der NPD viel zu verdanken. «In der Partei kann ich meinen Traumberuf ausüben – Politik wollte ich schon immer machen.» Schon als Jugendlicher, als die Haare noch kürzer waren und er Springerstiefel trug. «Nach der Wende waren hier alle rechts.» Neben dem «Wartburgkreisboten» gibt es in der Region noch drei weitere Gratisblätter, die von anderen NPD-Kreisverbänden verteilt werden. Wieschke erzählt über die «Gegenöffentlichkeit» in einem Café am Eisenacher Bahnhof. Und er redet viel, wie ein Jungunternehmer über sein Projekt. Zweifel kennt er nicht.

Wieschke ist ein kleiner kräftiger Mann, der seinen Kaffeepott von hinten umgreift. Auch den Journalismus nennt er einen «Traumberuf», und das, obwohl er weiß, dass seine autodidaktischen Fähigkeiten begrenzt sind. Wieschke ist von einer ideologischen Energie getrieben, die außerhalb der rechtsextremen Bewegung selten ist. In seinem Blatt schreibt er über Zeitarbeit; damit hat er eigene Erfahrung. Seine Meinungsartikel – andere gibt es in seinem Blatt nicht – kommen stets in der Camouflage von Berichten daher. Es geht um Ärztemangel oder um die Telekom als «profitorientierten Arbeitsplatzvernichter», dem die Reverstaatlichung zu wünschen sei. Unter dem Titel «Skandal-Urteil erlaubt Schächten in Deutschland» findet sich der Satz: «Nur in derart verseuchten Richterhirnen, mit einem Korpus ohne Rückgrat und Herz, dem Multi-Kulti-Wahn verfallen, vermag so grauenhafte, archaische und anachronistische, nach Deutschland eingeschleppte Tierquälerei wie betäubungsloses Tierabmetzeln zur ‹Religionsausübung› mutieren.» Und wenn Wieschke zu einem Thema «recherchiert», wie er es nennt, bei einem Ministerium etwa, «dann melde ich mich niemals mit meinem Klarnamen – da würde ich ja keine Antwort kriegen.»

Im Impressum erscheint in Eisenach eine «AG Bürgerbeteiligung», hinter den Namen der Redakteure stecken jugendliche

NPD-Kader, auch der Kreisvorsitzende Hendrik Heller, ein Student. Viele Leser des Blattes kämen aus dem traditionellen Lager der Linkspartei, sagt Wieschke. Und die meisten wissen wohl nicht, dass die NPD dahintersteckt. Die Linkspartei ist hier beliebt, mit seinen antikapitalistischen Themen will Wieschke ihre Wähler für die NPD gewinnen. Das weiß auch Christoph Witzel, Chef vom Dienst bei der «Südthüringischen Zeitung» (STZ) in Bad Salzungen, die kritisch über die Aktivitäten der NPD berichtet. «Die Partei instrumentalisiert die Kommunalberichterstattung im ‹Wartburgkreisboten› für ihre Interessen.» Den Druck wickelt übrigens der «Deutsche Stimme Verlag» im sächsischen Riesa ab. TZ-Redakteur Witzel sieht in den Gratisblättern einen Teil der «Strategie der NPD», nämlich ihre Leute in der Region bekannt zu machen.

Auf die Verbreitung rechtsextremer Wahrheiten hat sich auch das Projekt «Volksfront-Medien» aus dem hessischen Wetteraukreis spezialisiert – per Internet-TV. Die Mitglieder einer Neonazi-WG, die der NPD nahesteht, produzieren die sogenannten kritischen Nachrichten. Lange Zeit kümmerte sich der ehemalige hessische Landesvorsitzende Marcel Wöll um das Projekt. Inzwischen ist Christian Müller der führende Kopf. Müller zieht mit einer kleinen digitalen Videokamera durchs Land und filmt die verschiedensten NPD-Aufmärsche, die dann – als kleine Beiträge verpackt – im Netz verbreitet werden. Bei «Volksfront-Medien» heißt es: «Ziel des Medienprojekts ‹Kritische Nachrichten der Woche› ist, der Propagandaflut der Umerziehungsorgane der BRD und der Gewinner der Globalisierung entgegenzuwirken, um Nachrichten öffentlich zu machen, die sonst keine Verbreitung gefunden hätten, da diese weltanschaulich mit dem System der BRD nicht vereinbar sind.»

In den rund viertelstündigen «kritischen Nachrichten» wird allerlei NPD-Propaganda mit falschen Tatsachenbehauptungen gemischt – zu einer nationalen Melange im bewegten Bild. Zur Meinungsfreiheit in Deutschland stellen die «kritischen Nachrichten» fest: «Legt man neben das Grundgesetz die Verfassung der Volksrepublik China, so ist das ungefähr das Gleiche.»

Und in den «Auslandsnachrichten» heißt Israel schlicht Palästina.

Immer wieder sind es die Pressemitteilungen der NPD, die hier zu angeblichen Nachrichten werden. «Natürlich pflegen wir auch gelegentlich die Pressemitteilungen der NPD mit ein», gibt ein Projektverantwortlicher auf Nachfrage zu. «Wir stimmen uns eng mit der Parteizentrale in Berlin ab.» Nach den ersten Folgen der «kritischen Nachrichten» gab es ein großes Medienecho; der Spott dominierte. Allerdings wirken diese Botschaften – anders als die Gratisblätter – nach innen: in die rechte Szene, die auf diese Weise ideologisiert wird und sich immer mehr an die NPD bindet.

NATIONAL BEFREITE HOOLIGANZONE

Die NPD wirbt um Neonazis und ist auf rechte Schläger angewiesen. Unter sächsischen Fußballfans sind welche zu finden. Deshalb kümmert sich die NPD um die Verbindung zu einzelnen Fangruppierungen, etwa in Leipzig. Ein Besuch.

Auf dem Berliner Boulevard Unter den Linden tummeln sich noch ein paar mehr ausländische Touristen, seit Deutschland der Welt als Gastgeber der Fußballweltmeisterschaft zeigen konnte, dass es ein paar schöne Ecken hat. Und diese Prachtstraße mit ihren preußischen Bauten, der russischen Botschaft, dem Pariser Platz am Ende und dem Brandenburger Tor ist ihr wichtigstes Ziel.

Hier zogen auch die Nationalsozialisten bei ihrem einschüchternden Fackelaufmarsch am Tag ihrer «Machtergreifung» entlang. Wenngleich sie die bekannten Fernsehbilder nachträglich inszeniert haben. Der Marsch hat stattgefunden. Auch Rudolf Heß, Stellvertreter von Adolf Hitler als Führer der NSDAP, war an diesem letzten Januartag des Jahres 1933 dabei.

Am 16. August 2007, an seinem 20. Todestag, müssen die Passanten des Boulevards sein Gesicht hier erneut sehen. Als riesiges schwarzes Konterfei auf der weißen Seitenfläche eines Lkw fährt Nils Larisch an diesem sonnigen Tag Rudolf Heß spazieren, vorbei an dem berühmten Café Einstein, wo Mitglieder der Bundesregierung ebenso zur Tür hineinspazieren wie der jüdische Literaturkritiker Marcel Reich-Ranicki.

Larisch ist mit diesem Lkw unterwegs, um dem Neonazi-Idol Rudolf Heß zu huldigen. Ansonsten ist er in Berlin bloß zu Besuch. Larisch ist Sachse, an anderen Tagen arbeitet er im Landtag in Dresden, als «technischer Mitarbeiter» der NPD-Landtagsfraktion, die nach außen hin bemüht ist, ein parlamentarisches Gesicht zu zeigen. Ihr wahres Gesicht fährt Larisch spazieren. Er macht die Drecksarbeit, während sein Chef, der Fraktionsvorsitzende Holger Apfel, sich im schwarzen Anzug hinter dem Rednerpult des Plenarsaals gefällt. Seine Partei ist die Heimat deutscher Neonazis, und das mehr denn je. Und seit dem Einzug der NPD in den Sächsischen Landtag ist die Aufgabenteilung klar definiert. Die «Freien Kameradschaften» beeinflussen maßgeblich im vorpolitischen Raum den «nationalen Widerstand», die NPD ist indes im parlamentarischen Raum der «nationalen Opposition» bestimmend.[57]

Holger Apfel kümmert sich persönlich um ein gutes Verhältnis mit dieser gewaltbereiten Neonazi-Szene. Sein Verbindungsmann zum einschlägigen Umfeld des Leipziger Fußballvereins 1.FC Lokomotive Leipzig etwa, einem Sammelbecken von Neonazis aus der westsächsischen Kameradschaftsszene, ist eben dieser Nils Larisch. Früher hat er bei Lok Fanartikel verkauft, besaß gar die Rechte daran. Immer wieder pilgern Anhänger mit solchen T-Shirts, mit «LOK» auf der Brust, zu den NPD-Veranstaltungen in Leipzig, Mitglieder der gewaltbereiten Ultragruppe «Blue Caps» stellen sich dann als Ordner zur Verfügung. Das bestätigt ein Mitglied dieser Gruppe im Recherchegespräch.

Auch der Leipziger Polizeidirektor Uwe Kilz hat reichlich Belege für einen Zusammenhang von gewaltbereiten Anhängern des Clubs und der rechtsextremistischen Szene gesammelt. Es liegen Fotos vor, wie «Blue Caps» den NPD-Fraktionsmitarbeiter Olaf Rose zu einer Veranstaltung begleiten. Er ist ein weiterer Rudolf-Heß-Fan aus Apfels Bürotrakt, der bei anderer Gelegenheit gerne mit dem «letzten Krankenpfleger von Rudolf Heß» auftritt, um «über das Leben und Sterben von Rudolf Heß» zu berichten.[58] «Unter den Anhängern von Lok sind viele, die nationalem Gedankengut und auch der NPD aufgeschlossen gegenüberstehen. Und wir wären ja töricht, wenn wir diese

Leute nicht dort abholen würden, um sie auf unserem Weg mitzunehmen», sagt Apfel auf die Frage nach der politischen Vereinnahmung des Vereins durch die NPD.[59]

Im Herbst 2008 zieht der Verein Konsequenzen aus der Verbindung zwischen den «Blue Caps» und der rechten Szene. Der 1.FC Lokomotive Leipzig hat die Fangruppierung «Blue Caps» aus dem Bruno-Plache-Stadion[60] verbannt. Nach Vereinsangaben war die Gruppierung «bereits in der Vergangenheit negativ» aufgefallen. Nun habe der Verein den auf der Homepage der «Blue Caps» beworbenen Aufruf zu einer von den «Freien Kräften Leipzig» organisierten Demonstration zum Anlass genommen, ein umfassendes Hausverbot auszusprechen.[61]

Auch in anderen Regionen Sachsens tummelt sich die Kameradschaftsszene beim Fußball. In Chemnitz oder auch bei Dynamo Dresden und Erzgebirge Aue. «Deren Anhänger versuchen wir an die Partei heranzuführen.» Und Larisch ist der Mann, der das besorgen soll. Er beweist sein Faible für Neonazi-Symbolik und seine Bewunderung für die nationalsozialistische Diktatur. Wenn er nicht gerade mit dem Heß-Laster durch Berlin fährt, lenkt er seinen roten VW-Bus durch Sachsen. Amtliches Kennzeichen: L-OK 88.

Für den Sommer 2007 also dachte Larisch sich die Aktion mit dem Heß-Laster aus, die vor allem einem Zweck diente: den freien Neonazi-Kameradschaften, ohne die der parlamentarische Vortrieb der NPD nicht funktionieren kann, zu gefallen.

Larisch beklebte also einen Siebeneinhalbtonner mit dem Heß-Konterfei und ging damit auf Deutschlandtour. Das Ganze wurde dokumentiert, fotografisch und per Video, und im Internet veröffentlicht. Fotos des Lasters vor dem Völkerschlachtdenkmal in Leipzig, dem Berliner Olympiastadion, dem Kölner Dom oder vor dem Landesstudio des Westdeutschen Rundfunks in Düsseldorf. Was Larisch damals nicht wusste: Ein WDR-Team recherchierte zur selben Zeit zu der NPD-Strategie, den Fußball ideologisch zu missbrauchen; auch dort bestätigte Apfel in einem Interview seine Anwerbeversuche bei den Fans. Und während der Jubel über die Guerillaaktion von Larisch im Internet nachklang – die Aktion erfüllte damit ihren eigentlichen Zweck –, zeigte das WDR-Fernsehen ein Video von der Fahrt des Heß-Lasters durch Berlin. Auch bei Ronny S.,[62] der anonym bleiben muss, ist diese Aktion gut angekommen. Der junge Mann ist Anhänger von Lok Leipzig, Mitglied der «Freien Kräfte Leipzig», und er kennt Larisch seit Jahren. Die beiden verbindet neben der Sympathie zu Lok noch die zur NPD, wenngleich Ronny S. dort nicht Mitglied werden will.

Er ist Kameradschaftsaktivist und gehört zu den Meinungsführern im Umfeld des Clubs, der neben einem politischen noch ein massives Gewaltproblem hat. 200 Hooligans zieht Lok an,[63] und einige von denen erzählen, dass Ronny so kaltblütig zuschlägt wie kein anderer. Ronny ist das, was man einen Nazihooligan nennt. Er ist immer dabei, wenn die Lokis zuschlagen. Bei der Randale vor dem eigenen Stadion gegen die Polizei, die den Verein 2007 bundesweit in die Schlagzeilen bringt (39 verletzte Polizisten), in der Saison davor, als nach einem Spiel im nahen Wurzen Anhänger von Lok Leipzig einen Polizeiwagen anzünden und Polizisten mit Pflastersteinen und gefüllten Glasflaschen angreifen (30 verletzte Personen), und er war der Initiator des von 30 Lok-Anhängern gestellten Hakenkreuzes bei einem A-Jugend-Spiel gegen den Ortsrivalen Sachsen Leipzig auf der Tribüne des heimischen Bruno-Plache-Stadions. Gegnerische Fans fotografieren das Hakenkreuz, die Leipziger Staatsanwaltschaft ermittelt ein halbes Jahr lang gegen neun junge Männer wegen des «Verdachts des Verwendens eines Kennzeichens einer verfassungswidrigen Organisation».

«Wir haben die Ermittlungen einstellen müssen, da im Ergebnis den Tatverdächtigen nicht nachzuweisen war, dass sie hier tatsächlich ein Hakenkreuz durch die Anordnung ihrer Körper dargestellt haben. Darüber hinaus konnten wir nicht feststellen, wer der Initiator der Sache war», sagt Staatsanwalt Ricardo

Schulz. Zwei Tage, ein paar Kneipenbesuche und einige Telefonate dauert es, um den Initiator zu treffen. Strafrechtlich wurde er niemals zur Verantwortung gezogen. «Wenn ich mal in den Knast gehe, vielleicht ändert sich meine Meinung dann», sagt er.

Sind die Hooligans bei Lok Leipzig alle politisch rechts?

«Bei Lok ja, es gibt einige Ausnahmen, aber das sind schon eher wenige. Der Großteil ist schon rechts.»

Wie äußert sich diese politische Einstellung?

«Na ja, das äußert sich in bestimmten Aktionen, Hakenkreuze im Stadion bilden, Juden Aue zu rufen, obwohl das nicht wirklich mit Sinn und Hintergrund passiert, aber es ist eine Form von Ausdruck, die man auch irgendwie rüberbringen will. Und da eignet sich der Fußball als große Bühne.»

Was heißt denn Juden Aue?

«Das ist ein Ausdruck auf die Geschichte bezogen. Das ist eine Beleidigung – der Gegner fühlt sich angegriffen. Es wird einfach gerufen, wenn man seinen Hass ausdrücken will.»

Hassen Sie Juden?

«Na ja …»

Dulden Sie Ausländer?

«Ich denke mal, vor ein, zwei Jahren hätten wir sie noch vor die Tore geprügelt, aber heute kannst du das nicht mehr machen. Aber wir weisen sie darauf hin, dass Lok ein Verein ist, der uns gehört. Wenn wir sagen, die sollen sich verpissen und sollen auch nicht wiederkommen, dann kommen die auch nicht wieder. Einmal ist hier ein Farbiger aufgetaucht, aber der wurde dann unsanft entfernt.»

Das Stadion gehört auch Ihnen?

«Das gehört uns, ja. Hier ist auch noch einer der wenigen Stadtteile, die nicht von Ausländern bewohnt sind. Wenn Ausländer hier in Leipzig studieren, ist das etwas anderes. Aber sie sollen keinen Ärger machen und nach dem Studium wieder ab in die Heimat – oder woandershin.»

Ist das Stadion eine National Befreite Zone?

«Ich denke, ja.»

Sie tragen einen Pullover mit großer Aufschrift «Thor Steinar». Ist das eine Botschaft?

«Ja, aber ich würde mich selbst nicht als Neonazi bezeichnen. Ich bin eher Rassist, stehe also eher für mein Land. Und ich trage diesen Pullover, weil doch jeder weiß, was damit gemeint ist, und es ist nicht verboten.»

Was unterscheidet Sie denn von Neonazis?

«Zumindest sind wir keine Neonazis in dem Sinne, dass wir alles das, was damals war, gut finden. Wir haben ja auch in der Zeit [Anm. d. Verf.: dem sogenannten Dritten Reich] nicht gelebt, kennen ja alles bloß aus Büchern und Erzählungen.»

Und warum sind Sie ein Rassist?

«Weil ich das einfach in mir drin habe. Weil ich täglich damit konfrontiert werde, was Multikulti hier in Deutschland heißt. Das heißt nämlich Drogenhandel und Kriminalität.»

Aber sind Sie denn nicht selbst ein Krimineller?

«Ich bin kein Waisenknabe, aber unter der Woche werden Sie nie etwas von mir hören, was Anzeigen oder sonst etwas anbelangt. Da bin ich dann brav. Vielleicht mal eine Körperverletzung, eine Schlägerei oder so was. Aber Sie werden mich jetzt nicht ein Haus anzünden sehen oder Randale in der Stadt machen.»

Aber am Wochenende schon?

«Gelegentlich schon.»

Nehmen Sie dabei Tote und Verletzte in Kauf?

«Wenn es passiert, kann man es nicht ändern. Wir gehen jetzt nicht daran, irgendjemanden umzubringen, das ist nicht unsere Art, und wir wollen nie jemanden umbringen. Wenn es passiert, ist es schade, aber das wollen wir auch nicht. Aber das muss man halt in Kauf nehmen.»

IN BEWEGUNG

Die Jungen Nationaldemokraten (JN) sind das Bindeglied zwischen den militanten Neonazis und der Mutterpartei, sie bilden die künftige Führungselite aus. Ein Besuch bei JN-Chef Michael Schäfer und dessen Stellvertreter Philipp Valenta im «Bundesstützpunkt» in Bernburg.

Bernburg ist eine umkämpfte Stadt. Das verrät bereits der Blick auf die Laternenmasten in der Fußgängerzone: «Revolutionär, sozialistisch, aktivistisch», heißt es auf unzähligen Aufklebern, die die NPD-Jugendorganisation Junge Nationaldemokraten (JN) geklebt hat. Ein anderer JN-Sticker lautet: «Heute schon im Kampf für die Idee von morgen».

Dass sich die Idee von morgen zum großen Teil aus Ideen von gestern zusammensetzt, wird jedoch ebenfalls auf zahlreichen Masten behauptet: «Nazis raus aus den Köpfen», fordert die Linkspartei. Oder gleich «NPD verbieten». Am nächsten Tag wird ein hochrangiger JN-Funktionär behaupten, Bernburg sei eine «National Befreite Zone, in der seine Partei ungehindert agitieren könne. Doch nicht nur die Laternenmasten der Stadt belegen das Gegenteil.

Karl-Heinz Schmidt ist Sprecher des «Bernburger Bündnisses für Demokratie und Toleranz». Die Weihnachtstage waren anstrengend für den Pfarrer der Martinsgemeinde. An der Wand des Pfarrraums lehnt noch die akustische Gitarre, Pfeifenrauch durchwebt die Luft.

Kurz nachdem bekannt wurde, dass die JN neben dem seit Oktober 2006 bestehenden regionalen «Stützpunkt» nun auch noch ihre Bundeszentrale nach Bernburg verlegen würde, hat sich nur einen Monat später das Bürgerbündnis gegründet. Sein Ziel ist es, den rechten Agitatoren etwas entgegenzusetzen.

Schmidt war damals überrascht, dass die Rechten sich ausgerechnet seine Heimatstadt als Basis ausgesucht haben. In den Nachbargemeinden Staßfurt und Köthen sei die rechte Szene jedenfalls deutlich stärker, sagt er. Nun wolle man verhindern, dass sich die Rechten weiter in der Stadt breitmachen. «Hier investiert doch keiner, wenn es heißt, in Bernburg rennen Nazis rum.»

Die unterschiedlichsten Institutionen in der Stadt arbeiten deshalb gut zusammen. «Kirche, Polizei, Landkreis, Stadt, das Interesse ist das Gleiche.» 1,4 Prozent Ausländer gibt es im neu gegründeten Salzlandkreis, zu dem Bernburg zählt, «und zwar inklusive der angeheirateten Amerikanerin und dem Mann aus der Dönerbude».

85 Prozent der Bernburger, schätzt der Pastor, hätten überhaupt noch nicht mitbekommen, dass sich hinter den verrammelten Fenstern unten am Marktplatz Philipp Valenta und seine Parteifreunde eingenistet haben. Auch eine Telefonkette ist bereits ins Leben gerufen. Für den Fall, dass es erneut zu einem rechten Übergriff kommt. Im Oktober, so berichtet auch die Lokalzeitung, ist ein Rentner von Rechten zusammengeschlagen worden, weil er sich geweigert habe, ihnen eine Zigarette zu geben. Verharmlosen dürfe man also nichts, sagt Schmidt, dem seine Heimatstadt bislang so ruhig vorgekommen war. «Ich will im Sommer im Garten liegen und in Ruhe mein Bier trinken. Deswegen mache ich das doch alles nur.»

Es dauert eine Weile, bis Eckehard Peters zum verabredeten Gesprächstermin hereinbittet. Peters ist erst seit ein paar Wochen Dienststellenleiter der Bernburger Polizei, da gibt es viel Organisatorisches zu klären. Er war vorher in Wernigerode im Harz, einer echten Hochburg der Rechten. Michael Schäfer, der aktuelle JN-Vorsitzende, stammt aus Wernigerode. Er ist in diesen Tagen häufig in Bernburg.

Doch auch hier in Bernburg «herrscht nicht eitel Sonnenschein». Zahlreiche Propagandadelikte habe man anno 2007 registriert Aber auch eine wachsende Zahl von Gewaltdelikten wie Körperverletzung. Zwei Arten von Rechten müsse man unterscheiden, sagt er, die «Sternburg-Fraktion», wie er unter Hinweis auf eine beliebte Billigbiermarke sagt: sozial deklassierte Bürger mit Hang zur Gewalt. Auf der anderen Seite die intellektuelleren Leute um Valenta. Bei Aufmärschen und Demonstrationen träten beide Gruppen allerdings gemeinsam auf. Peters hat sich für die nächsten Wochen vorgenommen, die präventive Arbeit gegen rechts zu intensivieren. Vor allem in gefährdeten Wohngebieten.

In einem solchen, dem Neubaugebiet «Südsüdost», liegt die Gesamtschule mit dem überraschenden Namen «Sekundarschule Südost». Schuldirektorin Angret Zahradnik, eine energische freundliche Frau, empfängt den Gast in ihrem ziemlich funktional eingerichteten Arbeitszimmer. Man müsse sich den Problemen stellen, sagt sie, sie nicht deckeln. Rechte Schüler seien ihr allerdings an ihrer Schule bislang nicht aufgefallen. Nur ein Fünftklässler habe einmal ein Hakenkreuz auf dem Federmäppchen gehabt, es aber bereitwillig entfernt, als sie ihn darum gebeten habe. Zahlreiche Jugendliche hatten in Bernburg zuvor das Gegenteil behauptet. Allerdings geben selbst Antifa-Aktivisten zu, dass sie bei der Vielzahl der szeneinternen Codes und Kennzeichen nicht immer durchblicken.

Ein dünner Schneefilm hat sich über das Kopfsteinpflaster in der Bernburger Altstadt gelegt, die Einkaufsstraße, die noch am Vorabend wie ausgestorben wirkte, ist heute Morgen gut besucht. In Bernburg, der Kreisstadt zwischen Halle und Dessau, machen sich wie überall im Lande die Ramschläden breit. Doch im Gegensatz zu den größeren Kommunen konnte sich in der 32.000-Einwohner-Stadt der Einzelhandel behaupten. In der Innenstadt finden sich mehrere Metzger, ein Feinkostladen und Kleidergeschäfte, die keine Filialen großer Konzerne, sondern mittelständische Unternehmen sind.

Das hübsche Gebäude am Alten Markt 28 beherbergt neben der JN-Bundesgeschäftsstelle einen weiteren Mittelständler. In der Mitte steht Steffen B., der Betreiber des Ladens «Nordic Flame» und gleichzeitige Inhaber des Mailorders «Odin's Eye», jedoch nicht. Steffen B. ist ein notorischer Neonazi.

Ein dezenter Thor-Steinar-Aufkleber ist das Einzige, was von außen betrachtet darauf hindeutet, dass sich hinter der schmucken Altbaufassade die rechte Szene eingenistet hat. Abgesehen vielleicht von dem Umstand, dass die Fensterscheiben mit Sperrholzplatten verrammelt sind.

Die Bands, deren CDs hier im Regal stehen, heißen «Wotanskrieger» oder «White Warriors», die Albumtitel «Auftrag Deutsches Reich» oder «Tätervolk». Und selbstredend gibt es hier das komplette Sortiment «Thor Steinar»-Klamotten, der in der Szene beliebten Modemarke, die jeden vor Gericht zerrt, der behauptet, die Marke werde vornehmlich von Rechtsextremen getragen.

Noch am Vormittag und am Abend zuvor waren sowohl der Laden als auch die JN-Lokalität geschlossen, nun ist die Tür angelehnt. Der Blick fällt zunächst auf einen Wehrmachtshelm, dahinter stapelweise CDs und Fahnen. Zwei Jugendliche, höchstens 16 Jahre alt, haben offenbar genug gesehen. In ihrer Mischung aus Stolz und Verschämtheit wirken sie, als hätten sie gerade zum ersten Mal einen Sexshop betreten.

Auch die Tür links vor dem Laden steht halb offen. Ein billiges Regal vollgestopft mit Kartons. Ansonsten ist der etwa 35 Quadratmeter große Raum leer, sieht man einmal davon ab, dass eng an eng Bierbänke aneinandergereiht sind. Das hier soll also die Kaderschmiede des NPD-Nachwuchses sein? Der Ort, an dem der weltanschaulich noch nicht gefestigte Sympathisant die Komponenten eines geschlossenen Weltbildes vermittelt bekommt?

Plötzlich ertönt eine Stimme von hinten. «Waren wir verabredet?» Die Stimme gehört zu Philipp Valenta, seines Zeichens Landesgeschäftsführer und stellvertretender JN-Landesvorsitzender in Sachsen-Anhalt, außerdem seit 2007 Mitglied des Kreistages im hiesigen Salzlandkreis. 3,0 Prozent bekam die NPD damals kreisweit.

Valenta ist ein NPD-Funktionär neuen Typs: tadellose Umgangsformen, rhetorisch auf der Höhe, sicheres Auftreten. Weniger radikal ist Valenta deshalb aber noch lange nicht. Er hat es geschafft, die rechtsextreme Kameradschaftsszene, die lose organisierten, aber meist offen neonazistischen Aktivistenverbände der Rechtsextremen, hinter sich zu scharen, und lässt in einem Aufruf auf der JN-Homepage Klartext reden: «Aus unserer Sicht kann eine Teilhabe an der Macht (…) so lange nicht in Betracht gezogen werden, solange die herrschende Klasse nicht entmachtet und die sie tragende Ideologie nicht ein für alle Mal endgelagert ist.»

Valenta ist auch der Mann, dem Bernburg die Bundeszentrale zu verdanken hat. Der geborene Trierer – ein Westimport wie die meisten NPD-Kader im Osten – studiert an der örtlichen Hochschule Anhalt Volkswirtschaftslehre und wohnt in Bernburg. Ein Professor habe ihm kürzlich gesagt, er werde «in diesem Staat nie eine Arbeit finden». Valenta, dessen Organisation Kampfansagen wie die oben zitierte an den Staat richtet, hält das für ungerecht: «Wenn ein junger Mensch so etwas hört, verliert er jede Bindung zum Staat.» Nun bietet er erst mal ein Mineralwasser an – in Ermangelung von Gläsern gießt er es in einen Plastikbecher. «Das Bild, das der politische Gegner von uns zeichnet, hat mit der Wahrheit nichts zu tun, sonst würde ich hier mit Glatze und Springerstiefel vor Ihnen sitzen.»

Valenta hat weder eine Glatze, noch trägt er Springerstiefel. Auch was er sagt, ist auf Respektabilität bedacht. Über das «Dritte Reich» möchte er am liebsten überhaupt nicht sprechen, das interessiere in seiner Partei niemanden, sagt er. Distanzieren möchte er sich jedoch auch nicht. Man dürfe den «Nationalsozialismus nicht auf die zwölf Jahre reduzieren», sagt er schließlich.

Ein interpretationsbedürftiger Satz. Doch Valenta mauert bei drei Nachfragen weiter. Dann fällt ihm ein Ausweg ein: Viele glaubten, seine Partei verdanke ihre Wahlerfolge «dem Ausländerthema». Doch, so Valenta: «Unser Trumpf sind ganz klar die sozialen Themen, das ist hier das A und O.»[64] Falsch ist das nicht. Aber keine Antwort.

Kennt er die Schläger, die den Bernburger Rentner malträtiert haben? Valenta bezweifelt, dass die Täter überhaupt Rechte waren. «Wir achten wirklich peinlichst darauf, dass so etwas nicht passiert, wir würden uns damit nur selbst schaden.»

Natürlich weiß auch Valenta, was unter einer «National Befreiten Zone» zu verstehen ist, die die JN – ein weiterer Aufkleber – «erkämpfen» will. Nämlich ein Gebiet, in dem Menschen, die der NPD als Feindbild dienen, sich so unwohl fühlen, dass sie sich nicht mehr auf die Straße trauen. Auf diese Definition angesprochen, lächelt Valenta. Seine Mimik soll Unverständnis darstellen. «Ich will hier doch keinem persönlich zu nah kommen oder irgendjemanden bedrängen.» Kurz darauf wird der Aggressor endgültig zum Opfer. In einer «National Befreiten Zone», so Valenta, «wird man nicht aus Versammlungen rausgeschmissen, hier kann der Laden nebenan in Ruhe seine Sachen verkaufen, ohne Angst zu haben vor Repressionen.» Auch könne man demonstrieren, «ohne von den Gegendemonstranten einen Stein an den Kopf zu bekommen».

Das «Dritte Reich» umschiffen, auf konkrete Fragen abstrakt antworten. Diese Techniken beherrscht Valenta – wie die meisten NPD-Führungsfiguren – so gut, dass er höchstpersönlich die Schulung des Parteinachwuchses übernimmt. Diesem Zweck, der Kaderschulung oder, wie Valenta sagt, der «Herausbildung der künftigen Parteielite», dient auch der spartanische JN-Stützpunkt.

Es gibt eine 31-seitige Richtlinie für «Kandidatinnen und Kandidaten», in der minutiös dargelegt wird, auf welche Frage in der Öffentlichkeit wie zu antworten sei. Wer mit Valenta spricht, vermutet sofort, dass sie von ihm mitformuliert oder zumindest auswendig gelernt wurde. Ersteres ist ein Trugschluss, denn sie stammt aus der Feder des sächsischen Landtagsabgeordneten Jürgen Gansel. Letzteres ist kein Trugschluss, aber dennoch falsch: Man findet in der gesamten Partei keinen Funktionär, der nicht zu jeder Tages- und Nachtzeit die Standardantworten auf unangenehme Fragen parat hätte.

Vor Valenta braucht keine Rentnerin Reißaus zu nehmen, wenn er ihr am Infostand ein Flugblatt in die Hand drückt. Viele der Leute, die im Plattenladen nebenan ein- und ausgehen, haben hingegen auch äußerlich noch einen sehr weiten Weg in die Mitte der Gesellschaft vor sich.

Die neu aufgelegte Schülerzeitung, die Valenta herüberreicht, schmückt genau eine Anzeige. Die von «Odin's eye» aus dem gleichen Haus. Beim Herausgehen fällt der Blick auf ein Büchlein mit der Rede von Richard von Weizsäcker zum 8. Mai 1985, dem vierzigsten Jahrestag der deutschen Kapitulation. Die Rede gilt in der deutschen Nachkriegsgeschichte als epochal, da Weizsäcker von einem «Tag der Befreiung vom menschenverachtenden System der nationalsozialistischen Gewaltherrschaft» sprach. Die JN bewerten den 8. Mai 1945 offenbar anders. Der Einband des Büchleins ist voller Brandflecken.

Ein halbes Jahr später: Philipp Valenta wartet am Bernburger Bahnhof auf die Einfahrt des Regionalexpress aus Aschersleben. Als der Zug eingefahren ist, steigt neben dem Mann, auf den Valenta wartet, auch ein Farbiger aus. An Valenta und dessen Kollegen vorbei schlendert er durch das Bahnhofsgebäude in Richtung Innenstadt. Dass er soeben wenige Zentimeter an zwei Führungsfiguren der deutschen Neonazi-Szene vorbeigegangen ist, hat er nicht bemerkt. Wie auch? Valenta und Schäfer sind gekleidet wie viele Jugendliche ihres Alters: Kein Sticker, kein T-Shirt offenbart die Gesinnung, für die sie stehen. Übrigens nicht einmal ein feindseliger Blick in Richtung des Afrikaners.

Der junge Mann, den Valenta am Bahnhof abholt, ist Michael Schäfer. Schäfer ist im Oktober 2007 zum Bundesvorsitzenden der Jungen Nationaldemokraten gewählt worden. Der Mann, der in Halle an der Saale Politikwissenschaften studiert, ist heute ohne Palästinensertuch unterwegs, aber wie so oft schwarz gekleidet. Wie Valenta könnte auch er sich unerkannt in einem linken Szeneviertel irgendwo in der Republik herumtreiben, ohne aufzufallen. Auch heute ernten sie keine neugierigen Blicke. Zwei Jugendliche, die wie Studenten aussehen und auf ihrem Weg zum «JN-Stützpunkt» keinerlei Aufsehen erregen.

Der Begriff Bundeszentrale wirkt immer noch seltsam überdimensioniert für den Raum am Bernburger Markt. Auch wenn der in den letzten Monaten ziemlich herausgeputzt wurde. Valenta ist seit dem Winter ein paarmal im Baumarkt gewesen, auch auf dem Weg vom Bahnhof hierher haben sich die beiden JN-Funktionäre über anstehende handwerkliche Tätigkeiten unterhalten. Jetzt sitzt Schäfer an einer der Bänke und bittet zum Gespräch, Valenta sortiert derweil im Hintergrund Werbematerialien und schaut hin und wieder interessiert herüber.

Schäfer stammt aus Wernigerode im Harz, einem Ort, der so idyllisch gelegen ist, dass die örtliche Brauerei einen Auerhahn über den Bildschirm flimmern lässt, um für ihr Bier zu werben. Im neu geschaffenen Harz-Landkreis, zu dem Wernigerode zählt, wurde er 2007 als einer von zwei Abgeordneten in den Kreistag gewählt. Im Harz-Landkreis liegt der Ausländeranteil bei 1,4 Prozent. Genau wie hier im Salzlandkreis.

Schäfer selbst nennt diese Zahl, ohne darauf angesprochen worden zu sein. 1,4 Prozent seien kein Problem, sagt er. Mehr dürften es aber nicht werden. «Ich möchte nicht, dass es bei uns auch so wird wie in Berlin oder Braunschweig», sagt Schäfer, dessen Worte nun ein wenig Fahrt aufnehmen. Von einem Problem könne man nur sprechen, «wenn es kippt».

Wenn es bei Schäfer und seinesgleichen «kippt», kippt es schnell ins sehr Grundsätzliche. Man landet binnen Sekunden bei der Nation als «Schicksalsgemeinschaft, die durch gemeinsame Sprache und Kultur geeint» sei. «Ein Volk, das es seit Tausenden Jahren gibt, soll nicht einfach verschwinden», sagt Schäfer in einem so ruhigen Ton, als habe er da die gleiche Wahrnehmung wie alle seine Mitmenschen.

Für die JN und ihren Vorsitzenden ist «das deutsche Volk» genauso bedroht wie der Eisbär. «Ein System, das bereits Tausende Tierarten und Pflanzen ausgerottet hat, wird sicherlich nicht bei den Völkern haltmachen», heißt es daher auch im Programm «Wer wir sind».

Das deutsche Volk, konkretisiert Schäfer, sei von der Zuwanderung bedroht. Und von der «Ideologie, die – wie in Amerika – alle gleich macht». «Amerika» dient in dieser Argumentationskette nicht nur als Inbegriff für einen Lebensentwurf – den zumindest theoretischen Pluralismus der individuellen Lebensentwürfe –, sondern auch für ein Gesellschaftsbild, das dem der JN diametral gegenübersteht.

Die USA ist das Einwanderungsland schlechthin; die Idee des «Melting Pot», also einer Gesellschaft, in der sich Menschen unterschiedlicher Herkunft rund um einen gesellschaftlichen Minimalkonsens zusammenfinden, ist und bleibt die Horrorvision der Rechtsextremen.

Doch «Amerika» steht in der Weltsicht des NPD-Kosmos vor allem als Chiffre für «die Juden», die sie in einer leicht herzuleitenden Traditionslinie für so gut wie alles verantwortlich machen, was sie ablehnen. Und sei es der Turbokapitalismus, als dessen Motor die JN jüdische Lobbys in den Schaltzentralen der Börse und der multinationalen Konzerne ausgemacht hat. In diesem Kontext sind neben dem Wort «Amerika» auch die Chiffren «Wall Street», «Ostküste» und «Kapital» zu verstehen.

Denn selbstredend besteht in den Augen der NPD-Theoretiker ein direkter Zusammenhang zwischen dem behaupteten Untergang des deutschen Volkes und den ökonomischen Interessen der Wall Street: «Die Gier des Kapitals ist nicht maximal befriedigt, weshalb es alles daransetzen wird, die vielen verschiedenen Kulturen und Rassen zum Verschwinden zu bringen und durch eine Einheitsrasse gleichgeschalteter Konsumidioten zu ersetzen», heißt es im Programm.

Irgendwann in seiner Jugend hat es Michael Schäfer ins nicht allzu ferne Braunschweig verschlagen. Zumindest erzählt er die Anekdote nach kurzem Zögern, als er nach den Ursprüngen seiner politischen Sozialisation gefragt wird. Dort gebe es wie in Berlin «Viertel, in denen man abends als Deutscher gar nicht mehr herumlaufen kann», weiß er zu berichten. In Braunschweig stehe außerdem an jeder Ecke eine Dönerbude.

Doch Schäfer ist wohl schon damals nicht als politisch indifferente Unschuld vom Harz durch Braunschweig geirrt, um ein in sich geschlossenes Weltbild auf der Erkenntnis aufzubauen, dass es in deutschen Großstädten auch Dönerbuden gibt.

Über «kulturelle Sachen» habe er sich der rechten Szene damals angenähert, sagt er. Zum Beispiel habe er die Bücher von Claus Nordbruch gelesen, zu dessen Lesung habe ihn auch «einmal jemand mitgenommen». Über Dr. Claus Nordbruch möchte Schäfer jetzt aber nicht sprechen – bedauerlich, schließlich sind viele seiner Gedanken ganz offenbar von Nordbruch inspiriert. Sein Vokabular ist es jedenfalls ganz offensichtlich.

Nordbruch ist ein Autor, der offen geschichtsrevisionistisch, antisemitisch und rassistisch argumentiert. In den Weiten des Internet und in den Hinterzimmern des rechten Mikrokosmos gibt es Dutzende solcher «Schriftsteller», die zumeist in obskuren, nur szeneintern bekannten Verlagen publizieren. Einzigartig an Nordbruch ist dessen pseudohumanistischer pathetischer Duktus. Worte wie «Sinn», «Sinnsuche», «Auftrag» und «Erfüllung» wabern durch viele seiner kulturkritischen Traktate. Es sind Vokabeln, die auch Schäfer auffallend oft benutzt. So hält er mitten im Gespräch über randalierende Jugendliche in einer Großstadt-S-Bahn geradezu wütend inne und fragt: «Das sind

Kinder ihrer Zeit. Was haben diese Leute für einen Auftrag? Da ist jeder Sinn verloren gegangen.»

«Auftrag», «Sinn» – bei den Jungen Liberalen, der CDU oder den Grünen spielen solche Worte keine Rolle. Vielleicht ist es das eigentliche Erfolgsgeheimnis der NPD, dass ihre Wortführer von dem, was sie vertreten, aufrichtig überzeugt sind. Weil sie ein politisches Ziel haben, das nicht verhandelbar ist, weil sie dessen Umsetzung als ihren «Auftrag» begreifen. In Zeiten, in denen augenscheinlich jede Partei mit jeder koalieren kann, ist das scheinbar ein sehr attraktives Alleinstellungsmerkmal. Mit dem Wort «Partei» haben sie bei der NPD ihre Schwierigkeiten. Das klingt zu träge, zu sehr nach dem gesellschaftlichen Establishment, das man bekämpft. Ganz besonders die Jungen Nationaldemokraten wollen Bewegung sein.

Auf der Homepage der Organisation, der er vorsteht, findet sich folgender Aufruf, der in seinem schwülstigen Pathos von einem pubertierenden Gymnasiasten verfasst sein könnte: «Spürst auch Du die Kälte der künstlichen Glitzerwelt in unserem Land? Spürst Du die Hilflosigkeit und Gleichgültigkeit, die uns umgibt? Spürst Du die Verlogenheit, wenn heute in Sonntagsreden ‹nationale› Töne fallen, aber das politische Handeln der Mächtigen auf die Beseitigung unserer Nation gerichtet ist? Spürst Du die falsche Betroffenheit, wenn über die kommenden Katastrophen der Völker wie über den letzten Wetterbericht diskutiert wird? Die Konsum- und Wegwerfgesellschaft mit ihrem McDonalds- und Coca-Cola-Imperialismus, dämlichen Hollywood-Produktionen, degenerierter Musik, abartigen Pornos und Städten mit kalten Betonsilos ohne sinnvolle Freizeitalternativen für unsere Jugend bestimmen heute das Leben der internationalen Einheitszivilisation.»

Die JN-Aktivisten sehen sich als Streiter wider den globalen Zeitgeist, als Menschen, die in geistlosen, materialistischen, wankelmütigen Zeiten als Einzige ideellen Werten folgen: «Desinteresse an dem, was die Zukunft bringt», macht Schäfer in der

Bernburger Bundeszentrale beim Gros seiner Altersgenossen aus, «den meisten geht es nur um das persönliche Wohl, das eigene Vergnügen. Und dabei bleibt alles andere auf der Strecke.» Bei der JN sei das anders, sagt er. «Wir sind gegen eine Gesellschaft der Beliebigkeit», sagt Schäfer, «heute bin ich das, morgen das. Da muss man doch was anbieten.»

Also bietet der JN-Vorsitzende, der in Halle politische Ideengeschichte studiert und dort über Thomas Morus' «Utopia», den philosophischen Entwurf einer idealen Gesellschaftsordnung, geforscht hat, den Jugendlichen etwas an. Schließlich interessiert ihn an seinem Studium auch, «wie sich politische Utopien entwickelt haben». Das hat offenbar Spuren hinterlassen. «Unsere Aufgabe ist es nicht, an Wahlen teilzunehmen oder in Parlamente einzurücken, unsere Aufgabe ist es, die Jugendlichen so zu prägen, dass sie bereit sind, sich über die Rebellionsphase hinaus politisch zu engagieren.»

Als Schäfer politisch aktiv wurde, gab es im Harz noch keinen NPD-Ortsverband, einen der Nachwuchsorganisation JN schon gar nicht. Aber es gab «Kameradschaften», ein fast schon verharmlosender Begriff für die lose organisierten, inhaltlich meist aber offen neonazistischen Verbände. In der «Wernigeröder Aktionsfront» war Schäfer aktiv, distanzieren mag er sich noch heute nicht von dieser Zeit. Wieso auch, schließlich gilt Schäfer als einer der Befürworter der strategischen Allianz zwischen den Kameradschaften und der NPD.

Die JN haben in den vergangenen Jahren zusehends die strategische Funktion eines Brückenkopfes zwischen den einst so konträren rechtsextremen Formationen eingenommen. Schäfer und Valenta favorisieren im Übrigen ein Organisationsmodell, das sich stark an das der Kameradschaftsszene anlehnt.

So spricht Schäfer stets von den JN als «Bewegung», das Wort «Partei» steht bei ihm auf dem Index. Was ihm vorschwebt, ist keine Partei im klassischen Sinne, sondern eine Organisation, «in der man Gemeinschaft wirklich lebt, eben ein höheres Ideal, das versuchen wir im Kleinen umzusetzen». Eine verschworene ideelle Gemeinschaft. In diesem Sinne sind die JN der Mikrokosmos der Gesellschaftsordnung, die man erkämpfen will.

«Die Aktivisten streben danach, das Leitlied (sic) des politischen Soldaten zu verkörpern. Der politische Soldat ist der Mensch, der von seinen Idealen angetrieben wird, der unzweideutig handelt, wenn es gilt, unseren politischen Auftrag tapfer zu erkämpfen. Niemals in der europäischen Geschichte war die Notwendigkeit ganzer Bataillone politischer Soldaten entscheidend wie heute. Für ein Engagement in unserer nationalistischen Bewegung ist der hundertprozentige politische Aktivismus unabdingbare Voraussetzung», heißt es auf der JN-Homepage über das eigene Selbstverständnis.

Doch da gäbe es noch ein Problem. Denn die Bewegung wird öffentlich bislang – ob zu Recht oder nicht – als tumber und gewalttätiger Haufen wahrgenommen. Schäfer ist nicht der einzige NPD-Kader, der das unverhohlen zugibt. «Bisher sagen die Leute noch: Was ihr erzählt, ist ja in Ordnung, aber schaut euch doch mal an. Wer seid ihr denn? Daran, dass sich das ändert, müssen wir arbeiten.» Die JN haben sich unter Anleitung von Schäfer und Valenta in den letzten Jahren viel mit Strategien beschäftigt. Und mit der Schulung des Nachwuchses.

Zu den Schulungsinhalten gehören nicht nur die politischen Kernaussagen, sondern auch die taktische Vorgehensweise. An den Infotischen der JN finden sich kaum noch tumbe Schläger. Smarte, rhetorisch gut geschulte Ideologen übernehmen zunehmend deren Part. Von Gewalt distanzieren sie sich, das «Dritte Reich» erklären sie zum Nicht-Thema. Geredet wird stattdessen über Hartz IV, Globalisierung und Diätenerhöhungen. So kommt man ins Gespräch ...

Schäfer, der Stratege und Kreistagsabgeordnete, hat die Professionalisierung, die er von der Bewegung fordert, an sich selbst vorexerziert. «Ich trete auf einer Parteiversammlung natürlich rebellischer auf als auf einer Kulturveranstaltung oder im Kommunalparlament.» Mal wählt er den rebellischen Gestus, der ihm liegt, mal den bürgerlichen. Letzteren streift er sich über wie den Sakko, den er eine Woche nach dem Gespräch beim Bamberger Bundesparteitag tragen wird.

Schäfer weiß, dass er einen langen Atem braucht, bis seine Thesen auch nur halbwegs gesellschaftsfähig werden. Deshalb passt er sich an Konventionen an, die er eigentlich ablehnt. Das Parlament – und sei es das Kommunalparlament des Harz-Land-kreises – interessiert die nationalistischen Kader dabei nur als Agitationsbühne. Ziel ist nicht der inhaltliche Streit mit den Ver-tretern der anderen Parteien, schon gar nicht die Konsensfin-dung: «Es geht darum, dort zu zeigen: Hier sind wir. Wir denken anders.»

Im Kreistag, dessen gewähltes Mitglied er ist, liege das Durch-schnittsalter bei etwa 50 Jahren, schätzt Schäfer. «Die einzigen Jugendlichen sind ich und mein Kollege. Ich bin 25 Jahre alt, er ist 23. Die einzigen Besucher der Kreistagssitzungen sind unsere Sympathisanten. Irgendetwas scheinen die anderen Parteien also falsch zu machen.»

Damit aus interessierten Jugendlichen Sympathisanten wer-den und aus Sympathisanten Aktivisten, bieten die JN eine Art nationalistischer Rundumbetreuung an. Schäfer, der erbit-terte Feind der Beliebigkeit, wird plötzlich seltsam unpräzise, als er über die «Angebote» spricht, die die Organisation ihren Aktivisten bietet. «Wir versuchen uns ganzheitlich anzubieten», sagt er, als werbe er für einen ayurvedischen Kochkurs. «Da ist für jeden etwas dabei.» Ein kurzes Zögern: «Es gibt Dörfer, da sind nationale Jugendliche die Einzigen, die sich darum küm-mern, dass der Maibaum aufgestellt wird oder dass die Volks-tänze nicht aussterben.»

Man kann getrost davon ausgehen, dass Michael Schäfer Volkstanzgruppen so fremd sind wie ein muslimischer Gebets-teppich. Doch bei traditionellen Wählern aus der umkämpften gesellschaftlichen Mitte mag man damit Achtungserfolge feiern.

Und darum geht es. Um die Respektabilität, die es braucht, um den Status einer Nischenpartei zu verlassen.

Welches Thema böte sich da eher an als die Sozialpolitik? Nach allen Umfragen beschäftigt sie die Menschen in der Mitte der Gesellschaft am meisten. Es ist kein Zufall, dass die programmatische Wende der Mutterpartei hin zu den sozialen Themen maßgeblich von ehemaligen JN-Funktionären wie Holger Apfel oder Jürgen Gansel propagiert wurde. Valenta und Schäfer achten heute minutiös darauf, dass die Partei diesen Kurs nicht mehr aufgibt. Primär aus taktischen Erwägungen – was nicht heißt, dass sich die Wut der JN-Aktivisten nicht auch aus authentischer Empörung speisen würde.

«Bei uns ist viel kaputtgegangen nach der Wende», berichtet Schäfer von seiner politischen Sozialisation in Wernigerode, «und heute ist es noch schlimmer. Du bekommst keine Lehrstelle, und wenn, dann wirst du danach rausgeschmissen. Dann hast du nur noch die Wahl, entweder nach Baden-Württemberg zu gehen oder dich einer von fünf verschiedenen Zeitarbeitsfirmen anzuvertrauen. Die zahlen dir dann Löhne, die zwischen drei und sechs Euro 50 liegen. Und davon sollst du eine Familie gründen und ernähren.»

Schäfer schaut nun triumphierend. «Irgendwann sagen die Leute: Das kann's nicht gewesen sein. Dann suchen sie nach Alternativen.» Die Rechten bieten diese Alternativen an – als Einzige, wie Schäfer glauben machen will. Hatte er nicht schon hundertmal betont, dass das «Dritte Reich» ein reines Medienthema sei? Dass die NPD mit anderen Themen punkte? Schäfers Partei plakatierte zuletzt bei allen Wahlen in den neuen Bundesländern ein trotziges «Wir bleiben hier». Und dann «Der Osten wählt rechts». Natürlich schafft die NPD weder in der Uckermark noch im Harz neue Arbeitsplätze. Aber sie vermittelt ihren Aktivisten vor Ort das Gefühl, gebraucht zu werden – als «politische Soldaten», wie es ohne falsche Scheu unter der Rubrik «Wer wir sind» auf der JN-Homepage heißt.

Die JN legen großen Wert auf ihre Unabhängigkeit von der Mutterpartei. Im Interview mit der «Deutschen Stimme» sagt Michael Schäfer: «Wir erlauben uns, das Handeln und die Entwicklung der NPD zu hinterfragen und auf Fehlentwicklungen aufmerksam zu machen.»[65] An gleicher Stelle formuliert er eine Standortbestimmung, die sich zumindest von einigem abgrenzt, was jahrzehntelang das Erscheinungsbild der NPD prägte. «Wir haben chauvinistische und altrechte Anfälle hinter uns gelassen und leben einen Befreiungsnationalismus, der sozialistisch ist im Wirtschaftlichen, national ist im Staatlichen, völkisch im Kulturellen und freiheitlich im Denken.»

Auch die Abgrenzung gegenüber den «Altrechten» kann man primär als taktisch motiviert begreifen. Lodenmantelträger, die tagsüber die Gartenzwerge schrubben und abends unterm Hirschgeweih über die Negermusik schimpfen, zu der sie auch die Beatles zählen – mit solchen Kameraden könnte man unter den wütenden Jugendlichen im Harz nicht punkten. Zumal der Lodenmann wahrscheinlich auch den einen oder anderen Rechtsrocker oder Blood and Honour-Aktivisten liebend gerne ins Arbeitslager schicken würde. Weil er sich gar nicht vorstellen kann, dass der sich ideell kaum von seiner eigenen Gedankenwelt unterscheidet.

Michael Schäfer, der Kameradschaftsaktivist mit Parteibuch, weiß natürlich um die Verschiedenartigkeit rechtsextremer Lebensstile: «Beim Stichwort ‹Rechts› denkt man an ältere konservative Männer, an Militärnarren, die den starken Staat und Repression fordern. Das aber hat nichts mit den Motiven zu tun, wegen derer die jungen Leute zu uns kommen. Ich will das vom Begriff ‹Rechts› trennen, auch um den jungen Leuten zu zeigen, dass sich bei uns etwas tut.»

Der Staat, den die JN erkämpfen wollen, würde sich wahrscheinlich wirklich in einigen Details vom «Dritten Reich» unterscheiden. Schäfer und seinen Mitstreitern schwebt ein völkischer Sozialismus vor, kein autoritärer Führerstaat: «Der historische

Faschismus ist eine etatistische Idee. Das ist nicht unser Primat, unser Primat ist das Volk. Das Wohl des Volkes, die Weiterexistenz des Volkes.»

Auch der Rassismus des NPD-Nachwuchses hat andere Ausprägungen als der der Parteirentner. Die Menschen seien unterschiedlich, sagt Schäfer. Und das solle so bleiben. Anders gesagt: Wenn Seal und Heidi Klum im Fernsehen auftreten, fragt sich der Altrechte, ob die Blondine keinen Besseren abgekriegt hätte, wenn sie weiter gesucht hätte. Der JN-Aktivist blickt hingegen mit panischem Blick auf deren gemeinsame Kinder. Schon wieder ein verwischter Unterschied. Rassismus bleibt eben Rassismus. Auch wenn die Neurechten im Gegensatz zu den Altrechten empört aufschreien, wenn man sie Rassisten nennt.

Innerhalb der Partei nehmen die JN zunehmend die Funktion einer Kaderschmiede ein, nebst einer minutiös geplanten strategischen und intellektuellen Schulung des Nachwuchses. «Der Kampf um die Köpfe, die intellektuelle Aufrüstung unserer Bewegung und das Ringen um das bessere gesellschaftliche Konzept in der zweiten Republik sollen die Ausprägungen des modernen Nationalismus beeinflussen.»

Fragt man den gleichen Schäfer, der sich soeben fast eine Stunde lang über die «höheren Ideale» seiner «Bewegung» ausgelassen hat, was diese denn im Einzelnen vertrete, verdorrt dessen Sprache mit einem Mal: «Bestimmte Werte» müssen da gelten und «bestimmte Sachen überwunden werden», sagt er. Auf Nachfrage will er die «Ellenbogengesellschaft» überwinden.

Natürlich weiß Schäfer zu jeder Sekunde des Gesprächs, dass seine Partei sich inhaltlich so sehr auf dem Boden des deutschen Grundgesetzes befindet wie Dschinghis Khan oder die Jedi-Ritter. Da verbietet es sich, gegenüber einem Pressevertreter allzu sehr ins Detail zu gehen. Zumal, wenn der auch noch Fragen zum «Dritten Reich» stellt.

Als NPD-Funktionär gerät man eben schnell mit dem Paragraphen 130 StGB (Volksverhetzung) in Konflikt, wenn man mal frei von der Leber weg erzählt. Das Ehrlichste, was einem NPD-Vertreter, so er halbwegs bei Trost ist, über das «Dritte Reich» zu entlocken ist, ist deshalb das verklausulierte Eingeständnis, dass der Nationalsozialismus nach wie vor das Thema ist, dem die Partei argumentativ nicht gewachsen ist. Gibt sie ihre großen inhaltlichen Schnittmengen preis, entfernt sie sich unwiderruflich aus der ersehnten «Mitte des Volkes». Distanziert sie sich inhaltlich, verrät sie einen Großteil ihres ideologischen Fundus – ein fatales Signal nach innen, das Massenaustritte und die endgültige Entzweiung mit der Kameradschaftsszene zur Folge hätte.

Also sagt Schäfer: «Das ‹Dritte Reich› wird genutzt, um uns politisch zu bekämpfen. Man zwingt uns eine Diskussion auf, obwohl wir sagen, dass wir nach vorne schauen.» Ende der Diskussion.[66]

Auf der Beerdigung von Friedhelm Busse, dem ehemaligen Vorsitzenden der 1995 verbotenen offen neonazistischen FAP («Freiheitliche Deutsche Arbeiterpartei»), lässt sich dann aber JN- und NPD-Prominenz zuhauf blicken. «Ein großer Kämpfer für Deutschland wurde zur letzten Armee abberufen», hieß es vorher in einem Aufruf des bayrischen Landesverbandes.

Die rhetorische Zurückhaltung, die nicht nur JN-Funktionäre in Interviews an den Tag legen, ist im Grunde genommen unnötig, schließlich sagen die JN an anderer Stelle völlig unverblümt, was ihnen vorschwebt. Nicht mehr und nicht weniger als eine national-sozialistische Revolution: So erklärte der u. a. wegen eines Postraubs mehrfach vorbestrafte heutige stellvertretende Bundesvorsitzende, der Schwabe Alexander Neidlein, 2006 auf einem JN-Landeskongress: «Nationalismus heißt Revolution. Und unsere Revolution findet im 21. Jahrhundert statt. Unsere Revolution ist keine kleine Veränderung, sondern wir müssen uns ein komplett anderes politisches System erkämpfen.»[67] Der «bedingungslose Wille, dieses kranke System auf die Müllhalde der Geschichte zu katapultieren», werde die JN immer weiter voranbringen.

Und Philipp Valenta ergänzt: «Der multikulturelle Weltstaat, der im Laufe der Zeit unvermeidlich in einen monokulturellen Weltstaat münden wird, ist der ideale Nährboden für das Entstehen einer parasitären Klasse. Der bedingungslose, vermasste Mensch wiederum ist das ideale Objekt der Ausbeutung, Verdummung und Lenkung durch ebendiese parasitäre Klasse. Deshalb kann aus unserer Sicht eine Teilhabe an der Macht, womit man selbst Teil der herrschenden Klasse wäre, so lange nicht in Betracht gezogen werden, solange die herrschende Klasse nicht entmachtet und die sie tragende Ideologie nicht ein für alle Mal endgelagert ist.» Von Gewalt distanzieren sich die JN ein paar Zeilen später selbstredend. Es gehe um den «ideologischen», nicht um den «bewaffneten» Kampf, denn nur Ersterer sei «revolutionär».

Was nach einer geglückten Revolution mit den politischen Gegnern passieren würde, mag sich jeder selbst ausmalen. Dass es den JN um die Beseitigung und keine wie auch immer geartete Reform des jetzigen Systems geht, ist allerdings unübersehbar: «Das bedeutet die Erkenntnis, dass das System, bei einigen Annehmlichkeiten, prinzipiell schlecht ist. Die Konsequenz daraus heißt nun logischerweise, dass man dieses System nicht reformieren kann, sondern beseitigt und durch etwas Neues ersetzt werden muss. Eine solche Vorgehensweise nennt man üblicherweise Revolution. Ist das Bewusstsein der aktiven nationalistischen Kampfgefährtinnen und Kampfgefährten dahingehend ausgerichtet, geht es im nächsten Schritt darum, das Bewusstsein möglichst vieler Menschen in diese Richtung zu schärfen. In Verbindung mit der zunehmenden Verschärfung der sozialen Frage wird die Revolution wahrscheinlich, und die Chance für eine revolutionäre Kampfpartei wird zunehmen. Dann wird der organisierte Nationalismus vom Objekt zum Subjekt der Politik, vom Verteidiger zum Angreifer!» (Quelle: Revolution statt Reform, Beschluss des BuVo, Jan. 2006)

WENN RASSISTEN EIN «FEST DER VÖLKER» FEIERN

«Fest der Völker» – das klingt nach einem Straßenfest in einem multi-kulturell geprägten Stadtteil. Doch weit gefehlt: Jahr für Jahr trifft sich die deutsche Neonazi-Szene im Spätsommer irgendwo in Thüringen, um Rechtsrock zu hören und mit der Antifa Katz und Maus zu spielen. Ein Ortstermin.

Die Stadtrodaer Straße ist die längste und breiteste Straße der Stadt, sie führt vom Stadtzentrum Jenas bis ganz hinaus zur Autobahn. Doch heute müssen sich die Jenenser einen anderen Weg nach Erfurt oder Berlin suchen. Die Stadtrodaer Straße ist an diesem Sonntag eine Demarkationslinie. Weil sich die NPD als Demoanmelderin vor Gericht durchgesetzt hat, wurde aus einer vierspurigen Straße eine Demarkationslinie zwischen den Rechtsextremen und deren Gegnern.

In der Oberaue, dem riesigen grünen Park nördlich der Innen-stadt, haben die demokratischen Parteien ihre Infostände aufge-baut. Ältere Ehepaare sind gekommen, viele Studierende. Und Familienväter, die ihren Kindern mit ruhiger Stimme erklären, warum «die Nazis doof» sind. Von einer Bühne des DGB her-unter erschallt Reinhard Mey. Er behauptet, über den Wolken müsse die Freiheit grenzenlos sein. Hier in Jena hat sie Grenzen. Ein älterer Herr mit Lederjacke empört sich über den «Belage-rungszustand», ständig müsse er seinen Ausweis zeigen, man komme sich allmählich schon wie ein Verbrecher vor. Und all das nur, weil ein Richter in Gera sich bemüßigt sah, den echten Kriminellen, den Rechten, schon wieder einen Aufmarsch zu genehmigen, schimpft er.

In der Tat hatte die Stadt alles versucht, um nicht schon wieder das silberne Tablett zu sein, auf dem sich die Rechten präsentieren können: «Jena soll nicht zum Aufmarschgebiet von

Neonazis werden», hatte Oberbürgermeister Albrecht Schröter (SPD) gesagt und das «Fest der Völker» untersagt. Doch ein Geraer Gericht kassierte das Verbot. Es hätte wahrscheinlich auch keine andere Möglichkeit gehabt, schließlich ist das Versammlungsrecht ein hohes Gut, und wenn sich – wie in diesem Fall – auch noch eine Partei als Anmelderin vor die weitverzweigte Neonazi-Szene stellt, ist ein Verbot noch schwieriger durchzusetzen.

Der oberlehrerhafte Grundton, mit dem die Richter jedoch dem wackeren Kommunalpolitiker ins Stammbuch schrieben, er habe «nicht einmal mehr den Anschein» erweckt, als wolle er seiner «Pflicht zur Neutralität und zu einer versammlungsfreundlichen Verfahrensweise» nachkommen, ist jedenfalls Wasser auf die Mühlen der Rechtsextremen, für die Schröter seit jeher ein rotes Tuch ist. Auch die Tatsache, dass sie eine «Pressekonferenz» am Vorabend des «Fests der Völker» in einem Raum des Jenenser Rathauses abhalten dürfen, wird süffisant kommentiert.

«Fest der Völker» – was nach einem Kreuzberger Straßenfest klingt, steht in Wahrheit für das genaue Gegenteil. Die NPD sieht Deutschland bedroht, sozial, kulturell, vor allem aber ethnisch. Nichts findet der Nationaldemokrat daher verwerflicher als eine Liebesbeziehung zwischen Menschen verschiedener Hautfarben. Von «Rassenschande» wird heute – zumindest vor verschlossenen Türen – nicht mehr gesprochen. Heute wird argumentiert – die «Völker», die man selbstredend als gleichwertig erachte, müssten ebendeshalb erhalten bleiben. Auch dieses Denken folgt den sogenannten ethnopluralistischen Konzepten der «Neuen Rechten», es hat über den Umweg universitärer JN-Kreise und über die rechtskonservative Wochenzeitung «Junge Freiheit» Einzug in die Partei gehalten.

Man propagiert also ethnisch homogene Staaten bzw. Völker, die sich untereinander respektieren, nicht aber vermischen dürfen. Denn dann würden die Völker unweigerlich ihre Eigenarten und ihre Identität einbüßen. Im Ergebnis führt das angeblich so neue Denken jedoch zur gleichen Konsequenz. Denn nichts anderes als «Ausländer raus» ist gemeint, wenn die neurechte Forderung erhoben wird, die Türkei müsse ebenso den Türken gehören wie Deutschland den Deutschen.

Dies stellt einen Bruch mit dem rassistischen Denken der «Alten Rechten» dar, die von einer unterschiedlichen Wertigkeit verschiedener Völker (im Duktus der Alten Rechten auch gerne «Rassen») ausgingen. Dies verneinen die Ideologen aus der Denkschule der Neuen Rechten.[68] Teils aus Überzeugung, teils aus taktischen Gründen.

Wie so viele Bausteine der aktuellen NPD-Programmatik haben ursprünglich die Jungen Nationaldemokraten den ideologischen Wandel hin zur neurechten Ideologie vorangetrieben, nicht zuletzt hielt so der sogenannte Ethnopluralismus[69] Einzug in die Ideologie des Parteinachwuchses und sukzessive in die der Mutterpartei. Entsprechende Passagen der JN-Grundsatzprogramme bilden heute das Denken der «Neuen Rechten» nahezu komplett ab.[70] Michael Schäfer, der aktuelle JN-Vorsitzende, formuliert das so: «Wir sagen nicht, dass Menschen unterschiedlich wertig sind, das wäre eine altrechte Position. Wir erheben uns nicht über andere. Das ist von gestern. Wir sagen: Die Menschen sind unterschiedlich, sie sollen auch unterschiedlich bleiben.»

Allerdings sollen sie sich als dunkelhäutige US-Bürger nicht erdreisten, eine Präsidentschaftswahl zu gewinnen: «Mit der Wahl von Barack Obama zum 44. Präsidenten der USA hat sich das wahre Wesen des amerikanischen Molochs im 21. Jahrhundert enthüllt», schreibt Jürgen Gansel am Tag nach der US-Präsidentschaftswahl, «das weiße, von europäischen Auswanderern getragene Amerika befindet sich durch Einwanderung und Rassenmischung in Auflösung und hat mit dem Afrika-Sprössling seinen symbolischen Totengräber ins Präsidentenamt gewählt (…) Schon das weiße Amerika war eine kulturelle Zumutung für die Welt und zwang freien Völkern mit Waffengewalt ihr multi-rassisches und damit rassenvernichtendes Gesellschaftsmodell auf; ein nichtweißes Amerika ist jedoch eine Kriegserklärung an alle Menschen, die eine organisch gewachsene Gemeinschaftsordnung aus Sprache und Kultur, Geschichte und Abstammung für die Essenz des Menschlichen halten. Barack Obama verbirgt diese Kriegserklärung nur hinter seinem penetranten Sonnenscheinlächeln.»[71]

Der «moderne» Nationalist kann allerdings sogar mit Ausländern ein «Fest der Völker» feiern – vorausgesetzt, sie entstammen dem indogermanischen Kulturkreis. Afrikaner oder Asiaten wird man unter den wenigen Nichtdeutschen beim «Fest der Völker» vergeblich suchen.

In den etwa 40 Quadratmeter großen Raum im Jenaer Rathaus eilen die NPD-Funktionäre und die Neonazis aus dem Ausland nun. Kurz zuvor waren sie in drei Taxen unter Polizeischutz an etwa 200 Gegendemonstranten vorbeigeschleust worden. Ein Aktivist hängt nun Plakate auf, Mineralwasser und Apfelschorle werden ausgepackt.

Der Ungar Zsolt «Elek» Illés, der englische «Blood and Honour»[72]-Aktivist Stephen Swinfen, Nick Giohalas aus Griechenland und der Schwede Dan Eriksson werden später sprechen, erst einmal setzen sie sich wortlos an die Längsseite des Tisches. An der Stirnseite nimmt die anwesende Parteiprominenz Platz. Ingo Stawitz sitzt da, der stellvertretende Landesvorsitzende aus Schleswig-Holstein, und der Thüringer Parteivorsitzende Frank Schwerdt – beides altgediente Veteranen der extremen Rechten, die mit ihren 58 bzw. 64 Jahren etwa doppelt so alt sind wie das durchschnittliche Parteimitglied. Und natürlich Udo Voigt.

Nun dürfen die Neonazis, die «befreundeten Kameraden», ein paar Sätze loswerden. Der Kameramann Christian Müller,[73] der vorher die wenigen Journalisten, die in der NPD-Diktion zur «Systempresse» gehören, abgefilmt hat, wird die Kameraden nachher noch kurz für «Volksfront Medien» interviewen. Er stellt eine Suggestivfrage nach der nächsten und nickt begeistert bei jeder Antwort.

Udo Voigt würdigt den Aktivisten keines Blickes, auch den meist jungen Rechtsextremen aus dem Ausland widmet er nur eine höfliche Begrüßungsfloskel. Er, der Reserveoffizier der Bundeswehr, unterhält sich erkennbar lieber mit Leuten wie Stawitz oder Schwerdt. Die Herren tragen Sakko statt Bekenner-Shirt, sind aber inhaltlich keinen Deut moderater als das Gros der Leute, die am Tag darauf auf und vor der Bühne stehen werden.

Vor den wenigen Journalisten, die nicht zum Dunstkreis der Szene gehören, skizziert Voigt nun in groben Linien die Grundzüge der Rede, die er einen Tag später in der Langfassung halten wird. Gegen Fremdbestimmung sei man, gegen einen europäischen Bundesstaat. Und gegen den «Melting Pot»[74] als Gesellschaftsmodell, gegen multikulturelle Gesellschaften, denn die seien «Ausbeutungsobjekte des Großkapitals».

Am nächsten Morgen sorgen 2000 Gegendemonstranten dafür, dass über die Stadtrodaer Straße keiner mehr durchkommt, der das «Fest der Völker» mitfeiern will. Zu diesem Zeitpunkt wissen sie allerdings noch nicht, dass viele Rechte schon seit den frühen Morgenstunden am Ort des Geschehens sind. Damit ist das Katz-und-Maus-Spiel zwischen Rechten und Antifa im Grunde schon entschieden. Es wird die Polizeikräfte trotzdem noch einige Stunden beschäftigen.

Wer an den Polizeikontrollen vorbei will, muss sich als Rechter zu erkennen geben. Oder einen Presseausweis zücken. «Viel Spaß noch», wünscht ein Beamter sarkastisch und deutet auf die Szenerie in etwa hundert Meter Entfernung.

Dort bietet sich ein skurriler Anblick: Der Seidelplatz – ein schmuckloser von Antifa-Plakaten gesäumter Parkplatz – ist von hüfthohen Absperrgittern umgeben. Dahinter ein Metallzaun und massenweise Polizisten, die die Versammlung von den Gegendemonstranten auf der anderen Seite trennen sollen. Bierbänke stehen eng an eng, sie sind voll besetzt mit jungen Rechtsextremen.

Die Käfigassoziation drängt sich auf. Wie Hühner auf der Stange warten bereits an die 1000 Leute darauf, dass endlich etwas passiert. Oberschenkel an Oberschenkel sitzen sie da, seit Stunden harren sie bereits aus, doch da vorne auf der Bühne tut sich nichts.

Drei Blackmetalfans sind mit ihren Freundinnen gekommen, alle drei haben schwarz gefärbte Haare. Eine Handvoll junger Männer verehrt gut sichtbar das heldenhafte Volk der Wikinger, sie sind ähnlich gekleidet und ähnlich bärtig wie ihre historischen Vorbilder. Ansonsten sehen sich die meisten hier so ähnlich, als wären sie verwandt: Ein paar wenige Glatzen sind noch aus vergangenen Modeepochen übrig geblieben, die meisten haben jedoch stoppelkurze Haare auf dem Kopf, der moderne Nationalist sieht längst nicht mehr so aus, wie sich viele Fotoredakteure und «Tatort»-Regisseure gemeinhin den Rechten vorstellen.

Am stärksten vertreten sind hier in Jena die 20- bis 25-Jährigen. Ein paar Veteranen der Szene haben auch schon die 40 überschritten, am einheitlichen Dresscode – von den fast 1400 Teilnehmern tragen etwa 1370 ein bedrucktes schwarzes Shirt – ändert das nichts. Wenn die NPD tatsächlich in die Mitte der Gesellschaft will, ist es von hier aus noch ein sehr weiter Weg dorthin. Ein älterer Herr mit Hut wird angestarrt, als habe er sich verlaufen. Er scheint sich dennoch wohlzufühlen.

Die meisten der insgesamt knapp 1400 Aktivisten sind jetzt vor Ort. Sie tragen T-Shirts mit martialischen Aufschriften spazieren: «Bombenholocaust», «Braune Stadtmusikanten», «Weiße Wölfe». «Man sieht sich immer zweimal im Leben», steht auf dem Shirt eines Mannes mit Unterbiss. Ein anderer hat eine Parole der 68er verfremdet: «Nationaler Sozialismus ist machbar.»

Wenn das hier die nationalen Sozialisten sind, scheint der nationale Sozialismus eine recht öde Angelegenheit zu sein.

Seit sechs Stunden harrt hier mancher Rechtsextremist schon aus – es ist noch nicht das Geringste passiert. Was umso negativer auffällt, als sich die Veranstalter offenbar nicht die geringste Mühe gegeben haben, für ein wenig Zerstreuung zu sorgen.

Einen Plattenstand gibt es immerhin, von einem der größten rechten Mailorders, «PC-Records» aus Chemnitz, einen Infostand einer der NPD angegliederten Initiative gegen Kinderschänder. Zu trinken gibt es alkoholfreies Bier, die Polizeiauflagen verbieten Alkohol. Doch auch das Speiseangebot ist so beschränkt, als sei es von kommunalen Restriktionen zusammengekürzt worden. Es gibt nur Bratwurst und Bratwurst. Zsolt Illés und Swinfen, der sich von seinem jugendlichen Gesprächspartner losgeeist hat, sind zwei der Gäste, die die NPD tags zuvor auf der Pressekonferenz im Jenaer Rathaus vorgestellt hat. Sie stehen jetzt recht verloren, von den deutschen Kameraden hat offenbar keiner Interesse, sich mit ihnen näher zu befassen. Kurzum: Beim Fest der Völker gibt es keine Völker. Und schon gar kein Fest.

Vor die noch menschenleere Bühne hat sich ein schmächtiger Teenager mit seinem Kumpel gesetzt. Er schwäbelt dezent, trägt schwarze dünne Haare, etwas, das einmal ein Ziegenbart werden soll.

Als er dem englischen Gastredner Stephen Swinfen von einem Antifa-Angriff in der Nacht zuvor berichtet, kann er problemlos ins Englische überwechseln. Der mutmaßliche Gymnasiast und der besorgt wirkende britische Nazikader mit dem angegrauten Stoppelschnitt unterhalten sich weiter ruhig über den Vorabend. «Immerhin haben sie mal was Gutes getan», sagt Swinfen erleichtert, als er hört, dass die Polizei die versprengten Rechten vor den Antifas geschützt habe. Von der Grundaggression, die in den meisten hier gärt, ist bei den beiden nichts zu spüren. Zu sagen haben sie sich jetzt allerdings auch nichts mehr. Sie verabschieden sich höflich voneinander.

Der Blick fällt auf die Bühne. Ein Mikrofonständer steht da, ein Schlagzeug. Im Hintergrund ein Transparent, auf dem, eingerahmt von zwei stilisierten Soldaten mit Stahlhelm, «Europe awake. Brothers in arms for Europe in the alliance for freedom» steht: «Waffenbrüder Europas im Bunde für Freiheit» ist darunter zu lesen.

Mittlerweile ist es 15 Uhr, schon vor zwei Stunden hätte die Kundgebung anfangen sollen. Doch der Generator, ohne den die E-Gitarren Attrappen bleiben, ist noch vor den Antifa-Barrikaden. Die Veranstalter werden offenbar langsam nervös, in immer kürzeren Abständen halten sie ihre Handys ans Ohr.

Endlich greift der Chef der Jenaer NPD, Ralf Wohlleben, zum Megafon: «Eine größere Menschenmenge» solle das Aggregat herbeischaffen, fordert er. Zwei Drittel der jungen Männer, die gerade noch teilnahmslos herumsaßen, springen sofort auf. Ein paar Minuten später wogt der Pulk in die entgegengesetzte Richtung. Angeblich ist dort der Zaun durchbrochen worden, die Nachricht verbreitet sich wie ein Lauffeuer: Antifas wollten das Gelände stürmen. Für viele hier drinnen ist das das Stichwort: «Dreckszecken», rufen sie, «das Viehzeug kommt.» Eine kurze Rennerei. Zwei Minuten später sitzen alle wieder hier. War doch nicht die Antifa.

Eineinhalb Stunden später – das Notstromaggregat ist nach erneutem Gerenne mittlerweile vor Ort – spielt dann endlich die erste Band: «Conflict 88». Bei der Festival-CD, die ein paar Wochen später von PC-Records herausgegeben wird, heißt die tschechische Band nur noch «Conflict», das «88» – die Zahlen stehen bekanntlich für «Heil Hitler» – waren dann wohl doch zu eindeutig.

«Sleipnir» ist die Band des aus dem ostwestfälischen Verl stammenden Marco Laszcz, der sich in dem von der Menge gefeierten Song «Auf ein Neues» auch an den Böhsen Onkelz abarbeitet, die nach ihrer endgültigen Distanzierung von der rechten Szene Ende der Achtzigerjahre als Verräter gelten: «Wir sind nicht die Onkelz, das wollen wir auch gar nicht sein, deshalb kriegen uns die Affen von der Antifa auch nicht klein. Wir sind hier und bleiben da, das sollt ihr auch ruhig spüren, predigen unsere Religion, um euch damit zu verführen.» Ein paar Zeilen zuvor deutet Laszcz mehr als dezent an, worin die Religion bestehen könnte: «Denn was einmal gut war, kommt immer wieder, und jetzt ist es passiert.»

«Brutal Attack» aus England komplettieren den Set. Sie entstammen ursprünglich der Punkszene, viele ihrer Texte, in denen es um «wir gegen die» und die Selbststilisierung als Kämpfer gegen Spießertum und moral majority geht, weisen durchaus Berührungspunkte zur linken Szene auf, mit ihrem Rassismus grenzen sie sich ab.

Während die tschechische Band noch eher gelangweilt zur Kenntnis genommen wird, immerhin aber Applaus erntet, als sie einen Song den «besten Soldaten der Welt» widmet, gehen bei «Sleipnir» und «Brutal Attack» ein paar Zuschauer mit. Vor der Bühne tanzen bis zu zwei Dutzend Skins Pogo – argwöhnisch beobachtet von der ebenfalls in der Szene rekrutierten Security. Doch bei der Masse der 1400 Aktivisten mag im thüringischen Nieselregen keine Begeisterung aufkommen. Zumal die Veranstaltung um 19 Uhr beendet sein muss, wie Ralf Wohlleben, der Chef der Jenaer NPD, verkündet. Der Hass auf die Antifa, die die Veranstaltung zwar nicht verhindern konnte, aber für einige Stunden Verzögerung sorgte, wird dadurch nicht kleiner. «Viehzeug», heißt es wieder.

Das Programm muss nun verkürzt werden, die Auftritte der Bands werden zusammengestrichen. Eine falsche Prioritätensetzung, wie hier fast jeder findet. Zehn Euro «Spende» mussten die Kameraden am Eingang bezahlen. Und nun dieser Redemarathon. «Zu viel Gequassel», heißt es allerorten. Doch das hat gerade erst angefangen.

Ralf Wohlleben spricht als Erster, dann ein Schweizer «Kamerad» namens Andreas Meier, Zsolt Illés aus Ungarn, Nick

Giohalas aus Griechenland, ein Österreicher namens Karsten Thomas, der kein Österreicher sein will: «Wir bekennen uns natürlich zu dem Volk, zu dem wir gehören – das ist nun einmal das deutsche Volk.» Offenbar sind selbst im Publikum einige verdutzt. War es ein Frevel an der nationalen Ideologie, einen Österreicher als Österreicher anzukündigen?

Bevor der Hauptredner, Udo Voigt, die Bühne betritt, spricht der Österreicher Gottfried Küssel, ein Mann, der seit mindestens 20 Jahren als graue Eminenz der Neonationalsozialisten durch Europa geistert. Man kann Küssel im Gegensatz zu einigen hundert anderen Teilnehmern sogar als Neonazi bezeichnen, ohne damit eine Gegendarstellung zu riskieren.[75] Küssel ist Mitglied der NSDAP-AO[76] des Deutsch-Amerikaners Gary Lauck, er wurde in Österreich mehrfach wegen «Wiederbetätigung» der NSDAP inhaftiert. Der Wiener NS-Aktivist Küssel war der wohl engste Vertrauensmann des militanten Neonaziführers Michael Kühnen, der die «Gesinnungsgemeinschaft der Neuen Front» als Nachfolgeorganisation der 1983 verbotenen «Aktionsfront Nationaler Sozialisten/Nationale Aktivisten (ANS/NA)» gründete. Im in Deutschland illegalen Verlautbarungsorgan «Die Neue Front» wurde Hitler als «Heilsgestalt der arischen Rasse» bezeichnet. Küssel war einer der regelmäßigen Autoren des Blattes. Nach dem Aids-Tod Kühnens führte er die Kaderorganisation weiter.

Dieser Gottfried Küssel wird nun gleich die Bühne betreten, wenige Minuten vor Udo Voigt, der offenbar nicht die geringste Notwendigkeit sieht, die Gesellschaft von einschlägig verurteilten Neonazis zu meiden. «Wir zeigen der Welt hier die Antithese der Globalisierung», hebt Küssel an, ehe er auf die in etwa 100 Meter Abstand pfeifenden Antifaschisten deutet. Dort sehe man, was «der induzierte Wahnsinn, der von außen gekommen ist, bewirken kann». Hier aber, er deutet auf die meist recht apathisch dreinblickenden Jugendlichen unterhalb der Bühne, stünden «die Vertreter der kulturellen Hochwertigkeit». Denen empfiehlt er, «unsere eigenen Kulturformen denen der Volksvernichter entgegenzustellen». Es gehe dabei auch darum, «unsere Sprachen in ihrer reinen, schönen Form zu bewahren». Denn auch diese sei durch die Globalisierung und deren Protagonisten bedroht.

Eine vergleichsweise harmlose Rede, emotionslos vorgetragen, als rezitiere er einen etwas zu lang geratenen Konfirmationsspruch, den er nicht selbst ausgesucht hat. Wer Küssel heute sieht, wie er in gewaltiger Leibesfülle mit dunkler Regenjacke und nervösem, oft geradezu flackerndem Blick vom Blatt abliest, mag sich nicht vorstellen, dass er ein Aktivist ist, der länderübergreifend zu allem entschlossene Neonazis um sich scharte. Die Neunziger sind mittlerweile vorbei – zumindest für Küssel.

Was die Veranstalter den Menschen im Nieselregen antun, ist eine echte Zumutung. Seit gut zwei Stunden hören sich die Rechten nun schon Rede um Rede an, kaum einer macht sich die Mühe, seine Worte irgendwie artikuliert vorzutragen oder gar auf das sklavische Ablesen vom Blatt zu verzichten. 1400 Zuhörer, die zunehmend weniger zuhören, und über ein Dutzend Redner, die nicht reden, sondern ablesen, quälen sich hier über die Zeit.

Dann kommt Udo Voigt, der Parteivorsitzende. Bereits nach wenigen Sekunden ebben die Gespräche, in die sich die Kameraden zunehmend geflüchtet haben, ab, immer mehr Leute unter den Herumstehenden wenden sich wieder der Bühne zu. Dabei gilt Voigt parteiintern eher als mediokrer Redner – es gibt in der NPD zahlreiche bessere als den Parteivorsitzenden. Doch was Voigt kann, reicht hier allemal, um die langsam entschlummernden Massen zu beeindrucken. Voigts Rede ist strukturiert. Er verfügt über genügend Routine, um ins Publikum statt auf ein handgeschriebenes DIN-A4-Blatt zu schauen. Das genügt schon.

Was Voigt sagt, unterscheidet sich allerdings inhaltlich um keinen Jota von dem oft mehr, selten weniger wirren Gestammel seiner Vorredner. Vor ein paar Tagen hat Voigt mit dem Vorschlag von sich reden gemacht, dem Hitler-Stellvertreter Rudolf Heß postmortem den Friedensnobelpreis zu verleihen. Darauf bezieht er sich hier, wohlwissend, dass Heß seit jeher die Identifikationsfigur der deutschen Neonazi-Szene ist, die seit Jahr und Tag die rechtsextreme Stammheim-These ventilieren, der damals 93-Jährige sei von den Alliierten ermordet worden.

Der 8. Mai 1945 ist für die Rechtsextremen – und selbstredend auch für den Vorsitzenden von dessen parteipolitischer Vertretung – ein Wendepunkt zum Schlechten hin. In der Lesart des Udo Voigt begann ab diesem Tag die Unterjochung Deutschlands durch die verhasste USA: «Am 8. Mai 1945 hat nicht nur Deutschland den Krieg verloren», sagt er, um dann ein wenig holprig fortzufahren, «sondern hat auch ein großer Europagedanke den Krieg verloren und dem Imperialismus und der Globalisierung die Türe zum Einfall in den Kontinent geöffnet.»

Es geht hier natürlich nicht um historische Fakten – den Beginn der Globalisierung ausgerechnet 1945 zu verorten ist schon gewagt –, sondern um die Herleitung eines Feindbildes, das die einzelnen Ideologieelemente der rechten Szene verklammern soll. Ein virulenter Antiamerikanismus dient der Szene als Chiffre für all das, was man verachtet. Fragt man einen NPD-Funktionär im informellen Teil des Interviews nach seinen kulinarischen Vorlieben, erfährt man, dass der durchideologisierte Nationalist in der allergrößten Not sogar einen Döner essen würde. Einen Hamburger allerdings niemals. Die USA verkörpern all das, was der moderne Nationalist ablehnt.

Udo Voigt erläutert das an diesem regnerischen Spätnachmittag in Jena: «Zum Heulen» finde er es, wenn das Erste, was er nach der Landung in Mailand, Madrid oder Rom sehe, eine McDonald's oder Burger-King-Filiale sei. Die USA als Nivellierer von Individualismus und kultureller Vielfalt – so stellt sich das in der Weltsicht heutiger Rechtsextremer dar.

Das Wort vom «Imperialismus» hat in der Linken ein wenig Staub angesetzt. Umso leuchtender glänzt es bei den Rechten. Was die USA zur Menschheitsgeschichte beigetragen hätten, fragt Voigt rhetorisch: «McDonald's, Michael Jackson, die Atombombe und viele, viele Kriege.» Jubel. Hingegen Europa: Goethe, Schiller, Lessing, Shakespeare, Michelangelo. Weder nach dem ersten dem zweiten, noch dem 38. Blick in die Runde hat man den Eindruck, dass hier viele etwas mit Bach oder Michelangelo verbindet.

Das «Fest der Völker» ist nun vorbei, die Veranstalter haben noch einmal betont, dass sie sich an die polizeilichen Auflagen zu halten gedenken. In kleineren Gruppen gehen die Teilnehmer nun in Richtung Carl-Zeiss-Stadion. Dort ist ein großer Parkplatz, wo sie ungehindert in Kleinbusse und PKWs steigen. Die Antifa-Aktivisten, die noch vor drei Stunden zu Hunderten den Platz besetzten, sind jetzt weg.

DER TURMBAU ZU BURBACH

Das Saarland gilt Marketingexperten als optimales Testgebiet. Wenn ein Produkt hier angenommen wird, folgt die bundesweite Markteinführung. Auch die NPD hat das Saarland als Testlauf auserkoren. Als erstes westdeutsches Bundesland soll hier der Einzug in den Landtag gelingen. Doch da wäre noch Oskar Lafontaine.

Bei der Diskothek Metropolis sind die Rollläden unten, auch an vielen Geschäften hängen Schilder: «Zum Verkauf» steht darauf. Oder die Telefonnummer eines Maklers. Auch am Bahnhof herrscht Tristesse. Dort, wo früher das Reisezentrum war, hängt ein Schild in Computerschrift «Fahrkarten am Kiosk gegenüber». Auch heute, an diesem heiß-schwülen Tag, wirkt die Stadt seltsam menschenleer. Am Völklinger Rathaus, ziemlich genau in der Ortsmitte gelegen, fahren aus Saarbrücken kommend noch fünf Buslinien weiter. Sie alle haben die Endstation «Weltkulturerbe». Das könnte man auch metaphorisch interpretieren: Die ehemalige Völklinger Eisenhütte, eine ebenso imposante wie nutzlose Industrieruine, wurde ein Jahr nach dem Konkurs der Saarstahl AG 1993 von der Unesco in die Liste der Weltkulturdenkmäler aufgenommen. 2007 besuchten dort knapp 240 000 Menschen diverse Sonderausstellungen. Immerhin. Früher, als Stahl noch boomte, arbeiteten hier bis zu 17 000 Menschen, heute ist hier der Museumspädagoge mit ein paar Arbeitskollegen beschäftigt.

Frank Franz ist stolz auf seine Herkunft. Dass er aus der «Hüttenstadt» Völklingen kommt, hat er auf die Homepage seines Landesverbandes schreiben lassen. Das Bekenntnis zu der Region, aus der man stammt, ist bei der NPD Programm: Seine Parteifreunde im Osten plakatieren sogar im Wahlkampf ein trotziges «Wir bleiben hier» als Antwort auf die kaum gebrochene Völkerwanderung gen Westen. Auch Franz bleibt hier, er baut sich gerade in Völklingen ein Haus. Und das, gerade weil ihm vieles nicht mehr gefällt, was in seiner Heimatstadt passiert. «Eine wunderbare Altstadt» habe man «einbetoniert» und stattdessen «einen Baumarkt hingestellt». Den Einzelhandel habe man so systematisch ruiniert.

Dass die Versteppung der Innenstadt – wie in so vielen westdeutschen Städten – durch eine falsche Politik begünstigt wurde, kritisieren in Völklingen nicht nur NPD-Sympathisanten. «Man hat hier das Gefühl, man fährt durch eine Geisterstadt. Immer mehr Deutsche ziehen ins Umland, wenn man jemanden sieht, sind es meistens Ausländer.» Ohne die geringste Intonationspause schiebt er hinterher: «Und das macht Völklingen nicht gerade schöner.»

Franz ist bundesweit einer der Hoffnungsträger der NPD, einer Partei, deren Personaldecke so dünn ist, dass sie die wenigen Funktionäre, die man in Berlin und Dresden für Führungsaufgaben vorgesehen hat, wie Schachfiguren über die Bundesrepublik rochieren lässt. Franz – «die Partei verfügt ja nicht über unendliche Ressourcen» – war im vergangenen Jahr in Schwerin, er hat beim Aufbau der Landtagsfraktion in Mecklenburg-Vorpommern mitgeholfen, hat Reden für den Innenausschuss geschrieben, wie er berichtet. «Nach meiner Ausbildung war ich gerade frei.»

Die Arbeit in Schwerin war von vornherein auch als Vorbereitungszeit für das eigentliche Einsatzgebiet gedacht, berichtet der gelernte Physiotherapeut und Programmierer, der sieben Jahre bei der Bundeswehr tätig war. 2004 verließ er sie als Oberfeldwebel. «Schwerin war auch eine Einarbeitungszeit, um mich für den Saarländischen Landtag vorzubereiten.»

Franz ist ehrgeizig und als gebürtiger Saarländer und langjähriger Kameradschaftsaktivist im Land verwurzelt. Das trifft sich gut, zumal Saarbrücken nur ein Etappenziel auf dem Weg zu einer bundespolitischen Verankerung sein soll. Wenn man nicht bald den Einzug in einen westdeutschen Landtag schafft – das wissen insgeheim auch die Parteistrategen –, bleibt man eine ostdeutsche Regionalpartei. Und als solche kann man mittelfristig nicht bestehen: «Wichtig ist, dass wir uns weiter verankern, um so den Turm von unten aufzubauen.»

Im Saarland steht immerhin schon das Fundament für diesen Turm, in Völklingen ist es sogar schon relativ breit. Bei der letzten Stadtratswahl erreichte man 9,6 Prozent der Stimmen, «in allen Schichten» sei man «präsent», sagt Frank Franz, vom Arbeitslosen über den Mittelständler – auch «der eine oder andere Jurist», der «verständlicherweise» anonym zu bleiben gedenke, habe schon an die Partei gespendet. Man muss wissen, dass die NPD überall behauptet, von zahlreichen Mittelständlern unterstützt zu werden, glauben muss man das nicht unbedingt.

Am 30. August 2009 wird der Saarbrücker Landtag neu gewählt. Wenn die Partei in irgendeinem westdeutschen Flächenstaat Chancen hat, auf sich aufmerksam zu machen, dann hier. Hier, im Saarland, wo man bereits bei der Bundestagswahl 2005 auf vier Prozent kam. 150 Mitglieder zählt der Landesverband, ungefähr 200 Aktive könne man mobilisieren, fährt Franz stolz fort. Für NPD-Verhältnisse sind das tatsächlich ordentliche Zahlen.

Das Saarland ist auch aufgrund seiner Übersichtlichkeit bestens als Testterritorium geeignet, wie Parteichef Udo Voigt ausführt: «Das Saarland ist für uns auch deshalb interessant, weil es sehr klein ist. Es gibt dort nur etwa 800 000 wahlberechtigte Einwohner. Das sind gerade mal 250 000 Haushalte, die wir gut unabhängig von den Medien mit unserer eigenen Werbung bedienen können – und zwar mehrfach.»

Wo man die Beliebtheit eines neuen Lippenstifts oder Schokoriegels erproben kann, lässt sich natürlich erst recht bestens Wahlkampf machen. Zumal der Großteil der Menschen an der Saar lebt, an der so gut wie alle Städte liegen, Saarbrücken, Neunkirchen, Völklingen, Dillingen, Saarlouis, Homburg. «Da kann man mit Werbemitteln viel machen», freut sich Franz. Doch die kosten Geld, und die Partei ist klamm. Frank Franz, der ungern unterbrochen wird, zieht es nun vor, wortkarg zu werden.

Aufgrund seiner Überschaubarkeit ist das Saarland auch für Wirtschaftsunternehmen interessant, die das kleine, gerade einmal mit knapp über einer Million Einwohnern gesegnete Land gerne nutzen, um vor der bundesweiten Markteinführung eines Produktes dessen Chancen zu eruieren. «Wenn wir in einem westdeutschen Landtag sitzen – und dann noch in der Hochburg von Oskar Lafontaine –, ist das ein bundespolitischer Dammbruch», sagt Frank Franz. Und auch Udo Voigt reibt sich an dem Chef der Linkspartei: «Für uns geht es darum, Oskar Lafontaine mit unseren Argumenten sechs oder sieben Prozent für die NPD abzuziehen. Bedenken Sie doch die alte Wahrheit: Links schaukelt sich mit rechts hoch, und rechts schaukelt sich mit links hoch. Das heißt, wo viel für eine extreme Partei zu holen ist, wird auch die andere Seite daran teilhaben. Wir werden natürlich einen Anti-Oskar-Lafontaine-Wahlkampf führen.»

Ein paar Bushaltestellen vom umgebauten Hauptbahnhof entfernt beginnt der Stadtteil Burbach. Der kam bundesweit in die Schlagzeilen, als herauskam, dass in der dortigen «Tosa-Klause» ein kleiner Junge namens Pascal mehrfach vergewaltigt und schließlich umgebracht worden war, ohne dass das die Wirtin oder die Stammgäste interessiert hätte. Für Burbach war die abgestumpfte Gastronomin das Stigma, das die Rütli-Schule für Berlin-Neukölln war.

Dabei ist der Stadtteil allenfalls ein wenig multikultureller als andere Stadtteile in Saarbrücken – ein proletarischer Flecken in einer weitgehend proletarisch geprägten Stadt. Es ist kein Zufall, dass sich die NPD auf der Suche nach einer Parteizentrale gerade hier einnisten wollte: Oskar Lafontaines Linkspartei erzielte in Burbach bei der Bundestagwahl 2005 30 Prozent der Stimmen. «Und deswegen sitzen wir jetzt hier», sagt Franz. Sein Kinn ist nun etwas nach vorne gereckt, die Kiefer mahlen leicht. Er möchte wissen, wie dem Besucher die Zentrale gefalle, in der die Partei seit Beginn des Jahres residiert. Franz schaut triumphierend.

In der Tat: Mit solch geräumigen Örtlichkeiten hätte man nicht gerechnet. Durch eine doppelflüglige Glastür hindurch betritt man einen kleineren schmalen Raum. Rechts hängen Bilder von den saarländischen Montagsdemos der Rechten – in Völklingen waren es gut 40 NPD-Aktivisten, die gegen Hartz IV demonstrierten. Auch Fotos von dem nationalen Barden Frank Rennicke hängen hier. Andere zeigen Prussian Blue, die US-amerikanischen Zwillingsschwestern, die so herzzerreißend deutsches Liedgut intonieren.

In einem weiträumigen zweiten Raum dahinter ist der Konferenztisch aufgebaut. Die Tapeten hängen wohl noch vom Vormieter an den Wänden, auch die Sofas sind aus zweiter Hand – doch man muss schon zweimal hinschauen, um solche Details zu bemerken. Die Parteizentrale der saarländischen NPD dürfte kaum weniger repräsentativ sein als die der im Landtag vertretenen Parteien.

Der große Tisch in der Mitte des Raumes wirkt allerdings ein wenig überdimensioniert, denn nur sechs Aktivisten sitzen hier an diesem Samstagmorgen. Gerade eben haben sie vor einem «Plus»-Supermarkt Flugblätter verteilt. Sie sind zufrieden, den einen oder anderen Bürger konnten sie in ein Gespräch ziehen. Die meisten sind vorbeigegangen, achtlos die einen, feindselig die anderen, wie der älteste der sechs NPDler, Gerd Ambrosius, zu berichten weiß: «Der beschimpft einen als Nazi. Und wenn man mit ihm reden will, sagt er, dass er mit Nazis nicht redet.» Der ältere Herr mit der auffallend großen Brille findet das paradox.

Er würde nun gerne ein bisschen länger reden, dass er sich mit dem Einkäufer nicht auseinandersetzen konnte, wurmt ihn. Ambrosius würde nun gerne ausführen, warum die Partei keine

Nazipartei sei. Oder zumindest nicht so, wie der Protestierer das wohl gemeint hat. Doch da trifft ihn ein strenger Blick von der gegenüberliegenden Seite des Tisches. Frank Franz hält es nicht für klug, dass der Mann mit den großen Brillengläsern über die Ideologie der NPD spricht. Und Franz ist hier der Chef. Mit seinem Segen redet hingegen Bernd Ehrreich, der früher bei den «Republikanern» aktiv war. Die anderen drei sagen eineinhalb Stunden lang kein Wort.

Kerzengerade sitzt Franz am Konferenztisch. Mit seiner teuren grauen Stoffhose, dem braunen Leinenhemd und den Markenschuhen entspricht seine Kleidung nicht im Geringsten dem in der Partei üblichen C&A-Chic, in dem die Aktivisten immer ein wenig so wirken, als habe man sie gegen ihren Willen innerhalb weniger Minuten verkleidet. So wie der grauhaarige Mittvierziger, unter dessen linkem Ärmel ein Rocker-Tattoo hervorlugt. Der Mann scheint im Ortsverband die Finanzen zu regeln. Der strenge Blick aus den Hans-Albers-Augen des Frank Franz trifft ihn an diesem Nachmittag nicht ein einziges Mal. Er versucht nicht einmal, etwas zu sagen.

Dafür lässt der ältere Herr mit der Brille noch einmal kurz eine eigene Meinung erkennen. Er ärgert sich, dass Oskar Lafontaine so oft in den Medien thematisiert wird, vor allem in den Talkshows, die er wie «Talg» ausspricht, ohne dass man das unbedingt als Medienkritik verstehen müsste.

Die DVU, sagt er, die spiele im Saarland keine Rolle. Und beliebt sei sie an der Basis auch nicht. Er verstummt, Frank Franz hat auf der anderen Seite des Tisches immer schwerer eingeatmet. Die Wahlabsprachen mit der ungeliebten Phantompartei aus München sind Chefsache. Und der Chef kennt die parteiinterne Sprachregelung. «Zunächst einmal bleibt festzustellen, dass der Deutschlandpakt besteht. Da steht es uns nicht zu, den hier infrage zu stellen.» Franz spielt gerne Schach, wie man auf der Homepage seines Landesverbandes erfährt. Ein Taktik- und Strategiespiel, das wie geschaffen ist für Politiker. Am Ende muss der gegnerische König Matt gesetzt sein, wer sich zuvor zu früh aus der Reserve locken lässt, verliert.

Verlieren möchte Franz nicht. Nicht hier im Saarland, wo man trotz all des Gegenwinds schon recht weit gekommen ist. Seit dem Jahr in Schwerin blickt Franz dennoch neidvoll gen Osten. «Da ist es für uns als NPD deutlich einfacher, die Leute sind weniger durch die Kartelle eingebunden, deshalb ist es nicht so leicht, uns zu kriminalisieren.» Im Saarland wählten noch viele CDU oder SPD, weil ihre Eltern das schon getan haben. «Aber auch im Westen sind viel mehr Leute ansprechbar, als ich zunächst gedacht hatte.» Zu NPD-Wählern mache sie das allerdings noch lange nicht, schränkt er ein. «Im letzten Moment entscheiden sie sich aber anders.» Gewalt, «irgendein Skinhead, der irgendwo einen Ausländer angepöbelt hat» – all das werde mit seiner Partei assoziiert. Da können sie noch so lange kleinere Schulklassen fordern. Die «Saarbrücker Zeitung» interessiere das wenig. Wenn irgendwo im Land ein Ausländer zusammengeschlagen wird, wird man «unsere drei Buchstaben» sicher gezielt im Artikel unterbringen. Selbst wenn die Aggressoren nicht aus der NPD kämen, sagt Franz, der als Kameradschaftsaktivist lange selbst nicht in der NPD war. «Wir können ein Jahr Faltblätter verteilen, das wird zunichte gemacht, wenn die ‹Bild›-Zeitung uns wieder mit irgendwas verknüpft.»

Zurzeit wird Franz am Infostand auf Templin in Brandenburg angesprochen. Dort haben zwei Neonazis einen Obdachlosen in dessen ehemaliger Werkstatt zu Tode geprügelt. Franz hätte nun die Chance das gesamte Entschuldigungsarsenal seiner Partei abzuspielen. Er könnte sagen, dass die Täter nicht in der NPD seien, dass die Fakten noch nicht gesichert seien, dass Alkohol im Spiel gewesen sei…

Doch Franz denkt gar nicht daran. Kein Wort der Distanzierung kommt ihm über die Lippen. Er würde das wohl als erpresstes politisch-korrektes Statement auffassen. Aber warum fällt es einem so schwer, sich nicht mit zwei betrunkenen Schlägern gemeinzumachen, die einen hilflosen Obdachlosen zu Tode quälten? Franz weiß, dass der Großteil der Menschen, die er für seine Partei gewinnen muss, um in den Landtag zu kommen, die Ereignisse von Templin abscheulich findet. Er schafft es dennoch nicht, sich von Leuten zu distanzieren, die so lange gegen den Kopf eines Wehrlosen traten, bis der starb.

Franz ist Ideologe. Seine Verachtung gegenüber der Linkspartei speist sich nicht zuletzt daraus, dass er sie für opportunistisch hält. Die Linkspartei ist systemkonform. Und die Themen, die sie abseits der Sozialpolitik vertritt, sind für die NPD schlimmer als für den Teufel das Weihwasser: Multikulturelle Gesellschaft, Schwulen- und Lesbenemanzipation sind die rotesten aller Tücher für einen NPD-Parteigänger. Auf diesem Gebiet gibt es keinerlei Schnittmengen. Also setzt die NPD alles daran, um der Linkspartei ihr vermeintliches Alleinstellungsmerkmal als Gegnerin einer neoliberalen Doktrin streitig zu machen. Keine Partei wird so offensiv von der NPD angegangen wie die Linke – der erklärte strategische Gegner der Partei.

«Steigbügelhalter vom Kapitalismus» sei die Linke, wie Franz Parteifreund auf der anderen Seite des Tisches findet. Ihn unterbricht Franz auch diesmal nicht. Wie bei einem Krimi müsse man auch die Politik danach durchgehen, was wem nütze. Er schaut triumphierend. Gleich wird er seinen nationaldemokratischen Zirkelschluss präsentieren. Die Linke ist für die multikulturelle Gesellschaft, also für billige Arbeitskräfte. Wem nützt das? Dem Kapital. Er schaut triumphierend.

Auch die Parteizeitung «Deutsche Stimme»[77] lässt sich ausführlich über die Linke aus, die sie als trojanisches Pferd der Neoliberalen geißelt: «Das, was ihr Vorturner da an Volkszorn und antikapitalistischer Sehnsucht beschwört, wird dem parteiorganisierten Nationalismus mächtig Auftrieb geben, weil das Original immer glaubwürdiger ist als die Kopie, die Fundamentalopposition stets anziehender als die Scheinopposition. Wenn die Deutschen erkennen, dass die Zerstörung ihres Sozialstaates eine zwangsläufige Folge von Einwanderung, EU-Fremdbestimmung und Globalisierung ist und auf diese Internationalisierungstendenzen nur mit Nationalismus geantwortet werden kann, ist der vorübergehende Bann der ‹Linken› gebrochen. Alles in allem ist aus nationaler Sicht Gelassenheit angesagt. Der populistische Zauberlehrling Lafontaine wird die von ihm gerufenen Geister des national-sozialen Widerstandes gegen einen immer widerwärtigeren Kapitalismus nämlich nicht mehr los, und in diesem Sinne ist er ein ungewollter Bahnbrecher eines nationalen Klimawandels. Spätestens dann, wenn seinen Genossen dies dämmert, strudelt Lafontaines politisch und kulturell so heterogene Partei in eine Existenzkrise, die das Parteiprojekt wieder in seine Einzelteile zerlegen könnte. ‹Die Linke› stellt nicht die Systemfrage, auch wenn sie das auf dem Gründungsparteitag keck behauptete – sie ist die letzte Auffangformation des Systems, bevor das Pendel endgültig nach rechts ausschlägt. Nationalisten werden ernten, was Lafontaine sät.»

Hier, in Saarbrücken-Burbach, kennen sie ihren Oskar seit Jahrzehnten. Gerd Ambrosius hat ihm noch heute nicht verziehen, dass er das Saarbrücker Schloss, anstatt es originalgetreu zu sanieren, mit einer modernen Glasfassade ausstatten ließ. Doch was aus ihren Worten spricht, ist vor allem Neid. Neid auf den medienkompatiblen Politiker, den selbst die populistischsten Medien einen Populisten nennen. Hier wären sie schon froh, wenn sie überhaupt mal in den Medien vorkämen.

Für Frank Franz ist die Medienpräsenz des ehemaligen Ministerpräsidenten der «Beweis dafür, dass die Linke eben nicht außerhalb des Spektrums steht, die wird eben nicht geächtet, sondern ist ein nützliches Ventil der Politik». CDU und SPD laufen die Wähler davon. Und die Linkspartei verhindert, dass sie zur NPD laufen. Die NPD sitzt in keiner Talkshow, sie wird geächtet. Das ist der Beweis, dass sie recht hat.

Integration funktioniere eben nicht, sagt Franz' Stellvertreter Ehrreich – noch so eine Wahrheit, die hierzulande keiner ausspreche, am wenigsten die Linkspartei. Die Linken hierzulande seien sowieso viel weniger ansprechbar als die Ausländer, die sie zu verteidigen vorgeben, sagt er. «Ich bin ja gegen Pauschalurteile, ich habe ja nichts gegen einzelne Ausländer.»

Es gehe lediglich um allgemeine politische Aussagen. «Das verstehen die Ausländer auch.» So wie der Italiener, der auch finde, dass es in Deutschland zu viele Arbeitslose und zu viele Ausländer gebe. «Den Kapitalisten geht nur um Profit, die Menschen sind denen doch egal. Ich sage den Ausländern auch immer, dass sie das nicht persönlich nehmen sollen. Wir wollen die ja auch nicht einfach abschieben, das soll schon menschlich ablaufen. Wenn man den Ausländern erklärt, dass wir nur wollen, dass sie ihre Kultur erhalten – die meisten verstehen das.» Der gemeine Ausländer habe eben nicht solche «Schranken vorm Kopf wie manche Linksextremisten», sagt er, und zwei seiner Parteifreunde nicken. Bernd Ehrreich hat jetzt Oberwasser, also erzählt er einfach weiter. Sein Kumpel, ein Italiener, bekomme als Rentner kaum genug, um im deutschen Südwesten zu überleben. «Der würde am liebsten zurück. Warum soll man denen das denn nicht ermöglichen?»

RAUS AUS DEM ARCHIV, REIN IN DIE POLITIK

Karl Richter ist das Aushängeschild der bayerischen NPD, er ist eloquent, gebildet und durchaus bereit, seine Positionen zu hinterfragen – dazu besteht allerdings auch Anlass. Seine Partei hatte sich im bayerischen Wahlkampf viel vorgenommen. Doch dann legte ein Parteifreund dem anderen eine Hakenkreuzfahne aufs Grab.

Ein strahlender Spätsommertag. Die Sonne scheint warm von einem tiefblauen Himmel herunter, die Fassaden sind blank, die Touristen strahlen mit den klassizistischen Prachtbauten um die Wette. München präsentiert sich heute an diesem Augusttag, als bereite es sich auf einen Fototermin für den nächsten Tourismuskatalog vor.

Auch die politischen Parteien haben Plakate mit idyllischen Motiven geklebt. Alpenpanorama, Badeseen, lachende Politiker vor blauem Himmel. Noch hat die heiße Phase des Wahlkampfes nicht begonnen, noch sind viele Bayern im Urlaub, die Werbeagenturen empfehlen den Parteien, ihre Message möglichst behutsam unters Volk zu bringen.

Auch die NPD hat behutsamere Plakate als die mit den «Wir statt Überfremdung»-Slogans: Auf ihnen sind saftige Wiesen zu sehen, blauer Himmel, sogar eine Kirche ist im Hintergrund. Allerdings nur im Internet, hier in München wurde das Plakat mit der Überschrift «Die Heimatpartei» bislang nicht geklebt. Um genau zu sein, wurde hier noch überhaupt kein NPD-Plakat geklebt.

Die Partei ist klamm, das Terrain schwierig, schließlich ist die bayerische Landeshauptstadt nicht gerade eine NPD-Hochburg, wie Richter freimütig einräumt. Und als ob die Ausgangslage nicht schon schwierig genug wäre, wird die NPD seit ein paar

Tagen wieder ausschließlich als Nazipartei wahrgenommen. Welch Wunder, wenn ein Parteimitglied auf dem Grab eines anderen Parteimitgliedes öffentlich eine Hakenkreuzflagge drapiert.

Am 26. Juli 2008 wurde Friedhelm Busse, ein krebskranker, alter Mann, in Passau beerdigt. Den Kampf, den er als 15-jähriger Kriegsfreiwilliger 1944 begann, hat er bis zu seinem Tod nicht beendet. Der Mann, der auch nach Einschätzung von Udo Voigt bis zu seinem Tod «ein bekennender Nationalsozialist» blieb, war Mitglied in diversen neonazistischen Organisationen und Chef der 1995 verbotenen Freiheitlichen Deutschen Arbeiterpartei (FAP), der wohl am offensten neonazistischen Partei, die es in Deutschland nach 1945 jemals gab. Noch 2001 hatte er auf einer Kundgebung erklärt: «Wenn Deutschland judenfrei ist, brauchen wir kein Auschwitz mehr.»[78]

Solche Äußerungen und die gesamte politische Vita des Friedhelm Busse hatten die NPD nicht abgehalten, ihm in einer prominent auf der Homepage platzierten Erklärung als «aufopferungsvollen Kämpfer für Deutschland» zu huldigen, der nun bedauerlicherweise «zur großen Armee abberufen» worden (vulgo: gestorben) sei. Warum auch? Udo Voigt hatte ihn im Oktober 2006 persönlich zur Parteimitgliedschaft überredet. Busse forderte damals seine Kameraden in einem Rundschreiben dazu auf, mit der NPD zusammenzuarbeiten. Es war die Zeit, als der Schulterschluss zwischen Kameradschaften, anderen neonazistischen Gruppierungen und der offiziell auf ein Mindestmaß an Respektabilität bedachten NPD abgeschlossen war.

Auf der Beerdigung fand sich neben notorischen Nazischlägern folgerichtig viel Parteiprominenz. Unter anderem Udo Voigt sowie dessen Stellvertreter Sascha Rossmüller. Und Thomas Wulff, ein notorischer Neonazi[79] und langjähriger Weggefährte Busses, der in der NPD eine neue politische Heimat gefunden hat und beim Bamberger Parteitag nur knapp bei der

Wahl in den Vorstand durchfiel. Als der Sarg in den Boden eingelassen wird, legt sich Wulff bäuchlings an den Rand des Grabes und legt eine schwarz-weiß-rote Fahne auf den Sarg.

Voigt steht etwa zweieinhalb Meter daneben, die Hände vor dem Schoß gefaltet. Presseberichte widersprechen sich zunächst, was den genauen Aufdruck der Fahne angeht. Von der Reichskriegsflagge ist zu lesen, von einer Hakenkreuzfahne anderorten. In Wahrheit stimmen beide Versionen: Es handelt sich um die Reichskriegsflagge des «Dritten Reiches», in der Mitte der rechtwinklig aufeinander zulaufenden Linien befindet sich das Hakenkreuz.[80]

Dass Voigt, der nach eigenen Angaben schon in den Siebzigern zusammen mit ihm um vier Uhr morgens Flugblätter verteilt hatte, überhaupt auf der Beerdigung auftauchte, rechtfertigt er im Nachhinein mit seiner persönlichen Charakterfestigkeit: «Ich war Friedhelm Busse sehr freundschaftlich verbunden, ich kenne ihn seit 40 Jahren. Und dann ist mir jetzt im Moment reichlich egal, ob das jetzt der NPD im Wahlkampf schadet oder nicht – solche Überlegungen würden vielleicht etablierte Politiker anstellen.» Wenn Busse, so Voigt weiter, damals unter Adolf von Thadden (NPD-Bundesvorsitzender von 1967–1971) nicht aus der NPD ausgeschlossen worden wäre, hätte er sich später nicht so radikalisiert.

Im gleichen Gespräch zeigt sich Voigt auch empört über die Aktion von Thomas Wulff – auch wenn er am Tag der Beerdigung nicht zweifelsfrei mitbekommen haben will, dass es sich um eine Hakenkreuzfahne handelte: «Als ich das mitbekommen habe, bin ich vor Wut explodiert.» Er selbst sei aber machtlos gewesen: «Was soll man am Grab machen? Soll ich die da rausholen, oder soll ich ihn am Kragen packen? Das kann man wohl in einer solchen Situation nicht machen.» Wobei sich Voigt auch einige Wochen später ausschließlich darüber empört, dass die NPD mit hineingezogen wurde, nicht über die Fahne als solche: «Ich habe Verständnis dafür, wenn einige Leute meinen, das

Friedhelm ins Grab legen zu müssen, denn er war ja früher bekennender Nationalsozialist gewesen, und dann hat er auch das Recht, mit seiner Fahne beerdigt zu werden, aber das in Zusammenhang mit der NPD zu bringen, das halte ich für absolut falsch.»[81] Interessant ist in diesem Zusammenhang auch, dass Thomas Wulff behauptet, Voigt selbst habe ihm unmittelbar nach der Aktion zu seiner Tat sogar gratuliert.[82]

Von offizieller Seite fiel die Distanzierung einige Tage zuvor allerdings noch weniger deutlich aus. Wulff wird in einem Satz, dem man anmerkt, dass lange um ihn gerungen wurde, persönliche Profilierungssucht vorgehalten: «Die NPD-Führung missbilligt gleichzeitig aber auch den Versuch Einzelner, das letzte Geleit für Friedhelm Busse durch die Beisetzung der verbotenen Reichskriegsflagge des Dritten Reiches für eine politische Selbstinszenierung zu instrumentalisieren, die nicht im Einklang mit den Zielen der NPD steht.»

Dann der vielleicht deutlichste Satz: «Der Einsatz für ein sozial gerechtes Deutschland, für die Wiederherstellung von nationaler Solidarität, Identität und Souveränität bedarf keiner leeren Provokation von Selbstdarstellern und – unabhängig von ihrer eventuellen Strafbarkeit – keiner Symbolik von gestern.»

Wer sich in der NPD von der «Symbolik von gestern» distanziert, wird parteiintern bereits dem reformerisch orientierten Parteiflügel zugerechnet. Von den Inhalten von gestern distanziert sich in dieser Partei niemand deutlich. Dass selbst die zitierte Erklärung, die nur mit viel Wohlwollen als Verurteilung von Wulff interpretiert werden kann, weiten Teilen der Parteibasis sauer aufstieß, spricht für sich. Es droht der Bruch zwischen Partei und Kameradschaftsszene.

Im Internetforum «Altermedia», der Internetplattform der Neonazi-Szene, tobt die Empörung über die Parteispitze, die versucht habe, die Beerdigung für Parteizwecke zu instrumentalisieren: «Hier sprechen die Parteioberen nur für sich. Am Grab ging es für die Herrschaften sehr wohl um eine Wahlkampfveranstaltung, schließlich ist ja bald Landtagswahl. Aber mit Steiners[83] Aktion lässt sich ja auch kein Geld verdienen, deshalb ist es auch kein Wunder, dass sich diese Herrschaften dagegen aussprechen.» Stellt sich nur die Frage, wie man eine Partei zu bewerten hat, die sich Mobilisierungseffekte bei der eigenen Klientel verspricht, wenn sie bei der Beerdigung eines der profiliertesten Nazis in der bundesdeutschen Nachkriegsgeschichte Flagge zeigt.

Einige Tage darauf dann die nächste Eskalationsstufe. Zwischenzeitlich haben sich diverse «freie Kräfte» zusammengeschlossen, um eine ultimative Warnung an eine Parteiführung zu formulieren, deren halbherzige Distanzierung von Wulff ihr schon viel zu weit ging. Zu den Erstunterzeichnern zählen neben zahlreichen NPD-Aktivisten wie Norman Bordin oder Ralph Tegethoff der ehemalige FAP-Aktivist Siegfried Borchardt («SS-Sigi»), der ebenfalls mehrfach verurteilte Hildesheimer Neonazi Dieter Riefling und diverse Kameradschaften. Einmal mehr bewahrheitet sich, dass es keine primär inhaltliche Frage ist, ob sie innerhalb oder außerhalb der NPD agitieren.

Die Aktivisten innerhalb und außerhalb der NPD werfen der Partei nicht vor, inhaltlich zu lax zu sein, sondern aus taktischen Erwägungen die offenbar als gemeinsam empfundenen Inhalte zu verwässern. Zumal es «am Tag der Beisetzung und des anschließenden Marsches durch Passau (…) zu keiner einzigen Beschwerde oder Kritik seitens der anwesenden NPD-Funktionäre» gekommen sei – eine interessante Randbemerkung.

Die Erklärung gipfelt in der unverhohlenen Drohung, die strategische Allianz mit der NPD, die sogenannte Volksfront, also den Schulterschluss zwischen Partei und Neonazi-Szene, aufzukündigen. «Wir können solch billige und herabwürdigende Angriffe auf die freien Kräfte nicht hinnehmen und werden die Zusammenarbeit mit diesem Parteipräsidium beenden, falls es zu keiner Einigung hinsichtlich eines vernünftigen Verhaltens der NPD kommt.»

Unter einem «vernünftigen Verhalten» versteht man nicht mehr und nicht weniger als die öffentliche Solidarisierung mit notorischen Neonazis und deren Symbolen. Dass die NPD-Führung bislang allein aus taktischen Gründen allzu emotionale Sympathiebekundungen für den (Neo-)Nationalsozialismus unterlassen hatte, behaupten Gegner der Partei seit jeher. Durch die Erklärungen der Neonazi-Szene dürfen sie sich bestätigt fühlen.

Busse, der mehrmals wegen Volksverhetzung, Freiheitsberaubung und anderer Delikte verurteilt worden war, hatte in der Justizvollzugsanstalt Bernau Norman Bordin kennengelernt. Ihn erklärte Busse, der damals bereits schwerkrank war, zu seinem legitimen Nachfolger: Bordin, so Busse, solle seinen «Platz in der Führung des nationalen Widerstandes» einnehmen. Bordin war damals bereits Chef der bayerischen Jungen Nationaldemokraten. Heute ist er Assistent eines freundlichen Herrn, der sich gerade in einem Münchner Chinarestaurant unter einen Sonnenschirm gesetzt hat.

Karl Richter nimmt gerne den Schattenplatz, Temperaturen über 25 Grad sind ihm zuwider, sagt er. Seit Richter für die NPD-Fraktion als Referent im Sächsischen Landtag arbeitet, sieht er die Stadt, in der er 1962 geboren wurde, nur noch tageweise. Dresden gefällt ihm, sagt er. Aber es fehlte die U-Bahn, überhaupt das Großstädtische. Die Bürgersteige werden ihm dort zu früh hochgeklappt. Und dennoch. Seit er in Sachsen arbeitet, blickt er mit anderen Augen auf München: «In Dresden schauen die Leute halt so aus, wie sie dort ausschauen sollen», sagt Richter, und er findet, dass in Münchens U-Bahnen zu viele nicht so aussehen, wie sie aussehen sollten, nämlich deutschstämmig. Richter spricht von «Landnahme».[84]

Ihm ist jedoch bewusst, dass man auch mit einem weniger selektierenden Blick durch die Stadt gehen kann – er, der sich die letzten zwanzig Jahre in rechtsextremen Zusammenhängen bewegt hat, kann das kaum noch. Auch das sagt er selbst. «Wenn man sich immer im gleichen politischen Biotop aufhält, in dem man sich gegenseitig bekräftigt und das Leiden an der Umwelt stark ist, merkt man das erst recht.» Noch eine Stunde später hat man den Eindruck, dass dieser Mann kritische Fragen auch deswegen ohne Umschweife beantwortet, weil er sie sich selbst schon gestellt hat.

Richter ist Wissenschaftler; Historiker, um genau zu sein. Er glaubt an Fakten. Würde man ihn als Rassisten bezeichnen, würde er das empört zurückweisen. Rassismus ist wissenschaftlich nicht begründbar. Auch alles Eifernde, Fanatische scheint ihm fremd zu sein. Man würde Karl Richter richtig sympathisch finden – wenn er sich nicht politisch äußern würde. Die Bedienung kommt, ausgesprochen höflich bestellt Richter: Eine Gemüsesuppe soll es sein und danach ein Eisbecher, «eine komische Kombination, oder?»

26 Prozent der Münchner seien Ausländer, sagt er, damit liege man vor Berlin und Köln. Eine Zahl für die einen, für ihn eine Berechnungsgrundlage. «Wenn man die demografischen Prognosen extrapoliert auf die nächsten 20, 30 Jahre, steht die Wahrnehmung der NPD in anderem Licht da.» In 50 Jahren werden die Mehrheitsverhältnisse in allen westdeutschen Großstädten gekippt sein, sagt er. Gegen den einzelnen Fremden hat er nichts, nichts Persönliches zumindest. Es geht um das große Ganze. Wehe, wenn die Lage kippt. Richter spricht vom Ruhrgebiet, wo Deutsche vielerorts jetzt schon in der Minderheit seien. Einige Sekunden später ist er beim Kosovo-Konflikt.

Im Ruhrgebiet gilt die von Richter vorexerzierte Strategie als vorbildhaft, nicht unter dem Parteisignet «NPD», sondern unter Tarnnamen wie «Initiative Ausländerstopp» anzutreten. Mit dem «Ausländerthema» will die Partei in den westdeutschen Metropolen Boden unter die Füße bekommen – wohlwissend, dass ihr Parteiname dabei eher hinderlich ist.

Glaubt dieser asketische Intellektuelle etwa tatsächlich, dass hier, im Münchner Stadtzentrum, in 50 Jahren blutige Bürgerkriege toben werden? Richter lächelt sybillinisch, er weiß, dass vieles absurd klingt, was ihn und seine Gesinnungsgenossen umtreibt. «Ich habe schon Pferde kotzen sehen», sagt er. Er habe aber «schon auch» registriert, dass es nach dem Europameisterschafts-Viertelfinalspiel Deutschland – Türkei, das einige Wochen zuvor in Basel stattfand, überall ruhig geblieben sei – es scheint ihn aufrichtig zu wundern. Aber im Gegensatz zu manchem Parteifreund registriert er noch solche Phänomene, die nicht in das eigene Weltbild passen. Einen Bürgerkrieg will also selbst Richter nicht beschreien. Das nicht.

Traurig blickt er nun von der Chinasuppe hoch, die Stirn gerunzelt. «Zuerst kommen die zweisprachigen Ortsschilder, dann die zweisprachige Behördensprache.» Die EU-Gesetze sähen das so vor. Dann deutet er sanft zum Prinzregententheater hinüber, das sich auf der anderen Straßenseite erhebt. «Nordafrikaner, Araber, Türken werden möglicherweise nicht mehr das Interesse an unseren Opernspielplänen haben, an der Aufrechterhaltung dieser Fassaden. Wenn der mitteleuropäische Mensch, der diese Kultur gegründet hat, nicht mehr da ist, wird es diese Kultur nicht mehr geben.» Leise taucht er wieder den Löffel ein. Er denkt nach. «Das alles darf man aber nicht ständig an sich heranlassen, sonst macht man sich irgendwann kaputt und kriegt Bauchspeichelkrebs. Man muss das, was einem gegen den Strich geht, ausblenden. Sonst kann man sich die Kugel geben.»

Jemand, der nicht immer wieder darunter leiden würde, dass er sich außerhalb des gesellschaftlichen Konsenses bewegt, würde so nicht formulieren. Karl Richter ist seit März 2008 gewählter Münchner Stadtrat. Er ist unter den 80 Stadträten der einzige rechtsextreme Parlamentarier. Der NPD-Aktivist hat hier offiziell nicht für seine Partei kandidiert. Richters mit zahlreichen Kameradschaftsaktivisten bestückte Liste nannte sich «Bürgerinitiative Ausländerstopp» und erhielt 1,4 Prozent der Stimmen.[85]

Die anderen Fraktionen haben beschlossen, «den Herrn Richter nicht stattfinden zu lassen», wie Birgit Wolf von der Linkspartei erläutert. Wenn er redet, wird nicht einmal protestiert, das Plenum schweigt. «Die einen drehen Däumchen, die anderen schauen an die Decke», bestätigt Richter. Einen wie ihn trifft das mehr, als seine sarkastischen Kommentare über die politische Konkurrenz glauben machen sollen.

Er reagiert darauf mit Arbeitswut. Als die anderen Mandatsträger beim Sekt beisammensaßen, habe er Anträge vorbereitet, sagt er. Gleich am ersten Tag nach der Vereidigung hat er 25 Anträge eingereicht. Doch so viele schafft man nicht in ein paar Tagen.

Landauf, landab reichen Kommunalpolitiker von NPD und Tarnorganisationen kurz nach der Vereidigung stets massenweise Anträge ein, die vorformuliert sind und meist nur durch ein paar lokale Ergänzungen komplettiert werden müssen. Mit der Antragsflut soll Politikfähigkeit dokumentiert werden. Den Vorwurf, wie er in den Neunzigern gegen die DVU-Vertreter in den Landtagen von Schleswig-Holstein und Bremen erhoben wurde, im Parlament intellektuell überfordert zu sein, will man vermeiden. Außerdem soll die jeweilige Kommunalverwaltung durch die Antragsflut gelähmt werden.

In den meisten Anträgen, die Richter eingereicht hat, geht es dann auch um Altbekanntes wie die Forderung nach einer Aufschlüsselung der Kriminalitätsstatistik, «um den Zusammenhang zwischen Kriminalitätsbelastung und hohen Ausländeranteilen» zu dokumentieren.[86] Nach den 25 Anträgen am ersten Arbeitstag hat Richter kaum noch weitere gestellt.

In der öffentlichen Wahrnehmung ist Richter bislang trotz aller Anträge nur einmal in Erscheinung getreten: Bei der Vereidigung reckte er den rechten Arm etwas strammer als nötig. Ohne böse Absicht, wie er glauben machen will. Er habe gegrüßt, wie er das bei der Bundeswehr gelernt habe. Das Münchner Amtsgericht verurteilte ihn am 23. August 2008 dennoch zur Zahlung von 5600 Euro.[87]

Bei der Bundeswehr, die ihn 2004 zur Persona non grata erklärte, nachdem auch sie Hinweise auf seine politische Vita erhalten hatte, hat Richter einiges gelernt. Und noch mehr gelehrt: Im Verteidigungsbezirkskommando 65 «Oberbayern» (München) hielt der aktive Reservist im Rang eines Stabsunteroffiziers Seminare zum Thema «Rechtsextremismus» ab.

1989, als 27-jähriger Student, trat Richter den «Republikanern» bei, es war der Beginn einer rechtsradikalen Karriere in den unterschiedlichsten politischen Organisationen. Die im Vergleich zur heutigen NPD inhaltlich vergleichsweise moderate rechtsradikale Partei war 1989 mit 7,5 Prozent der Stimmen ins (West-)Berliner Abgeordnetenhaus eingezogen – der zwischenzeitliche Durchbruch für die Partei, die heute längst von der NPD als wichtigste Formation im rechtsextremen Spektrum abgelöst wurde.

Für Richter war die Berliner Wahl damals das parteipolitische Erweckungserlebnis: «Ich wollte nicht die Knöpfe am Rockaufschlag von Ludwig XIV. zählen, ich wollte etwas bewegen – raus aus dem Archiv, rein in die Politik.»

Nebenher publizierte Richter fleißig in diversen rechtsintellektuellen Blättern und schrieb zahlreiche Bücher. Der Wahlerfolg der NPD bei den sächsischen Landtagswahlen 2004 bedeutete für ihn die Abkehr von den dicken Büchern. Holger Apfel holte den Akademiker als Mitarbeiter der Fraktion nach Dresden – als «Leiter des parlamentarischen Beratungsdienstes», die Stelle quittierte er erst nach der Wahl zum Münchner Stadtrat, wo er die Erkenntnisse anwenden konnte, die er sich im Parlamentsbetrieb erarbeitet hatte. An seine Stelle rückte ein anderer Parlamentsnovize, der sich so das Rüstzeug für kommende parlamentarische Auseinandersetzungen beschaffen sollte.

Richter seinerseits feierte den Wahlerfolg in Sachsen euphorisch «als Keimzelle der nationalen Erneuerung».[88] Es dürften nun keine «Beschwichtiger, Systemtreuen und Koalitionswilligen» das Sagen erhalten, fügte er warnend hinzu. Vor lauter Begeisterung trat Richter prompt in die NPD ein. Auch solche Zitate sind typisch für ihn. Das politische Establishment hat ihn ausgeschlossen, nun rächt er sich durch eine kompromisslose Gegnerschaft zum «System von 1949».

«Die deutschen Menschen werden aussterben» – Richter, der Mensch, der hier in diesem Münchner Chinarestaurant bislang so nüchtern und unpathetisch wirkte, hat diesen Satz tatsächlich vor ein paar Minuten gesagt. Wenn ein Mensch erst einmal zum Ideologen geworden ist, fordert die Ideologie offenbar ständig Tribut.

Die Bedienung bringt nun den Eisbecher. Derweil entgleisen gleich zwei von Richters Zukunftsszenarien.

Im ersten berichtet er von angeblichen Einsatzplänen der UNO, die Südfrankreich und die neuen Bundesländer als wahrscheinliche Einsatzorte definierten: «Drüben, in der ehemaligen DDR, sind sie halt noch ein bisschen temperamentvoller, sprich ausländerfeindlicher», erläutert Richter, «und wenn das dann eskaliert, dann schickt die UNO Tarnkappenbomber.»

Kampfgeschwader, die den Aufstand der ostdeutschen Bevölkerungsmehrheit niederschlagen – wer solche Szenarien durchdenkt, ohne irgendwann ob der Absurdität des Ganzen über sich selbst zu lachen, muss schon geradezu wahnhaft von seiner Ideologie überzeugt sein. Doch es kommt noch dicker.

Seit Jahrhunderten speist sich keine Spielart des Rassismus so sehr aus Verschwörungstheorien wie der Antisemitismus. Das weiß auch Richter, der an der Weimarer Uni einen Künstler namens Ronen Eidelman aufgetan hat, der in seiner Abschlussarbeit zum «Master of fine arts» ein Szenario entworfen hat, nach dem Israel nach Thüringen verlegt werden soll. Wohlgemerkt, ein Kunstprojekt. Doch Richter erhebt das Projekt in der «Deutschen Stimme», dem monatlich erscheinenden NPD-Blatt, zum geheimen jüdischen Masterplan, wohlwissend, dass keine

Verschwörungstheorie zu absurd sein kann, als dass sie nicht von ein paar Fanatikern für plausibel gehalten werden würde.

Richter verteidigt den Text: «Ich wäre mir gar nicht so sicher, ob das so hypothetisch ist. Wer konnte sich schon den 11. September vorstellen, bevor er sich ereignet hat?» In Richters Kopf entstehen wieder Gedankenwelten: Was, wenn die Araber sich im Nahen Osten weiter so vermehren? Was, wenn sie vielleicht eines Tages auch über die Atombombe verfügen? Dann würden doch «gewisse mächtige Kreise» sicher beschließen, man müsse Israel nun evakuieren. Und was liege da näher, als die Israelis in die neuen Bundesländer umzusiedeln? Immerhin ein Landstrich, der sich zusehends entvölkere. Und dessen Bevölkerung antrainiert worden sei, gegenüber Juden per se ein schlechtes Gewissen haben zu müssen: «Viele würden doch mit offenen Armen ihre Innenstädte räumen.» Absurd findet Richter auch dieses Planspiel nicht. Zumal es «Geheimpläne in Amerika» gebe, «in die alle größeren Transport- und Fluggesellschaften eingebunden sind, im Ernstfall gewisse Transportkapazitäten zur Verfügung zu stellen».

In Bayern hat gerade die heiße Phase des Landtagswahlkampfs begonnen. Die CSU bangt diesmal um die absolute Mehrheit der Stimmen – zu Recht, wie sich am Wahlabend herausstellen sollte. Nach dem erzwungenen Rücktritt Edmund Stoibers schaffen es Ministerpräsident Günter Beckstein und Parteichef Erwin Huber nicht, die Bayern zu begeistern. Hervorragende Wirtschaftsdaten, niedrige Arbeitslosigkeit – das gelte hier so sehr als Selbstverständlichkeit, dass man damit keine Werbung machen könne, heißt es in der Parteizentrale der CSU.

«Bayern ist für uns in jeder Hinsicht schwierig. Die politischen Erbhöfe sind hier trotz der Schwäche der CSU verteilt», sagt Richter, «es gibt nicht die Unbefangenheit wie in den neuen Bundesländern, wo die Leute bereit sind, aus Protest Sachen zu tun, die hier nicht infrage kommen». Zum Beispiel, NPD zu wählen.

Bayern, das sei ein Flächenland, in dem man nur sehr «punktuell Akzente setzen» könne. In den Hochburgen in Oberfranken, Niederbayern oder der Oberpfalz beispielsweise, wo die NPD schon bei der Bundestagswahl 2005 um die drei Prozent der Stimmen erreichte.[89] Aber sonst? Die ländliche Bevölkerung in Ober- und Niederbayern scheint recht resistent zu sein gegen die Rechtsaußenpartei. Und das, obwohl sich die NPD doch so demonstrativ als «Heimatpartei» geriert und – welch Hohn bei dieser zutiefst antichristlichen Partei – sogar eine Kirche mit Zwiebeltürmchen auf Plakate druckt.

Man habe sich eben überlegt, sagt Richter, wo «man an die CSU-Klientel andocken» könne. Die Schwarzen hätten sich schließlich als Heimatpartei diskreditiert, findet er. Allein die liberale Schwulenpolitik in den größeren Städten, «eine Partei wie jede andere» sei die CSU geworden, «da ist nichts Konservatives mehr». Karl Richter, als Katholik geboren, legt übrigens Wert darauf, dass er nie aus der Kirche ausgetreten sei: «Ich habe auch nicht vor, das zu tun.» Richter glaubt, dass er sich treu geblieben sei, für einen Extremisten hält er sich nicht: «Vieles, was die CDU vor 20 Jahren vertreten hat, wäre heute rechtsradikal.»

Die Schwulen, der daniederliegende Milchpreis, das sind die Themen, mit denen die NPD in Bayern halbwegs bestehen will. Die Linkspartei ist in Bayern zwar genauso Feindbild wie in Sachsen oder dem Saarland, eine Konkurrenz ist sie nicht: «In Sachsen ist die Fokussierung auf die Linken verständlich, aber wer die in Bayern wählt, ist linker Überzeugungstäter. Den werden wir als rechtsextreme Partei nicht abwerben können.» In Bayern konkurrieren die Rechtsextremen mit den Rechten: «Unser Konkurrent ist die CSU.»

Karl Richter will die «verdrossenen Konservativen auf dem Land» gewinnen. Und zwar mit Plakaten, die auch Personen zeigen: vorzeigbare Leute wie Sascha Rossmüller in Niederbayern[90] – «der kommt von dort, der schaut auch so aus». Gesichter aus der Mitte der Gesellschaft. «Die Leute sollen uns nicht nur mit Naziparolen oder dem Ausländer-raus-Thema in Verbindung bringen.»

Karl Richter ist mitten im Redefluss wieder etwas eingefallen. Die Busse-Beerdigung. Darauf sprechen ihn die Leute am Infostand an, nicht auf Hartz IV und nicht auf die «Heimatpartei NPD». Richter kann seine Wut auf Wulff nur mühsam kontrollieren: «Fakt ist, dass man sich dadurch ziemlich viel versaut.»

Hinter den eigenen vier Wänden dürfe man machen, was man wolle, findet Richter. Auch eine Hakenkreuzfahne präsentieren. «Aber man soll das nicht mit Politik verwechseln.» Wer sich öffentlich so verhalte wie Wulff, müsse sich fragen lassen, ob er überhaupt Politik machen wolle. Sein Assistent, Norman Bordin, wolle übrigens Politik machen, sagt er. Welcher Fahne er in den eigenen vier Wänden huldige, könne er nicht beurteilen, sagt Richter. «Das interessiert mich nicht.»

Doch warum trennt sich die Partei nicht von Leuten, die auf absehbare Zeit dafür sorgen werden, dass sie für Neonazis und andere Extremisten attraktiv bleibt, in bürgerlichen Kreisen aber so gesellschaftsfähig ist wie ein Offenbarungseid? Auch hier ist Richter wieder entwaffnend ehrlich. «Dieser radikale Flügel wird gebraucht, um Plakate zu kleben. Ohne diese Leute käme uns in ganzen Landstrichen das Fußvolk abhanden.»

Da die NPD beschlossen hat, selbst auf die unbelehrbarsten Neonazis nicht verzichten zu können, hat sie nun ein anderes Problem. Denn schon die Erklärung des Parteivorstandes, bei der man nicht so recht wusste, ob sie nun eher Distanzierung oder Solidarisierung zum Ausdruck bringen sollte, hat der NPD ganze Kameradschaften abspenstig gemacht. «Die Erklärung ist hier nicht gut angekommen», bestätigt Richter. In Bayern seien «ganze Regionen weggebrochen, die sagen, wenn die Partei nichts mit uns zu tun haben will, werden wir auch keine Plakate kleben». Aber Richter braucht Leute, die Plakate kleben. Wegen der logistischen Schwäche der Partei sei die «Volksfrontstrategie», also das mittlerweile recht fragile Bündnis aus Kameradschaften (den sogenannten freien Kräften), DVU und NPD, auch im Kern richtig gewesen, sagt er und klingt dabei wie jemand, der versucht, einem offenkundigen Missstand Positives abzugewinnen, «weil man dadurch Fußvolk gebunden hat».

«Fußvolk», das weckt nicht zufällig Assoziationen an die SA. Man braucht die jungen radikalen Aktivisten eben nicht nur, um Plakate zu kleben. Sondern auch um die Kämpfe im vorpolitischen Raum zu gewinnen. Der öffentliche Raum soll besetzt werden. Auch das ist Teil der NPD-Strategie. Um öffentlich nicht allzu indiskutabel dazustehen, bringen auch Parteistrategen gerne das Argument der angeblichen Resozialisierung ins Spiel. Auch Richter spricht jetzt wie ein Bewährungshelfer: «Man braucht sie», sagt auch er, «nur so kann man auf sie einwirken.» Es folgt noch ein Halbsatz, den man von anderen Funktionären nicht hört: «in der gegenwärtigen Situation». Richter mag die meisten Kameradschafter nicht: zu viel Aktionismus, zu wenig Hirn. Zu viel Alkohol, zu laut die Musik. Das alles sagt er nicht; er spricht stattdessen von der «Äquidistanz», die im Verhältnis zwischen NPD und freien Kräften herrschen müsse. So nah als nötig, so fern wie möglich, heißt das in etwa.

Dass auch mancher Parteipromi, der sich in der Öffentlichkeit als gegenwartsorientierter Politprofi darstellt, hinter verschlossenen Türen der NS-Folklore huldigt, will Richter nicht ausschließen. «Wir sind alle über dieselbe Schiene groß geworden, alle über dieselbe Begeisterung. So etwas ist bei allen aus unserem Beritt möglich.» Man müsse jedoch unterscheiden, ob jemand am spanischen Lagerfeuer unter Gleichgesinnten mitschunkle, wenn francistische Lieder gesungen würden, oder ob man öffentlich NS-Apologie betreibe. «Ich möchte auch nicht wissen, welche Lieder die Linken singen, wenn sie unter sich sind.»

Ein paar Sekunden der Stille. Es scheint, als habe Richter in dieser Zeit überlegt, wie sich die NPD von außen betrachtet darstellt: «Diese Partei ist tatsächlich extrem heterogen», sagt er. Es gebe da «Nostalgiker, für die steht das Deutsche Reich im Mittelpunkt des Denkens, es gibt andere, die verzweifelt versuchen, die Partei auf einen modernen Sozialkurs zu bringen, die im 21. Jahrhundert Politik machen wollen».

Richter hofft nun auf weitere Wahlerfolge – allein, um die Partei zu zivilisieren. Derzeit wäre sie allerdings logistisch nicht in der Lage, bei einem Einzug in einen westdeutschen Landtag genug geschultes Personal zu delegieren. «In Sachsen ging das noch, in Mecklenburg-Vorpommern hatten wir schon Schwierigkeiten. Wenn wir den Einzug in Bayern schaffen würden, hätten wir ein ganz großes Problem.»

Dabei gebe es die «Ressourcen», sagt er, Burschenschaftler beispielsweise, doch denen könne man keine berufliche Perspektive bieten, «zumindest nicht im Westen». Richter denkt strategisch: Mittelfristig muss die Partei im Westen auf 1,5 Prozent kommen, sie muss bundesweit wachsen, sonst ist sie verloren. Seine Hoffnung: Wenn die Partei wächst wie früher die Grünen, stellen all die Steiners kein Problem mehr dar. Mancher wird gehen, andere in der Partei und ihren Parlamentsfraktionen Karriere machen. «Der Fraktionsstatus allein hat erzieherische Wirkung», sagt er. «Ich war immer dafür, Praktikanten durchzuziehen, auch wenn sie aus den freien Kräften kommen.» Man möge sich doch einmal den «Deutsche-Stimme-Verlag» in Riesa anschauen: «Viele der Leute, die dort arbeiten, waren früher Glatzenträger. Die haben heute wieder sehr viele Haare auf dem Kopf.» Richter lacht. Er selbst hatte schon immer Haare auf dem Kopf.

Richter ist nun noch nachdenklicher geworden. Ein offensiver, experimentierfreudiger Wahlkampf hatte ihm vorgeschwebt. Stattdessen zerfleischt sich die NPD auf dem Höhepunkt des Wahlkampfes fleißig selbst. Eigentlich wollte er bald «Politik machen». Richter hätte zu gerne gezeigt, dass er mehr draufhat als die Erben des Mannes, den er als Politiker bewundert. Mehr als all die Markus Söders und Erwin Hubers, diese «mittelmäßigen, komplett unoriginellen Karrieretypen». Richter schätzt akribisches Arbeiten, Fleiß, «preußische Tugenden», wie er das nennt. Richter ist ein großer Bewunderer von Edmund Stoiber.

Am Wahlabend wird sich herausstellen, dass es der NPD tatsächlich nicht ansatzweise gelungen ist, in die CSU-Klientel einzubrechen. Von deren Schwäche profitieren stattdessen die bürgerlichen Alternativen FDP und Freie Wähler. Die 1,2 Prozent, die die NPD einfährt, werden parteiintern jedoch angesichts der schwierigen (finanziellen) Ausgangslage als Achtungserfolg gesehen.

AUSSER KONTROLLE

Die autonomen Nationalisten sind ein neues Phänomen, mit dem auch die NPD Probleme hat. Vor allem in Nordrhein-Westfalen haben sie wachsenden Zulauf. Eine Reportage aus dem Ruhrgebiet, einer Hochburg der Neonazis mit Sonnenbrille.

Bei A. Schie gab es schon immer die günstigsten Grillhähnchen der Stadt. 2 Euro kostet ein halbes in der kleinen Imbissbude. Unter der Dachpappe des Flachbaus riecht es nach Bratfett. In dem Dunst lehnen drei aufmunitionierte Bereitschaftspolizisten am Stehtisch und picken ihre Teller mit Pommes leer, rot-weiß, «mit Schranke», heißt das hier, dazu Currywurst. «Is doch kla, dat die Jungs Hunger ham», sagt die Frau im weißen Kittel. «Gut, dat wa keine dreißich Grad ham, dann müssten die armen Kerle ja noch mehr schwitzen unta diesen ganzen Klamotten», sagt's und dreht die Würstchen auf der eingefetteten Grillplatte um, dass es zischt. Vor der Tür sammeln sich die autonomen Nationalisten. Der besonders radikale und militante Flügel der «Freien Kameradschaften». Neonazis im neuen Gewand. Auf der anderen Straßenseite steht auch Stadtdirektor Ulrich Sierau, um sich von den neuen Nazis ein Bild zu machen, unerkannt mit verschränkten Armen in einer Häuserecke.

Der Sommer hat sein Ende erreicht, es ist bedeckt an diesem Antikriegstag in Dortmund. Der findet ein paar Tage nach dem 1. September statt. Erinnerung an den Kriegsbeginn, den Angriff Hitlerdeutschlands auf Polen im Jahr 1939. Seit ein paar Jahren missbrauchen Neonazis dieses Datum, um Deutschland als Kriegsopfer zu stilisieren. Propagandavideos im Internet, mit denen für diesen Tag mobilisiert wird, beginnen mit britischen Fliegerbomben auf Dresden. Deutsche als Opfer.

Seit den Anschlägen vom 11. September vermischen die Neonazis ihren widersprüchlichen Pazifismus zu einer eigenartigen Melange, die antikapitalistisch und antiamerikanisch daherkommt. So hetzte der in Kassel lebende Franzose Pierre Krebs, Philosoph und eine Art ideologischer Vordenker der freien neonazistischen Szene, vor dem Antikriegstag auf einer Saalveranstaltung in Dortmund, dass die autonomen Nationalisten als «Partisanen des Geistes» und «Berserker des Willens» «Deutschland aus der rassenvernichtenden Kloake reißen» sollten. Als Kleinverleger verbreitet Krebs die gängigen Verschwörungstheorien zu 9/11. Im persönlichen Gespräch behauptet er, die CIA habe die Anschläge selbst geplant. Einige der Positionen dieses Neonazis würden auch ganz links Zustimmung finden. Sie stiften Verwirrung, so wie die autonomen Nationalisten, die äußerlich den linken Style kopieren – Kapuzenpullover, schwarze Caps –, linke Parolen und linke Musik. In der extremen Rechten ist ihr Auftreten umstritten.[91] Udo Voigt wettert bei jeder Gelegenheit gegen diese «Erscheinungsformen, kopiert von den Linken, mit der gereckten Kommunistenfaust», vermummt, mit Sonnenbrille oder PLO-Tuch im Gesicht. Ist die NPD doch gerade dabei, sich mit Mühe ein bürgerliches Image zuzulegen. Da stört der Typ Bürgerschreck, die Chaoten in Schwarz, die in NRW längst kein Flügel mehr sind, sondern eine wachsende Mehrheit. Mindestens seit 2003 gibt es hier Gruppen der autonomen Nationalisten, kurz AN. Inzwischen dominiert der AN-Style bereits manche Aufmärsche.[92] Der Verfassungsschutz erwähnt sie erstmalig 2007, zunächst als «Randgruppe». Die Vermutung liegt nahe, dass nicht nur die NPD keine Kontrolle über diese Gruppe hat. Auch für den Verfassungsschutz sind die AN eine echte Herausforderung.

Aus einem ganz einfachen Grund. «Viele von uns sind hier, weil wir als Nationalisten anonym bleiben wollen», sagt einer der Antikriegstagsmarschierer mit Kapuze, «deshalb werden wir auch immer mehr.» Ihr Markenzeichen ist die schwarze Sonnenbrille, auch an bedeckten Tagen wie diesem. Die jungen Leute, die hinter dem S-Bahnhof «Stadthaus» am Rande der belebten Innenstadt Schlange stehen, um sich von der Polizei kontrollieren zu lassen, erinnern in Kleidung und mit ihrem verschwörerischen Habitus an die Ultras in den Fußballstadien. Auch sie bereiten der Polizei seit einigen Jahren große Probleme, weil sie nicht wie gewaltbereite glatzköpfige Hooligans aussehen. Experten sprechen von Hooltras. Die AN sind ebenfalls eine anonyme, sehr junge und spontan gewaltbereite Gruppe, die straff organisiert ist und plötzlich losschlagen kann. Bevor es knallt, kommunizieren sie untereinander mit taktischen Handzeichen über dem Kopf. Dann werden die Polizisten nervös. Wenn diese jungen Leute die Hände heben, ertönt der Ruf: «Taktische Zeichen, taktische Zeichen» und «Visier nach unten».

Neben der Kleidung schauen sich die AN auch das taktische Vorgehen bei den Linksautonomen ab. Zwei «junge Aktivisten» aus Sachsen hatten sich zu den Protesten gegen den G8-Gipfel im Ostseebad Heiligendamm 2007 unter die Autonomen gemischt. In einem Interview mit der NPD-Zeitung «Deutsche Stimme» zeigen sie sich begeistert von den gewaltbereiten linken Protestierern.[93]

«Am interessantesten anzuschauen waren die Steine-Sammler-Trupps. Ein bis zwei Mann lösten mit Schraubendrehern oder Meißel die Steine aus den Gehwegen. Ein Dritter überreichte die Steine einem Läufer, der sie mit seiner Tragetasche anschließend weiter verteilte. (…) Mit Handfeuerwaffen, die mit Feuerwerksmunition geladen waren, wurde die Polizei beschossen.» Ihren Erlebnisbericht schließen die beiden mit der Ankündigung, dass «dies nicht unser letzter Ausflug in die Reihen der Linken war».

Die AN wollen also unerkannt bleiben. Treten sie dennoch in die Öffentlichkeit, dann meist so wie Dennis Giemsch in diesem

Augenblick. Der steht an der Polizeiabsperrung auf dem Parkplatz am städtischen Südbad und geht mit einer Dame in Grün die Auflagen durch, als würde er ganz höflich die Baderegeln aufsagen. Giemsch ist der Anmelder dieser Demonstration; auch er sieht so ganz anders aus, als sich die bürgerlichen Gegendemonstranten wohl einen Neonazi vorstellen. Der junge Mann in dem schwarz-grün geringelten Sweater ist verantwortlich für den ganzen Aufwand, der hier heute getrieben wird, für die «Angst vor der rechten Gewalt».[94]

Am Bahnhof, zwanzig Minuten vom Aufmarschplatz der Rechten entfernt, sammeln sich die bürgerlichen Aktivisten des «Bunt statt braun». Dort, wo an anderen Samstagen die schwarz-gelben Fahnen der Dortmunder Borussia wehen, flattern nun die Regenbogenfahnen mit der Aufschrift «Pace» (Frieden) im Wind. Dortmund wehrt sich. 1500 Protestierer wird die Polizei heute zählen. In einer Woche werden es 79051 Menschen mehr sein, die es nach Dortmund zieht. Zum Derby gegen Schalke. Für die Polizei ist der Antikriegstag eine gute Übung. Schließlich ist dieses wiederkehrende Fußballspiel für die Bereitschaftspolizei der Höhepunkt im hiesigen Veranstaltungskalender.

Am Ende dieses Tages wird sie 16 verletzte Kollegen zählen, ein paar Rechte, noch mehr Linke werden vorübergehend in Gewahrsam genommen. Außerdem werden Verfahren wegen Körperverletzung, Verdacht auf Landfriedensbruch sowie Verstöße gegen das Sprengstoff- und Versammlungsgesetz eingeleitet. Dinge, an die sich die Dortmunder wohl gewöhnen müssen. Denn nach der Veranstaltung steht fest, dass sich der Antikriegstag im Veranstaltungskalender der reisefreudigen AN etabliert hat. Immerhin: Für die Polizei ist das planbar, so wie das Lokalderby im Revier.

Auf der anderen Seite der Innenstadt sitzt Oliver Wilkes beim Milchkaffee. Im Café Max schimpft der Antifaschistenvereinsmitbegründer darüber, dass die Verwaltung des Stadtdirektors den Neonazis überhaupt den Marsch erlaubt. Er glaubt, die Stadt habe das rechte Problem zu lange ignoriert, den Neonazis zu viel Raum gelassen, in dem sie sich nun wohlfühlten – und weiter ausbreiteten. Vielleicht hat er recht. Wilkes gehört zu denen, die den Widerstand gegen den nationalen Widerstand organisieren. Und je länger er spricht, desto häufiger schaut er auf die Uhr. «Ich muss los, sehen, wie es bei uns läuft.» Seit neun Uhr ist die Stadt in Aufruhr, Verkehr wird umgeleitet, zwei Hubschrauber rotieren über dem samstäglichen Einkaufsvergnügen der Stadt. Die lokale «Westfälische Rundschau» beschwört an diesem Morgen die Allianz der Antifaschisten – es gab Streit über die gemeinsame Vorgehensweise zu dieser Demo. Aber auf dem nahen Westenhellweg, der Fußgängerzone, die wie ein Laufband von Ost nach West durch das Zentrum führt, wippen die «Adler»-Einkaufstüten im bekannten Rhythmus. Dennoch: Viele Kunden sind heute zu Hause in den Außenbezirken geblieben. Auch das dürfte für die Einkaufsstadt ein Grund sein, über ein «Handlungskonzept für Vielfalt, Demokratie und Toleranz» nachzudenken. Vielleicht hat sich der Stadtdirektor nach den Eindrücken dieses Tages auch die Kritik von Oliver Wilkes zu Herzen genommen. Zwei Monate später zumindest gibt die Stadt bekannt, dass sie ein solches Konzept erarbeiten wolle. Eine Mannschaft um den Bielefelder Gewaltforscher Wilhelm Heitmeyer soll zunächst die rechte Szene in Dortmund untersuchen.[95]

Ob Dennis Giemsch und seine AN das beeindrucken wird? Erst mal blickt er heute aus nervös flackernden braunen Augen unter dem Schirm seines Basecaps auf die Einlasskontrolle der Polizei. Er ist der Kopf der lokalen Szene. Bundesweit zählen die Dortmunder Kameraden zu den Lautsprechern unter den AN. Aus Bremen, Hamburg, Dresden, aus dem Harz, Aachen und aus Hilden sind die anderen gekommen. «Dorstfeld bleibt deutsch», steht auf ihren schwarzen T-Shirts. Auch Wickrath soll deutsch bleiben.

Giemsch ist angespannt, trippelt mit den Füßen, die in schwarzen ledernen Adidas-Turnschuhen stecken. Entwickelt für den Einsatz auf Ascheplätzen, sind sie längst zum Szenetreter mutiert. «Es herrscht heute strengstes Presseverbot», sagt er. Den Teilnehmern des Antikriegstages untersagt er, mit Journalisten zu sprechen. «Guten Tag», sagen dann zwei junge Männer mit Mütze. «Gigi sagt, wir sollen heute Babysitter spielen». Gigi sagt!...

Um ein Uhr sollte der Marsch losgehen. Es dauert fast zwei Stunden länger. Erst am Abend wird das Flackern aus Giemschs Augen verschwunden sein. Nach Auflösung der Demo um sieben Uhr reckt er die Daumen hoch und wird sichtlich euphorisiert von einem «vollen Erfolg» sprechen. 1100 Neonazis werden bis dahin «Nie wieder Krieg nach unserm Sieg» laut skandierend durch die östliche Innenstadt marschiert sein, immer wieder Knallkörper zündend, die in den Häuserschluchten einen bedrohlichen Krach machen. 1100 sind viele. Sehr viele für die Szene, in der solche Zahlen eine große Bedeutung haben. Mit der Zahl wächst die Bedeutung des 22-jährigen Anmelders aus dem bürgerlichen Herdecke, wo die Fußballmillionäre und Golfclubmitglieder der Stadt wohnen. Aber Giemsch gefällt sich als nationaler Sozialist.

Er ist ein Neonazi-Führer der Generation Internet, das seine Gruppe – der «nationale Widerstand» aus Dortmund – professioneller bespielt als die gesamte NPD. Giemsch ist der zeitgemäße Nachfolger des bierseligen, wuchtigen Siegfried Borchardt, der sich vor zwanzig Jahren als «SS-Siggi» mit seiner Borussenfront durch die Straßen dieser Stadt prügelte. Damals ging hier das Zeitalter von Kohle und Stahl zu Ende. SS-Siggi war ein typischer Vertreter dieser Zeit. Inzwischen wohnt Borchardt in Wanne-Eickel. Es hat fast den Anschein, als würde er auf eine Rolle in einem Schimanski-Remake warten, der Borchardts' große Zeit verklärt. Oder auf einen Anruf von Guido Knopp – aus der ZDF-Redaktion Zeitgeschichte. Unterdessen sitzen im

Stadion von Borchardts Verein unbehelligte Familien im «Langnese»-Kinderblock. Die Zeiten haben sich geändert.

Früher ist Thomas Wulff mit SS-Siggi durch Dortmund gezogen, wenn er im Ruhrgebiet zu Gast war. Heute gibt der Hamburger Neonazi den Autonomen Geleit. Er marschiert mit beim Antikriegstag, ist angetan von dem, was Giemsch hier auf die Beine gestellt hat. «Aber leider lassen sich die jungen Leute immer wieder korrumpieren, die Verlockung ist einfach zu groß», sagt er. Kaufen lassen von der NPD – seiner Partei. Gemeinsam mit dem stellvertretenden Bundesvorsitzenden, dem Anwalt Jürgen Rieger, und dem Rechtsrockverleger Thorsten Heise bildet Wulff den ganz rechten Flügel der NPD. Sie nennen sich «Nationalsozialisten». Vor ein paar Jahren sind sie eingetreten, um den «Volksfront-Gedanken» zu stärken. Den Zusammenschluss der freien Neonaziszene mit der NPD. Dennoch ist Wulff ein Parteirebell, wie nicht nur seine Aktion am Grab Friedhelm Busses zeigt. Die Volksfront ist gespalten zwischen denen, die über die Parlamente an die Macht wollen, und den Aktivisten der Straße. «Ich wünsche der NPD viel Glück auf ihrem Weg, aber wir glauben nicht an die Demokratie», sagt Giemsch. Wenn es so etwas gibt, sind Gigi und seine Autonomen die ehrlicheren Neonazis. «Ich werde jedenfalls nicht für die NPD kandidieren.»

«Abwarten», sagt Wulff, dem diese Haltung gefällt. Er ist wütend darüber, dass sich einzelne Neonazis auf Parteipöstchen und Mandaten zähmen lassen, um den Wählern zu gefallen. Der wilde Auftritt der AN in Dortmund gefällt ihm, keine NPD-Fahnen, keine Aufkleber, keine Logos, ein paar örtliche Funktionäre von NPD und DVU, die im Stadtrat sitzt, ordnen sich Giemsch und seinen jungen Wilden unter. «Die DVU ist doch schon längst tot», meint Wulff. Wer einen aufsteigenden Trend der extremen Rechten erleben will, müsse hier dabei sein. Und gegen den Krieg in Afghanistan protestieren, gegen den im Irak, gegen die USA, einen «Kriegstreiberstaat», und gegen das Kapital im Allgemeinen. Hört sich alles nach Ostermarsch und friedensbewegter Linker an. Die hat sich aber in der Innenstadt versammelt, um ihrerseits gegen diese Demonstration zu protestieren. Denn diese Demonstranten hier auf der Saarlandstraße sind Neonazis, die den Frieden als Thema für sich entdeckt haben. «Ich hau dir die Fresse blutig, egal, ob die Polizei danebensteht – oder nicht», schreit einer der Friedensdemonstranten einem Pressefotografen hinterher, den er mit erhobenen Fäusten über die Straße jagt. Der Fotograf ist schneller.

Die Frau an der Grillplatte in A. Schies Imbissbude ist sauer auf «die Nazis, die hier heute die Stadt auf den Kopf stellen». Denn draußen sind die Straßen gesperrt, die Polizisten sorgen heute für den einzigen Umsatz. «Dat is schlecht fürs Geschäft.» Auf ihrem Glastresen liegt ein kleiner Stapel weißer Flugblätter von der «Aktion 65 plus – Dortmunder, die als Kinder Krieg und Faschismus erlebt haben». Da heißt es: «Wir können es nicht mehr ertragen, dass ein weiteres Mal Neonazis das Demonstrationsrecht missbrauchen und auf unseren Straßen marschieren wollen.»

«Nie wieder Krieg nach unserem Sieg», skandieren unterdessen die Neonazis, die inzwischen losmarschiert sind. Pazifistisch ist das nicht. Ein alter Mann mit Hosenträgern, der hier heute mitmarschiert, sagt: «Ich habe mich ja damals freiwillig gemeldet, nicht weil ich Krieg wollte, sondern weil ich ihn verkürzen wollte.» Nach einer Sitzgelegenheit suchend, spaziert der Alte um den schwarzen Kordon der AN rum, als er sieht, dass Herbert Schweiger bald reden wird. Der 85-jährige Österreicher in dem grauen Janker ist ein Szenemaskottchen. Als junger Mann hat er in der SS-Standarte Adolf Hitler gedient. Nach einer wirren Rede zum Antikriegstag nimmt er Platz auf dem Beifahrersitz des olivfarbenen VW-Pritschenwagens, der den Demonstrationszug als Lautsprecherfahrzeug im Schritttempo begleitet. Dann schläft der SS-Mann ein. Wenn er aufwacht, wird man ihm ein in Alufolie gewickeltes Käsebrötchen reichen, und ein

Aktivist aus Tschechien wird den Schlachtruf der AN auf Deutsch ins Mikro brüllen: «Europa erwache.» Längst schon ist diese wachsende Bewegung hier eine europäische. «Und der Claus weiß gar nicht, wie er damit umgehen soll», sagt Wulff über den neuen Landesvorsitzenden der NPD, der an diesem Tag nicht hier ist, «aus Angst.»

Erst ein Vierteljahr vor diesem Aufzug wurde Claus Cremer im Sitzungssaal der schmucklosen NPD-Geschäftsstelle in Bochum-Wattenscheid zum Landesvorsitzenden gewählt. Jetzt sitzt Cremer wieder in diesem Saal mit seinen weißen Gipswänden und den billigen Klappstühlen. Es riecht hier nach Dachboden an diesem Tag nach dem Antikriegstag in der Nachbarstadt. Aber Cremer mag nicht über die AN reden. «Die nennen sich ja autonom, weil sie unabhängig sein wollen.» Cremer weiß, welchen Einfluss sie haben, über den Erfolg aus Dortmund ist er voll im Bilde. Den Namen Giemsch nimmt er nicht in den Mund. «Die Haltung des Parteipräsidiums richtet sich ja nicht gegen einzelne Kameraden, die bei den autonomen Nationalisten aktiv sind, sondern lediglich gegen diese Erscheinungsform auf NPD-Demonstrationen und Veranstaltungen.» Cremer ist bereits dabei, den Kommunalwahlkampf der NPD im einwohnerstärksten Bundesland vorzubereiten. «Und warum sollte nicht ein charakterstarker und disziplinierter Kamerad, der bei den autonomen Nationalisten aktiv ist und schon Jahre im nationalen Widerstand verbracht hat, auch auf einer NPD-Liste auftauchen?» Inzwischen gibt es rund 50 autonome Gruppen in seinem Bundesland – ein Potenzial, auf das die NPD nicht verzichten kann. Er selbst kommt von den freien Nationalisten, die AN ist ein Teil davon. «Und schließlich habe ich die Volksfront zu Hause.» Cremer ist mit einer Aktivistin aus dem nahen Sauerland liiert, einem Schwerpunkt der freien Szene.

Nun aber soll Cremer die Strategie der NPD weiter vorantreiben. Über die Kommunalparlamente an die Macht. Fast fünfeinhalb Millionen Menschen leben im Ruhrgebiet, so viele wie in Berlin und Hamburg zusammen. In ganz NRW sind es 18 Millionen, mehr als in den fünf östlichen Bundesländern. In der Parteispitze heißt es, dass es hier an die zwei Prozent an Wählern braucht, um irgendwann eine realistische Chance zu haben, in den «Reichstag» einzuziehen. Damit ist Cremers Zielvorgabe formuliert.

Auf dem Weg dorthin will Cremer erst mal die Zahl der kommunalen Mandate in NRW verdoppeln, derzeit sind es 15, er selbst hält eines davon. Im Bochumer Stadtrat, wo er gegen den Bau einer Forensik wettert – Todesstrafe für Sexualstraftäter, dann liegt die Rückfallquote bei null – und sich für die Eigenständigkeit von Wattenscheid stark macht. Cremer ist selbst Wattenscheider, kein Bochumer. Er spricht von «Zwangseingemeindung» und davon, dass in den kommunalen Zusammenschlüssen das Übel der Globalisierung seinen Anfang nehme. Einen Besuch des Dalai-Lama in Bochum nahm Cremer zum Anlass für eine irre Analogie zwischen der Situation Tibets und der seines Stadtteils: «Dem Dalai-Lama hat wohl niemand von der undemokratischen Zwangeingemeindung gegen die 96,4 Prozent der Wattenscheider berichtet.»

Aber das Bochumer Sitzungsgeld nimmt er gerne mit, für die Partei. Schließlich verdient er bei der NPD schon ein Gehalt. Der gelernte Industriekaufmann schmeißt das Büro in der Landesgeschäftsstelle unter dem Sitzungssaal. Wichtiger als Wattenscheid und die Sexualstraftäter sind ihm aber die Ausländer, beim Thema «Überfremdung» überschlägt er sich. Ist doch gerade die Bürgerbewegung «Pro NRW» dabei, mit «billigem Populismus auf Stimmenfang zu gehen – als Ein-Punkt-Partei». Cremer wettert über die rechtsradikalen Sektierer, die sich als «Pro Köln» erfolgreich mit dem Ausländerthema positionieren und der NPD bereits den Rang abgelaufen haben in der größten Stadt in seinem Landesverband. Deshalb scharrt sich die NPD nun in einer «Initiative Ausländerstopp» zusammen.

Gerade eben war Andreas Molau noch hier zu Besuch. Der mag die AN überhaupt nicht, sucht aber die Unterstützung der übrigen Kameradschaften für ebensolche Initiativen. «Wir müssen die freien Kräfte nehmen, die zwar nicht in der Partei, aber im bürgerschaftlichen Engagement aktiv sind. Das soll zu dem neuen Typus Partei gehören. Wichtig ist das ernsthafte Politikinteresse, und nicht die Folklore unter einer schwarzen Fahne.»

Also läuft die «Initiative Ausländerstopp» an. Deren erste größere Aktion findet sechs Wochen nach dem Gespräch mit Cremer statt. Rund 200 Aktivisten und Sympathisanten der NPD marschieren durch die südliche Bochumer Innenstadt. Unter der Parole: «Deutsche wehrt Euch – gegen Überfremdung, Islamisierung und Ausländerkriminalität!» Im Vorfeld der Veranstaltung hatte die NPD angekündigt, man werde der «schweigenden deutschen Mehrheit eine Stimme» verschaffen.

Die «Initiative Ausländerstopp» war in München bereits erfolgreich. Molau war heute in Wattenscheid, um deshalb für dieses Modell zu werben. Davon ist auch Cremer nun überzeugt. «Da sind unsere Leute ja in den Stadtrat eingezogen, Pro München aber nicht.» Wenngleich nicht unter dem Namen NPD, sondern als die erwähnte «Initiative Ausländerstopp». «Man kann sich die eine oder andere Anschauung aus München holen, schließlich ist das Ruhrgebiet völlig übervölkert – aber wir werden bei den Kommunalwahlen als NPD antreten.» Und Cremer ist sich sicher, dass «wir den Trend der NPD dabei nicht knicken werden». Kommunal müsse man ansetzen, um später bei Landtagswahlen und Bundestagswahlen Erfolg zu haben. Und dann kommt Cremer auf die AN zurück, um die er sichtlich kämpft. «Der parlamentarische Weg kann ja nicht der einzige des nationalen Widerstandes sein.» Molau sieht schlicht Parallelen zu den 70er Jahren. «Das wird wie bei den Linken sein. Da sage ich ganz böse: Ein Teil wird sozialisiert, die werden zu uns kommen.» Und die anderen? Bleiben außer Kontrolle.

«DANN GIBT ES ZUERST WIEDER EINE KRISTALLNACHT»

Uwe Luthardt war erst drei Monate in der NPD, da saß er schon im Vorstand des Jenaer Ortsverbandes. Nach wenigen Monaten trat Luthardt wieder aus. Was er in der Partei erlebt hat, konnte er nicht mehr mittragen.

Sie sind vor Kurzem aus der NPD ausgestiegen, leben aber noch recht exponiert in Ihrer Heimatstadt. Haben Sie keine Angst?

Mir wurde von meinem örtlichen Parteichef gedroht: Ein Vorstandsmitglied tritt nicht aus der Partei aus, er wird rausgeworfen oder verschwindet. Ich habe geantwortet, dass ich mehr über ihn weiß als er über mich. Seither ist Ruhe. Jemand, der einfach so aussteigt, bekommt im Normalfall mächtig Probleme, der wacht auf jeden Fall auf der Nothilfestation auf. Es sei denn, er hat vorher etwas gegen gewisse Leute gesammelt. Das habe ich, und ich habe das die maßgeblichen Leute in Jena auch wissen lassen. Und siehe da: Ich persönlich werde in Ruhe gelassen.

Aussteiger werden also bedroht?

Selbstverständlich, ansonsten gäbe es noch ein paar Mitglieder weniger. Die Stimmung ist zurzeit nicht gut, man bekommt ja mit, dass der Partei an allen Ecken und Enden Geld fehlt.

Gab es einen konkreten Auslöser für Ihren Ausstieg?

Ich hatte ein Erlebnis, das mir endgültig die Augen geöffnet hat. Eines Abends bin ich mit zehn bis zwölf Parteifreunden durch den Stadtteil Lobeda gegangen. Plötzlich war da dieser

Punk, der uns von einer Brücke herunter entgegenrief: «Good night, white pride.» Sofort sind alle auf ihn zugestürzt und haben ihn zu zehnt so hergerichtet, dass der wochenlang behandelt werden musste. Das hat das Fass zum Überlaufen gebracht.

Vorher haben Sie also auch schon andere Dinge an Ihren Parteifreunden gestört?

Das war alles nicht meine Welt. Wenn man zum Kameradschaftsabend kam, sah man als Erstes die ganzen Glatzen – mit der schwarzen Sonne oder anderen Nazisymbolen auf dem Arm. Die haben nur gesoffen und rumgepöbelt. Wenn kein Gegner da ist, prügelt man sich halt untereinander.

An der Basis tobt also nicht gerade der Intellekt?

Viele in JN (Junge Nationaldemokraten, die Nachwuchsorganisation der Partei, d. V.) und Kameradschaften haben einen IQ im Bereich meiner Schuhgröße. Die meisten sind einfach gescheiterte Existenzen: Hilfsschüler, Leute, die die Schule oder die Lehre abgebrochen haben, Alkoholiker, die woanders keinen Fuß auf den Boden kriegen, Schläger. Es gibt aber in jedem Ortsverband drei bis fünf Mann, die keinen Dreck am Stecken haben, also nicht vorbestraft sind. Die werden dann zur Presse oder an die Infostände geschickt.

Die Partei spricht sich aber doch gegen illegale Aktionen und vor allem gegen Gewalt aus.

Seit ich ausgestiegen bin, ist meines Wissens im derzeitigen Vorstand keiner ohne Vorstrafe, da ist von sexueller Belästigung bis Körperverletzung alles dabei. Das ist im ganzen Landesverband so ähnlich. Der liegt personell ziemlich darnieder.

Was haben Sie sich ursprünglich von der Partei erhofft?

Ich wollte etwas für Deutschland tun, ein Großdeutschland interessiert mich nicht. Und plötzlich heißt es, wir holen uns

Schlesien wieder, und dann kriegen die Kommunisten aber mal so richtig auf die Schnauze.

Wie finanziert sich die Partei?

Unter anderem über die Musikveranstaltungen, die kosten ja beträchtlichen Eintritt. Und dann natürlich über das Fest der Völker, das brachte anno 2007 eine Einnahme von knapp 17 000 Euro.

Wovon man die Gagen für die Bands abziehen muss.

Aber nein. Gegenüber dem Ordnungsamt wird so getan, als bekommen sie eine Gage. In Wirklichkeit gibt es einen Unkostenbeitrag und eine Quittung über eine fiktive Gage. Die wird dann aber wieder an die Partei zurückgespendet. Und die Spende kann dann wiederum die Partei von der Steuer absetzen.

Warum verzichten die Bands auf Geld, das ihnen zusteht?

Das sind Überzeugungstäter. Auch die Partei besteht aus Überzeugungstätern. Wenn ich eine Schulung hatte und nach Berlin musste, haben wir unsere Fahrtkosten erstattet gekriegt und haben sie unten dann wieder als Spende an die Partei abgeführt. Also das gleiche Muster.

Haben das alle Parteifunktionäre so gemacht?

Fast alle. Nur mancher von den Großen lässt sich seine Auslagen erstatten.

Wie werden die Spenden gewaschen – abgesehen von gefälschten Quittungen?

Nehmen wir die Spenden aus Südamerika …

Spenden aus Südamerika?

Ja, das sind Zuwendungen von national gesinnten Deutschen, die schon etwas länger nicht mehr in Deutschland waren. Die spenden dann beispielsweise an Unternehmen XY aus der Bau-wirtschaft oder andere mittelständische Betriebe. Und die leiten den Betrag dann wiederum an die Partei weiter. Voigts Haus-macht sind nicht zuletzt die Geldleute aus Südamerika – und eben Jürgen Rieger, der dorthin beste Kontakte hält.

Gibt es Spenden aus der Großindustrie?

Die werden Sie nicht finden, das ist zu heikel. Es mag zwar Vorstandsmitglieder geben, die mit der NPD sympathisieren und mal privat einen Tausender herüberwachsen lassen. Bei den Stadtwerken Jena sitzt zum Beispiel so einer. Aber im großen Stil? Das würde ich ausschließen.

Gegenüber der Presse gerieren sich NPD-Funktionäre als rechtslastige Demokraten, verfassungsfeindliche Äußerungen versucht man zu vermeiden. Wie radikal ist die Partei wirklich?

Ziel ist die Wiedereinsetzung des Reichs, in dem sich eine neue SA an den Andersdenkenden rächt.

Gilt das auch für den gemäßigten Flügel?

Einen gemäßigten Flügel gibt es nicht, die paar Versprengten haben nichts zu sagen. Die Medienschulungen von Herrn Salo-mon in der Berliner Parteizentrale sind schon sehr effektiv. Die Kader wissen alle, wie sie sich nach außen hin verkaufen müssen. Das fängt bei der Anordnung an, sich mit Außenstehenden nur in unverfänglichen Räumen zu treffen. Das gilt für alle, außer für den Vorsitzenden. Da ist es gewollt, dass er vor massivem Schreibtisch und Parteifahnen in der Parteizentrale posiert. Die Jenaer Parteizentrale heißt jedenfalls nicht von ungefähr «Braunes Haus». Journalisten waren da noch nie drin.

Was würden die dort sehen?

Im Keller beispielsweise jede Menge SS-Bilder. Es gibt auch einen Raum mit Waffen. Und wenn der Landesvorsitzende, der ach so moderate Herr Schwerdt, mal wieder zu viel getrunken hat, geht's richtig zur Sache.

Also ist die Behauptung, in der NPD sei das «Dritte Reich» kein Thema, eine Schutzbehauptung.

Das ist reine Taktik. Man will so die Leute ködern, die noch nicht verstanden haben, dass die Partei nicht rechtsradikal, sondern neonazistisch ist. Es geht darum, in der Öffentlichkeit respektabel aufzutreten. Deswegen hat die Parteiführung auch Mitglieder mit einer ganz normalen Frisur und ganz normaler Kleidung am liebsten. Die kann man an die Infostände lassen.

Besteht denn dann nicht die Gefahr, dass man die neonazistischen Aktivisten verprellt, wenn man sich allzu bürgerlich geriert?

Nein, denn es wissen ja alle, dass das reine Taktik ist. Die Flugbätter, die Plakate, das Aufspringen auf den Hartz-IV-Zug – da steckt nichts dahinter. Was man statt Hartz IV machen will, weiß keiner. Alles, was da kommt, ist: Wir schmeißen die Ausländer raus, dann haben die Deutschen wieder Arbeit, das ist die Quintessenz der Konzepte, von denen die NPD spricht. Von den Güterzügen spricht sie nur, wenn kein Außenstehender zuhört.

Von den Güterzügen aus dem «Dritten Reich»?

Von denen, in die man die politischen Gegner, die Juden und die Ausländer stecken will, wenn man mal die Mehrheit im Land hat. Intern wird Tacheles geredet, das wissen auch die Kameradschaften. Wenn man sich abends mit denen mal hinsetzt, geht's halt richtig zur Sache: Scheißausländer, Kanacken, heißt es dann. Man begrüßt sich auch gerne mal mit gestrecktem Arm oder singt das Horst-Wessel-Lied. Neuerdings stimmt Jürgen Gansel auch mal das Lied an: «Eine U-Bahn bauen wir –

von Jerusalem bis nach Auschwitz.» Kein Wunder, dass die Kameradschaften gerne akzeptieren, wenn der Wolf ein bisschen Kreide frisst.

Hauptsache, er bleibt ein Wolf.

Genau.

Das Verhältnis zu den Kameradschaften soll dennoch nicht immer konfliktfrei sein ...

Absolut nicht. Die Freien Nationalisten lassen sich nicht gerne was vorschreiben und sind überhaupt skeptisch gegenüber Parteien. Trotzdem lassen sich die meisten von der NPD benutzen. Das sind die nützlichen Idioten der Partei, vergleichbar mit der Rolle, die die SA für die NSDAP hatte. Ich sage denen auch immer: Schaut euch nur die Geschichte der SA an. Genauso wird es euch gehen, wenn die an der Macht sind.

Wann haben Sie gemerkt, dass die interne Kommunikation der Partei sich so von der Außendarstellung unterscheidet?

Sehr schnell, nachdem ich im Vorstand war. Das ist ja auch nicht schwer, wenn man sieht, dass Leute sich mit gestrecktem Arm begrüßen. Nehmen wir den Landesvorsitzenden Frank Schwerdt, der war ja ursprünglich mal in der CDU. Das hindert ihn aber nicht daran, statt mit «Guten Tag» mit «Heil» zu grüßen.

Wie kommt es denn, dass sich die Aktivisten in der Öffentlichkeit solche verfassungsfeindlichen Aktionen verkneifen?

Sie haben das doch beim Fest der Völker gesehen. Das Fußvolk hat strikte Order, auf gar keinen Fall mit der Presse zu sprechen. Es passiert auch ziemlich selten, dass sich einer verquatscht. Wenn doch, wird der sehr schnell eingenordet. Die Funktionäre haben alle entsprechende Schulungen hinter sich.

In denen wird öffentliches Auftreten trainiert?

Wenn Sie so wollen. Das ist einer der Schwerpunkte.

Was steht noch auf dem Programm?

Alleine an den Schulungsthemen können Sie sehen, was die Partei eigentlich will, aber davon bekommt die Öffentlichkeit nichts mit.

Warum dringt davon so wenig nach außen?

Es gibt interne Papiere, aus denen deutlich hervorgeht, wie sich jeder zu verhalten hat. Besonders heikel ist natürlich das «Dritte Reich». Also trainiert man Antworten auf Fragen wie «Was sagen Sie zum Holocaust?» Der erste Satz muss reichen, bei Nachfragen verstrickt man sich nur unnötig in Widersprüche.

Erzählen Sie mehr über diese Schulungen.

Die gehen ein Wochenende, mal auch eine ganze Woche. Sie finden im Parteiquartier in Köpenick statt, das wurde extra für die Schulungen umgebaut. Es gibt da Schlaf- und Schulungsräume. Unterricht ist von neun Uhr morgens bis vier Uhr nachmittags in 15er-Gruppen. Danach dann gemütliches Beisammensein mit viel Alkohol.

Fanden Sie die Schulungen überzeugend?

Wenn man eher zum gemäßigten Lager gehört, ist das ein Schock. Da überlegt man sich schon, ob man in der Partei richtig ist. Raumorientierte Volkswirtschaft – wissen Sie, was das ist? Nein? Nun, dass die Partei entscheidet, was in welchen Mengen produziert und was wohin exportiert wird. Das gab's alles schon mal, und zwar in der DDR. Da geht mir das Messer auf in der Tasche.

Wer leitet diese Schulungen?

Thomas Salomon. Und der ist hundertprozentig von dem überzeugt, was er da erzählt.

Wer sind auf Bundesebene die Vordenker?

Schulungsleiter Salomon, Jürgen Gansel und Holger Apfel, würde ich sagen.

Und Udo Voigt?

Eher nicht, der war lange Zeit innerparteilich ziemlich unumstritten. Man kann ihm nicht an die Karre fahren, bei den ganz heiklen Themen schickt er andere vor. Hier in Jena hat er allerdings eine Anzeige wegen Volksverhetzung bekommen, weil er vorgeschlagen hat, Rudolf Heß post mortem den Friedensnobelpreis zu verleihen. Da kam dann schon etwas mehr durch, welche Werte die NPD hochhält.

Angenommen, man würde die Herren Gansel oder Apfel an einen Lügendetektor anschließen und sie fragen, von welcher Politik sie träumen. Was würden sie sagen?

Dann würden sie sagen: vom Deutschen Reich. Die sind vollauf davon überzeugt, dass sie irgendwann mal eine Wahl gewinnen und dass es dann richtig losgeht. Was dann passiert, kann sich jeder denken.

Was denn?

Dann gibt's zuerst wieder eine Kristallnacht …

Also geht's weniger um das Deutsche Reich als um das «Dritte Reich»?

Natürlich. Noch mal: Die NPD ist durch und durch nationalsozialistisch. Die Programme, die jetzt in der Öffentlichkeit kursieren, werden ganz schnell ad acta gelegt, wenn es ernst wird.

Glauben die Parteistrategen denn wirklich, dass sie mal 50 Prozent erreichen?

Ja, die glauben daran. Vorher würden sie auch nicht losschlagen, das würde dann ja auch so enden wie beim ersten Versuch von Hitler.

REIFEPRÜFUNG DER DEMOKRATIE

Die NPD kann in diesem Jahr deutlich vorankommen: DVU und Republikaner werden bedeutungslos. Dafür baut sich die Linkspartei vor ihr auf. In Ostdeutschland und bei den sozial Enttäuschten kann sie der NPD ihre Kraft nehmen.

Im Superwahljahr 2009 wird die Partei die Konzentration auf soziale Themen weiter betreiben, sieht sie darin doch einen der Hauptgründe für den Wahlerfolg bei den zurückliegenden Wahlen in Ostdeutschland in den vergangenen fünf Jahren. Unter dem Motto «Sozial geht nur national» soll das inhaltliche Profil geschärft werden. So will man auf dem Weg in die «Mitte der Gesellschaft» – dem eigentlichen Ziel der Parteistrategen – vorankommen. Darin sind sich sämtliche Führungskader einig. Auch wenn es unwahrscheinlich ist, dass Udo Voigt als Parteivorsitzender diese Linie weiter umsetzen wird. Denn Schwerin und Dresden, die Machtzentren der Partei, haben eine Allianz gegen den geschwächten Vorsitzenden aus Berlin geschmiedet. Sie soll verhindern, dass die NPD mit einer schwachen Führung in das für sie so wichtige Wahljahr geht. Die beiden Landtagsfraktionen stehen bei dem konfliktreichen Finanzskandal außen vor.

Für das gesamte rechtsextreme Lager wird dieses Jahr zu einer Zäsur: Am Ende wird die DVU keine Rolle mehr spielen, und auch die rechtsradikalen Republikaner werden geschwächt aus den Wahlen hervorgehen. Der Trend, dass immer mehr lokale Funktionäre dieser beiden Parteien zur NPD überlaufen, wird durch die neue Mandatsvergabe nach den Wahlen verstärkt werden. Schon jetzt tummeln sich viele in der Kommunalpolitischen Vereinigung (KPV) der NPD, die noch mit einem Parteibuch der DVU oder der Republikaner ausgestattet sind. Das ist der erste Schritt zum Parteiwechsel, der mit einem günstigen Listenplatz vollzogen wird. Der Deutschlandpakt zwischen NPD und DVU wirkte bislang nur als Wachstumsbeschleuniger der NPD und hat den langsamen Abschied der DVU von der politischen Bühne verzögert – in einem Prozess des Dahinsiechens.

Im Superwahljahr werden deutliche Unterschiede in den Wahlkämpfen zwischen Ost- und Westdeutschland zu erkennen sein. Denn auch 20 Jahre nach dem Fall der Mauer entwickeln sich die Lebenswelten immer noch unterschiedlich. Vor allem in den neuen Bundesländern ist es der NPD gelungen, erfolgreich darauf zu reagieren.

Das soll nun auch im Westen passieren. So ist die in München erfolgreich erprobte «Initiative Ausländerstopp» das Metropolenmodell für westdeutsche Großstädte. Dort wird die NPD die Ausländerfeindlichkeit in einer Weise schüren, wie Deutschland es lange nicht erlebt hat. In Ostdeutschland wird die Partei auf das höhere Maß an nationaler Gesinnung setzen. Nach ihrem Motto: «Der Osten wählt deutsch». Aber die verbindende Klammer bleibt die Sozialpolitik. Die schwelende Rezessionsangst gibt der NPD zusätzlichen Auftrieb.

So sieht sie die Linkspartei als Hauptkonkurrentin im Kampf um Wählerschichten, die sich von dem angeblichen «neoliberalen Parteikartell» (NPD-Programm) aus CDU, SPD, den Grünen und FDP abwenden. Turbulenzen auf den Finanzmärkten, wachsende soziale Unterschiede und die konturlose Politik der großen Koalition in Berlin nutzen der NPD. Auf ihrem Weg weben die NPD-Ideologen völkische und rassistische Ideologieelemente in ihre sozialpolitische und globalisierungsfeindliche Agitation ein.

Einzig in ländlich geprägten konservativen Landstrichen, wie in Teilen Sachsens oder in Thüringen, heißt der Hauptkonkurrent CDU. Auch dort lockt die Partei nicht nur Protestwähler an; inzwischen hat sie reichlich Stammwähler, in manchen Regionen teilen über fünf Prozent der Wähler ihre nationalistische Sicht der Dinge. Kann sie ihre Stammwähler ausreichend mobilisieren, wird sie in diesem Herbst den Wiedereinzug in den Sächsischen Landtag schaffen. Damit hätte die NPD das deutsche Parteiensystem nachhaltig beeinflusst. Von dort aus – im geringeren Maße auch aus ihrer Landtagsfraktion in Mecklenburg-Vorpommern – schöpft sie nun bereits im fünften Jahr die Ressourcen, Geld, Personal und parlamentarische Erfahrung, mit der sie deutschlandweit erfolgreich ihre Wahlkämpfe bestreitet. Denn das Energiezentrum der Partei liegt nicht am Sitz ihrer Parteizentrale in Berlin. Ihre politische Energie verteilt sich auf diejenigen Orte, wo sie tatsächlich Teilhaberin demokratisch legitimierter Macht ist, bis hin in den kleinsten Ortsbeirat. Es wird nicht mehr lange dauern, bis der erste NPD-Bürgermeister ins Amt gewählt wird.

Die NPD-Strategie ist langfristig angelegt; aus jedem kommunalen Mandat schöpft sie zusätzliche Mittel und gesellschaftliche Akzeptanz, noch mehr aus den Landtagsmandaten. Dieser Plan ihres langjährigen Parteivorsitzenden Udo Voigt geht auf, wenn auch in einem schleichenden Prozess. Das ist sein großer Erfolg. «Meine Vision ist es, in den Reichstag einzuziehen», sagte Voigt in einem Gespräch für dieses Buch. Und wer immer auf Voigt folgt, hat dasselbe strategische Ziel verinnerlicht.

Der bürgerliche, scheinbar demokratische Habitus ist Grundvoraussetzung für die parlamentarische Strategie dieser Partei, die ihr völkisches und staatsfeindliches Wesen nach außen hin stärker verschleiert als je zuvor. Es geht ihr um die gesellschaftliche Mitte, die sie bei den Wahlen erreichen will. Dafür verleugnet sie ihre extremistische Identität.

Umso mehr stört die opportunistische Haltung der Parteispitze viele ihrer Mitglieder und Sympathisanten, vor allem die bekennenden Nationalsozialisten. Viele NPD-Mitglieder sehen deshalb die «Volksfront» in Gefahr. Nur dort, wo diese auch zu den Wahlen funktioniert, kann die NPD erfolgreich sein, wie beispielsweise 2004 in Sachsen, wo die Partei massiv von den Kameradschaften unterstützt wurde. Oder in Mecklenburg-Vorpommern, wo es ein Kameradschaftsführer bis in den Landtag schaffte. Die Kameradschaften sind das wichtigste Mobilisierungspotenzial für Aufmärsche, Wahlkampfaktivitäten oder Rechtsrockkonzerte, über die viele Jugendliche den Weg zum Umfeld der Partei finden. Auch die «Jungen Nationaldemokraten» (JN), die Jugendorganisation der NPD, rekrutiert sich zumeist aus den Kameradschaften. Fraglich ist, ob diese den scheinbaren Kuschelkurs der NPD weiter mitmachen werden. Das ist neben dem Streit um den Parteivorsitzenden die zentrale innerparteiliche Frage dieser Zeit. Denn parallel zur scheinbaren Verbürgerlichung der NPD wächst das Potenzial einer außerparlamentarischen Opposition, die den Weg über Wahlen grundsätzlich ablehnt. Das ist eine Energie, von der niemand weiß, wann und wo sie sich entladen wird. Und es ist eine europäische Energie, deren internationale Schwerpunkte immer mehr aufeinander zulaufen. Ihre Vertreter sind jung und vernetzt.

In Thüringen soll die diesjährige Landtagswahl die freien Kameradschaften binden. Hier hat die NPD ihre jüngsten Mitglieder, die auch auf den Wahllisten stehen werden. Es soll das dritte Bundesland mit einer NPD-Fraktion im Parlament werden. In Mecklenburg-Vorpommern und Sachsen-Anhalt geht es – unterstützt durch die Kameradschaften – um die Kommunalparlamente, in denen sie wiederum versuchen wird, sich als «soziale Heimatpartei» zu geben. Wegen des Zulaufs aus den Kameradschaften hat sich die Mitgliederzahl der NPD unter Udo Voigt fast verdreifacht. Auch das ist sein unbestrittener Erfolg. Seither ist die NPD die jüngste aller Parteien, aber auch voller unberechenbarer Energie. «Denn diese Leute sind eben auch Bürgerschreck, weit weg von der bürgerlichen Mitte», sagt ein ostdeutscher Verfassungsschützer. Wer die Partei aus der Nähe beobachtet, weiß, dass das stimmt. Selbst ein NPD-Landesvorsitzender sagt, dass «viele von denen manchmal zu jung» sind. Sie sind von der Parteispitze nicht zu kontrollieren. Viele haben Vorstrafen wegen Gewaltdelikten. Aber ihre Agitationswut und Mobilisierungsenergie macht sich die Partei gern zunutze. Wegen ihrer dünnen Personaldecke kann die NPD nicht auf diese Gewalttäter verzichten. Das weiß auch Andreas Molau, der gerne Parteivorsitzender werden würde. Molau gilt in rechtsextremen Kreisen als Intellektueller, seine Umgangsformen sind geschliffen.

Inhaltlich ist der neurechte Antisemit nicht weniger radikal als Voigt, aber in Auftreten und Habitus deutlich gesellschaftsfähiger. Das weckt Hoffnungen beim gesetzteren Flügel der Partei. Und alarmiert die «Freien Kräfte», die ungebundenen Neonazis, die Molau nur dann weiter unter dem Dach der NPD sehen will, wenn sie sich der Parteiräson fügen. Thomas Wulff, der prominenteste Neonazi mit Parteibuch, dürfte mit seiner Gefolgschaft umgehend der NPD den Rücken kehren, sollte die sich für Molau als ihren Vorsitzenden entscheiden. Schließlich hält er ihn für einen «lohnabhängigen, willigen Marionettenvorsitzenden aus dem Hause Apfel/Pastörs.»

Umgekehrt hat Molau bereits manche Warnung in Richtung der SA-Epigonen ausgesandt: «Wir treten mit dem Kampf um die Straße auf der Stelle», konstatierte Molau bereits im Herbst, als er seine Kandidatur schon insgeheim vorbereitet hatte, „diese Taktik müssen wir ändern. Das gehört zu den wesentlichen Neuerungen in der Partei."

Zu denen dürfte auch ein anderer Politikstil gehören. Molau pflegt von sämtlichen NPD-Funktionären den professionellsten Umgang mit Journalisten – vielleicht auch, weil er sich selbst «zu allererst als Journalist» sieht. Das betont er zumindest in Gesprächen mit Journalisten. Und hofft dabei, dass es denen nach dem Gespräch mit dem eloquenten und sanftmütig wirkenden Akademiker schwerer fällt, die NPD als das zu zeigen, was sie ist: eine staatsfeindliche Neonazipartei.

Molau ist ein eloquenter Strippenzieher, gewandt in der persönlichen Auseinandersetzung. Ein großer Redner, der Massen bewegen kann, ist er ebenso wenig wie Udo Voigt. Wie viele seiner Parteigänger, die sich über das Attribut «Vordenker» freuen, wurde er als Burschenschaftler sozialisiert, schon als Student schrieb er für die «Junge Freiheit», die als eine Art Leitmedium unter rechtsextremen Intellektuellen gilt.

Vom verstorbenen «Republikaner»-Gründer Franz Schönhuber, dessen Bücher er zu lektorieren half, hat er später gelernt, «dass wir als NPD nicht die gleichen Fehler machen sollten, wie er mit den Republikanern: Nämlich zu schnell in einen Erfolg reinzurutschen, der dann nicht ausgefüllt wird.»

Deshalb forciert er die Ausbildung lernwilliger Fanatiker zu geschulten NPD-Aktivisten: «Ich zeige den Praktikanten im Schweriner Landtag, wie man wissenschaftlich arbeitet, wie man archiviert, wie man recherchiert.» Der ehemalige Waldorflehrer Molau, der kokett darauf hinweist, dass er «Bioladengänger» sei, will die Partei organisch-dynamisch von unten nach oben wachsen lassen. Erst lokal, dann landes-, dann bundesweit: «Auch deshalb sind für uns die Kommunalwahlen 2009 viel wichtiger als alle anderen Wahlen.»

Mit jeder Kreis- oder Landtagssitzung mehren die NPD-Abgeordneten ihr Wissen über die Funktionsweise der Demokratie. Und mit jedem Mandat wird die Personaldecke dicker. Natürlich weiß die NPD, dass ihr die Demokratie, die sie bekämpft, nutzt, vor allem finanziell. Allein die sächsische Landtagsfraktion hat im ersten Jahr ihres Bestehens 1,3 Millionen Euro kassiert. Die Fraktionsstellen sind unter arbeitslosen Neonazis begehrt. Und in der Umwidmung von Wahlkampfveranstaltungen zu Fraktionsangelegenheiten ist die NPD ebenso kreativ wie die demokratischen Parteien.

Die rechtsextreme NPD ist angetreten, die Demokratie langfristig mit ihren eigenen Mitteln zu schlagen. Auf diesem Weg kann sie in diesem Jahr deutlich vorankommen. Die Demokratie steckt ihrerseits in den freiheitlichen Zwängen, die ihr auferlegen, den Angriff ihrer Gegner auszuhalten. So ist das Jahr 2009 eine Reifeprüfung für Deutschland.

ANMERKUNGEN

1 Vgl. hierzu: Toralf Staud: Moderne Nazis, Die neuen Rechten und der Aufstieg der NPD, Köln 2005, S. 28 ff.

2 Toralf Staud, a. a. O., S. 35 ff.

3 1989 zogen die «Republikaner» mit 7,5 % der Stimmen ins Berliner Abgeordnetenhaus ein, mit dem gleichen Stimmenergebnis schafften sie im selben Jahr den Einzug ins Europaparlament. 1991 hatte die DVU in Bremen und ein Jahr später in Schleswig Holstein mit 6,2 bzw. 6,3 % der Stimmen den Einzug in den Landtag geschafft.

4 Dieser euphemistische Kampfbegriff der rechten Szene geht auf eine Publikation des NPD-nahen «Nationaldemokratischen Hochschulbundes» zurück, der ihn 1991 erstmals verwandte («Vorderste Front. Zeitschrift für politische Theorie und Strategie», Ausgabe 2, Juni 1991). Gemeint ist ein Gebiet, in dem die Rechtsextremen die Deutungshoheit im öffentlichen Leben innehaben. Angestrebt wurde die geistige Hegemonie im politischen und vorpolitischen Raum.
Im gesellschaftlichen Alltag bezeichnet der Begriff ein von rechtsradikalen beherrschtes Terrain, in dem sich Linke, Ausländer, Schwule, Juden oder Angehörige missliebiger Subkulturen nicht mehr auf die Straße trauen, weil die von der rechtsextremen Szene kontrolliert wird. Angestrebt wird so eine rechtsextreme Parallelgesellschaft, in der staatliche Organe zunehmend machtlos werden, weil das Gesetz einer Straße gilt, auf der die rechtsextreme Ideologie herrscht.

5 «Chaos-Buchhalter bringt Rechtsextreme in Bedrängnis», Spiegel Online, 12. 9. 2008.

6 DER SPIEGEL; 13. 10. 2008.

7 Selbst nicht in den Landkreisen, in denen man noch motivierte Mitstreiter vorfand – die Eigenmotivation an der Basis hatte zudem unter dem Streit um die Haltung der Parteiführung bei der Busse-Beerdigung gelitten.

8 Netzzeitung, 27. 9. 2005, «Feuerwehrleute trugen SS-Uniform».

9 Internetportal des Holtzbrinck-Verlages.

10 Freies Wort, 20. März 2004.

11 Freies Wort, 7. August 2004.

12 Az 510 Js 3643/04 2 Ds jug.

13 Überschrift der Bild-Zeitung nach der Verurteilung Wieschkes wegen eines Sprengstoffanschlages auf einen Döner-Imbiss. Inzwischen ist Wieschke

als rechte Hand von Frank Schwerdt Landesgeschäftsführer der NPD Thüringen und kümmert sich mit einer halben Stelle um die Mitgliederbetreuung der Bundes-NPD in Berlin.

14 Esoterisches Runensymbol, Erkennungszeichen der rechtsextremen Szene. Die schwarze Sonne ist einer Vorlage aus der Wewelsburg, der ehemaligen SS-Ordensburg im Ostwestfälischen, entnommen.

15 Kleinstadt in Nordsachsen, die im Sommer 2007 nach einer gewaltsamen fremdenfeindlichen Hatz auf eine Gruppe von Indern während des dortigen Altstadtfestes bundesweit in die Medien geriet.

16 Verfassungsschutz Brandenburg.

17 «Thor-Steinar-Modemacher baut sich ein Haus», MAZ, 10. 7. 2008.

18 Tagesspiegel, 29. 9. 2008.

19 NPD Pressemitteilung, 1. 10. 2008.

20 Mike Sandow in einer Mitteilung vom 22. 10. 2008.

21 Nordkurier, 19. 2. 2008.

22 Nordkurier, 17. 1. 2008.

23 Regionale NPD-Postille: «Kompass», 1/2007.

24 Im Übereinkommen von Schengen vereinbarten 1985 zunächst fünf europäische Staaten, auf Personenkontrollen an ihren gemeinsamen Grenzen zu verzichten. Inzwischen gehören insgesamt 25 Staaten der Schengen-Region an. Polen ist ihr im Dezember 2007 beigetreten.

25 Der Anklamer Bote, Jahrgang 8.

26 Rzeczpospolita, 27. 5. 2008.

27 Mitteilung des NPD-Landesverbandes Mecklenburg Vorpommern, 27. 10. 2008.

28 Ursprünglich waren es zwölf Abgeordnete. Im Dezember 2005 traten die Abgeordneten Mirko Schmidt, Klaus Baier und Jürgen Schön aus der NPD-Fraktion aus. Klaus-Jürgen Menzel wurde im November 2006 ausgeschlossen, sodass die Fraktion derzeit nur noch acht Abgeordnete umfasst.

29 Pressestelle des Landtags von Mecklenburg-Vorpommern.

30 Die NPD im Landtag von Mecklenburg-Vorpommern, Studie der Universität Greifswald 2008.

31 Jan Zobel, Volk am Rand, NPD: Personen, Politik und Perspektiven der Antidemokraten, Berlin, 2005, S. 28.

32 Ebd., S. 44 f. An gleicher Stelle spricht der in Südafrika geborene Hamburger Abiturient in Anlehnung an den Schauspieler Christian Grashoff über ein innerdeutsches «Unverträglichkeitsproblem». Über den Realsozialismus sagt er: «Bei allen Defiziten, die diese gewiss geschlossenen Gesellschaften aufwiesen, empfanden sich viele Menschen dennoch als frei: Sie waren frei von der Sorge, ob sie Arbeit und ihre Kinder eine Ausbildung bekamen, frei von Ängsten um die Wohnung, die medizinische Versorgung,

frei von den Sorgen des Alters. Das war eine andere Art Freiheit als jene, die gegenwärtig nur abstrakt existiert, weil sie nicht von jedem gleichermaßen in Anspruch genommen werden kann. Freizügigkeit beispielsweise reicht nun einmal nicht weiter als die eigene Geldbörse.»

33 Überhaupt haben viele heutige NPD-Funktionäre ebenfalls einen spezifisch deutschen Migrationshintergrund – als Kinder von Vertriebenen, die z. T. in den entsprechenden, nicht selten stark rechtslastigen Verbänden politisch sozialisiert wurden. Neben Holger Apfel auch Karl Richter, Jürgen Gansel, Philipp Valenta und der ehemalige JN-Chef Stefan Rochow.

34 Jan Zobel, a. a. O., S. 54 f.

35 Jürgen Gansel ist Mitglied des Dresdner Landtags. Von ihm wird ebenso noch die Rede sein wie von dem Münchner NPD-Kader Karl Richter.

36 Parteivorstand der NPD (Hg.), «Soziale Erneuerung», eine Kampagne von JN und NPD, Berlin, 2008.

37 «In Sachsen wird man an der NPD nicht vorbeikommen. Gelungene Jahresauftaktveranstaltung der NPD im Erzgebirge», Deutsche Stimme, März 2008.

38 Verfassungsschutz Sachsen: Teilnahme der NPD an den sächsischen Kommunalwahlen, S. 1–4.

39 Sächsische Zeitung, 10. 6. 2008, Interview mit Prof. Dr. Werner Patzelt.

40 Jürgen Gansel: «Die Schutzmacht der kleinen Leute», Deutsche Stimme, 29. 7. 2008.

41 Jan Zobel, a. a. O., S. 55 f.

42 Bei der Landtagswahl 2009 wird sie auf einer Liste mit den Republikanern antreten.

43 Udo Voigt auf dem NPD-Bundesparteitag am 24. Mai 2008 in Bamberg.

44 Holger Apfel in «Deutsche Stimme», Juni 2008.

45 Nationale Volksarmee (NVA), siehe auch Jens Bisky, «Geboren am 13. August», Berlin 2004

46 Toralf Staud, a. a.O.

47 Spiegel Online, 9.Juni 2008.

48 «Die Leute müssen endlich aufwachen», Spiegel Online, 9. Juni 2008.

49 Hartmut Krien beim Bundesparteitag der NPD in Bamberg, 25. Mai 2008.

50 Der Fall «Joseph» in Sebnitz 2000, wo der kleine Sohn eines ausländischen Apothekers bei einem Unfall im Schwimmbad ertrinkt, die Presse aber – fast einstimmig – der Vorverurteilung unterliegt, dass der Junge von Neonazis ertränkt wurde – angefeuert von Passanten.

51 «Der Mitleideffekt», taz, 21. 9. 2004.

52 Im Nachrichtenkanal N24.

53 «Der Mitleidseffekt», taz, 21. 9. 2004.

54 «Zwang zur Berichterstattung?», Berliner Zeitung, 8. 4. 2008.

55 NPD-Blog, 26. 8. 2008.

56 In dem Videoblog «Tipps-für-Journalisten».

57 Röpke, Speit (Hg.), Braune Kameradschaften, Berlin 2005.

58 Deutsche Stimme, Juni 2008.

59 Christoph Ruf, Ist doch ein geiler Verein, Reisen in die Fußballprovinz, Göttingen 2008.

60 Heimstatt des Vereins.

61 NPD-Blog.info, 27. 10. 2008.

62 Name durch den Verfasser geändert.

63 Quelle: ein szenekundiger Beamter der Leipziger Polizei.

64 In der Tat agitiert die NPD im Osten auch deshalb verstärkt mit sozialen Themen, da der Ausländeranteil vergleichsweise gering ist. Im Westen hingegen ist die Einwanderungspolitik nach wie vor der Schwerpunkt.

65 Deutsche Stimme, Dezember 2007.

66 In der erwähnten «Richtlinie für Kandidatinnen und Kandidaten» («Holocaust, Kriegsschuldfrage 1939 und Nationalsozialismus») wird den NPD-Funktionären in dankenswerter Offenheit erläutert, warum sie sich nicht inhaltlich zum «Dritten Reich» äußern sollen. Es heißt dort: «Auf den Themenkomplex Holocaust, Kriegsschuldfrage 1939 und Nationalsozialismus sollte sich mit dem Hinweis auf die Gegenwartsaufgaben der NPD niemand festnageln lassen. Auf dieses rückwärtsgewandte Themenfeld will uns der Gegner locken, weil er a) mit der historischen Ahnungslosigkeit und damit der antifaschistischen Verblendung der Zeitgenossen rechnen kann und b) damit bestens von seinem politisch-ökonomischen Gegenwartsversagen ablenken kann. Bei entsprechenden Fragen zum NS sollte immer nur gesagt werden: ‹Adolf Hitler ist tot und die NSDAP aufgelöst, was soll also die Frage? Als …. Geborener lebe ich nicht in der Vergangenheit, sondern in der Gegenwart. Die Menschen haben andere Probleme, als sich ständig mit einer Zeit zu beschäftigen, die mehr als sechzig Jahre zurückliegt.› ‹Ich beteilige mich nicht an der von linken Umerziehern betriebenen Vergangenheitsbewältigung, sondern mir geht es um die Bewältigung der problemreichen Gegenwart. Adolf Hitler und die NSDAP sind Vergangenheit, Hartz IV, Globalisierung und Verausländerung aber bittere Gegenwart.› ‹Medienvertreter/Politiker wie Sie sind es, die Hitler auch 60 Jahre nach seinem Tod nicht sterben lassen. Ihresgleichen hat Hitler zum größten Untoten der Weltgeschichte gemacht, damit die Deutschen auch sechs Jahrzehnte nach dem Dritten Reich nicht zur Normalität gelangen und durch eine krankhafte Vergangenheitsbewältigung von der Vertretung ihrer nationalen Interessen abgehalten werden. Darauf lasse ich mich nicht ein.› Nach der neuerlichen Verschärfung des Volksverhetzungsparagraphen macht sich zudem schon strafbar, wer die ‹nationalsozialistische Gewalt- und Willkürherrschaft billigt, verherrlicht oder rechtfertigt›. Verherrlicht bereits derjenige in strafbarer Weise die NS-Herrschaft, der lobend auf den

Autobahnbau oder die Beseitigung der Arbeitslosigkeit hinweist? Im Bür-
gergespräch kann bei Nachfrage auf dieses Maulkorbgesetz und die ekla-
tante Einschränkung der Meinungsfreiheit in geschichtspolitischen Fragen
hingewiesen werden, um den BRD-Gesinnungsstaat zu delegitimieren. So
kann man einerseits argumentgestützt den bundesrepublikanischen Gesin-
nungsstaat anklagen und sich andererseits die leidige Geschichtsdebatte
zum Dritten Reich sparen, um sogleich zu den Gegenwartsfragen zu kommen, die den Deutschen wesentlich stärker auf den Nägeln brennen.»

67 «Erfolgreicher JN-Landeskongress in Baden-Württemberg», http://www.
jn-buvo.de/index.php?option=com_content & task=view & id=
164&Itemid=1.

68 Einer der wichtigsten Vordenker der Neuen Rechten (französisch «Nouvelle Droite») ist Alain de Benoist (geb. 1943). Dessen programmatisches
Standardwerk lautet: Kulturrevolution von rechts. Gramsci und die Nouvelle Droite, Sinus Verlag, Krefeld, 1985. Der Thinktank der Nouvelle
Droite ist das Forschungszentrum GRECE.

69 Anhänger dieser Lehre sähen «Kulturen, Nationen und Rassen als biologi-
sche Realitäten, gehen aber nicht von einer Einteilung in höher- und min-
derwertige Gruppen aus. Vielmehr behaupten sie, jede dieser Ethnien habe
eigene, gewachsene Wertvorstellungen, die es zu erhalten und zu tolerie-
ren gelte. (...) Von daher distanziert man sich auch vom Rassismus im tra-
ditionell wertenden Sinne und nutzt den Begriff als rhetorischen Vorwurf
gegenüber den Anhängern einer ‹multikulturellen Gesellschaft›. Diese, so
die Argumentation, zerstörten mit ihrem politischen Wollen die Identität
der Ethnien und wollten einen Einheitsmenschen, meist im Sinne westli-
cher Wertvorstellungen, schaffen.» Aus Armin Pfahl-Traughber, «Das Volk
als Subjekt. Zur Ideologie des Ethnopluralismus», in: «Blick nach Rechts»,
15/1997.

70 «Unabhängig (sic) und Selbständig (sic) sind die Voraussetzungen für den
Erhalt der Eigenart der Völker. Eine Welt, in der jedes Volk in seinem eigenen, unabhängigen, freien und selbstbestimmten Staat lebt, ist daher das
Idealziel eines jeden Nationalisten», zit. nach «Junge Nationaldemokraten
– aus unseren politischen Leitsätzen» (www.jn-buvo.de).

71 Afrika erobert das Weiße Haus. Mit Barack Obama wurde der Prototyp
des entwurzelten Weltbürgers in das wichtigste Amt der Welt gewählt,
Presseerklärung des sächsischen Landtagsabgeordneten Jürgen Gansel,
6.11.2008.

72 Bei «Blood and Honour» handelt es sich um ein international operieren-
des Musiknetzwerk, das Neonazi-Bands Auftritts- und Vertriebsmög-
lichkeiten verschafft. Da Musik in der Neonazi-Szene bei der Rekrutierung
neuer Mitglieder von herausragender Bedeutung ist, kann die Bedeutung
des Netzwerks kaum überschätzt werden. Die deutsche «Blood and Ho-

nour»-Sektion wurde im September 2000 vom Bundesinnenministerium verboten.

73 Müller ist ein freier Nationalist aus dem Rhein-Main-Gebiet, der zusammen mit seinem Gesinnungsgenossen Marcel Wöll der NPD nahesteht und für sie propagandistische Multimediafilmchen sowie Werbespots produziert.

74 Dieser Begriff bezeichnet das US-amerikanische Gesellschaftsmodell, das von der Grundüberzeugung ausgeht, dass sich Menschen verschiedener Herkunft in den Vereinigten Staaten um einen Grundkonsens scharen können, dass eine US-Identität stärkere Bindungskraft entfaltet als tradierte ethnische Bindungen.

75 In dem hervorragenden Dokumentarfilm von Michael Schmidt «Heute gehört uns die Straße» beschreibt er sich selbst als solchen: «Ich bin kein Faschist. Ich bin Sozialist, aber kein internationaler Sozialist, ich bin Nationalsozialist.» In Buchform: Schmidt, Michael: Heute gehört uns die Straße... Der Inside-Report aus der Neonazi-Szene, ECON Verlag 1993.

76 NSDAP-Auslands- und Aufbauorganisation.

77 Jürgen Gansel: Auffangbecken des Systems, über die Rolle des Lafontaine-Vereins im bundesdeutschen Parteienstaat, in: Deutsche Stimme, Juli 2007.

78 2001 auf mehreren Kundgebungen von Busse getätigtes Zitat. Zit. nach «Die NPD will provozieren», Süddeutsche Zeitung, 29. 7. 2008.

79 Wulff wird szeneintern nach einem Obergruppenführer der Waffen-SS «Steiner» genannt, bis zu deren Verbot 1995 war er Anführer der neonazistischen «Nationalen Liste». Er gilt neben Torsten Heise als wichtigstes Bindeglied zwischen der Neonazi-Szene und der NPD, in die er 2001 eintrat.

80 Zwei Tage später lässt die Staatsanwaltschaft München das Grab öffnen und konfisziert die Fahne. Sie muss so handeln, schließlich geht es um die Sicherung von Beweismitteln. Doch anstatt sich zurückzuhalten, plustert sich die Parteispitze auf: «Mit Bestürzung nimmt die NPD-Führung die nur zwei Tage nach der Beerdigung erfolgte Grabschändung zur Sicherstellung einer bei der Beisetzung beigelegten Fahne zur Kenntnis, mit der die Handlanger des Systems zeigten, dass sie in ihrem Verfolgungswahn gegenüber volkstreuen Dissidenten nicht einmal gewillt sind, vor jener Totenruhe haltzumachen, die in einem wirklich freiheitlich-demokratischen Rechtsstaat jedem politisch Andersdenkenden zugestanden würde.»

81 Alle hier zitierten Aussagen Voigts aus einem Interview mit den Autoren, 26. 8. 2008.

82 Siehe auch Kapitel «Außer Kontrolle».

83 «Steiner» ist der szeneintern verwandte Name von Thomas Wulff. Wulff nennt sich seit Jahrzehnten selbst so – sein historisches Vorbild ist ein Obergruppenführer der Waffen-SS.

84 Karl Richter spielte in Bernd Eichingers Film «Der Untergang» den Adjutanten von Generalfeldmarschall Keitel. Nach einer scherzhaften Bewerbung als Komparse wurde er tatsächlich beim Casting genommen: «Wenn Sie dann zehn Stunden in dieser Dunkelheit sind, wo nur noch NS-Briefpapier ist, NS-Bierfässer, wo es keine bundesdeutschen Zivilcharaktere mehr gibt, entwickelt das den Charme einer Parallelwelt. Um 22 Uhr sind Sie dann wieder in der bundesdeutschen Realwelt mit Ausländern, Alkoholikern, Normalbürgern. Da ertappen Sie sich bei der Frage, welche Welt die reale ist.» Glaubt man Richter, hatten auch professionelle Schauspieler so ihre Orientierungsschwierigkeiten: Der Schauspieler Dieter Mann habe sich nach den Drehpausen mit der Aufforderung «Wir drehen weiter, Herr General» anreden lassen, Hitler-Mime Bruno Ganz habe in den Drehpausen weiter gezittert und das «r» gerollt.

85 Die «Bürgerinitiative Ausländerstopp» gilt als NPD-Tarnliste. In Nürnberg gewann sie bei der Kommunalwahl zwei Sitze, gewählt wurde u. a. der fränkische NPD-Parteivorsitzende Ralf Ollert. In München befinden sich auf der Liste auch einige Neonazis, die 2001 eine Gruppe von Griechen fast totprügelte. Einer der mittlerweile verurteilten Täter, Norman Bordin, ist die rechte Hand Richters. Er ist Mitgründer der «Bürgerinitiative Ausländerstopp».

86 Antrag 08–14/A 00 007.

87 Fotos, die Richter bei der Vereidigung zeigen, lassen das Urteil in der Tat als zweifelhaft erscheinen. Richters Ellenbogen sowie das Handgelenk sind stark angewinkelt, die spontane Assoziation mit dem «Hitlergruß» läge wohl nicht nahe, wenn Richter nicht einer rechtsextremen Fraktion entstammen würde.

88 Zit. nach «Der Brückenkopf der NPD», FAZ, 7. 12. 2004.

89 Im niederbayrischen Deggendorf erzielte die NPD 3,1 % der Erststimmen, das gleiche Ergebnis wurde im oberfränkischen Bamberg erreicht.

90 Sascha Rossmüller ist einer der beiden bayerischen Landesvorsitzenden – zuständig für den bayerischen Teil des Bundeslandes –, Ralf Ollert steht den fränkischen Ortsverbänden vor. Rossmüller stammt aus der rechtsextremen Kameradschaftsszene.

91 Lotta – antifaschistische Zeitung aus NRW, Nr. 31, Sommer 2008.

92 Lotta – antifaschistische Zeitung aus NRW, Nr. 31, Sommer 2008.

93 Deutsche Stimme, 6/2007.

94 «Angst vor rechter Gewalt», Ruhr-Nachrichten, 8. September 2008.

95 Ruhr-Nachrichten, 1. 11. 2008.

Politik und Zeitgeschehen in der Beck'schen Reihe

Jeanne Rubner
Brüsseler Spritzen
Korruption, Lobbyismus und die Finanzen der EU
2009. 191 Seiten. Paperback
Beck'sche Reihe Band 1899

Wolfgang Sofsky
Verteidigung des Privaten
Eine Streitschrift
2009. 170 Seiten. Paperback
Beck'sche Reihe Band 1903

Bärbel Beinhauer-Köhler/Claus Leggewie
Moscheen in Deutschland
Religiöse Heimat und gesellschaftliche Herausforderung
2009. 224 Seiten. Paperback
Beck'sche Reihe Band 1892

Britta Bannenberg/Wolfgang Schaupensteiner
Korruption in Deutschland
Portrait einer Wachstumsbranche
3., neuüberarbeitete Auflage. 2007. 238 Seiten. Paperback
Beck'sche Reihe Band 1564

Klaus Farin/Eberhard Seidel-Pielen
Skinheads
5., neubearbeitete und erweiterte Auflage. 2002.
248 Seiten mit 36 Abbildungen. Paperback
Beck'sche Reihe Band 1003

Armin Pfahl-Traughber
Rechtsextremismus in der Bundesrepublik
4., aktualisierte Auflage. 2006. 128 Seiten. Paperback
Beck'sche Reihe Band 2112
C. H. Beck Wissen

Verlag C. H. Beck München